教材倒産法

――実務と理論の架橋――

解 説 篇
問 題 篇

野村秀敏 編
若田　順

信山社

はしがき

　本書は、法科大学院における倒産法の授業のための教材であり、記録篇、解説篇、問題篇の3つの篇からなる。

　新司法試験の倒産法の試験は、清算型と再建（再生）型の倒産（処理）手続を通じて倒産手続の代表といえる破産手続を規律する破産法と、再建型倒産手続の代表である再生手続を規律する民事再生法の各々から1問ずつ出題されるという形式が定着したようである。また、言うまでもなく、破産と民事再生の各々において、企業を対象とした事件と個人を対象とした事件とは相当に異なった様相を示す。そこで、記録篇では、弁護士である共著者が自らの経験に基づいて持ち寄った素材を基に、共著者全員の議論によってそれらを合体したり、デフォルメしたりして作成した模擬的な事件記録を、法人破産事件、通常民事再生事件、消費者破産事件、個人再生事件の各々について掲げている。そしてその上で、解説篇において、一般的な解説を踏まえた上で、申立代理人または破産管財人としてどのような点に注意して事件処理を行ったらよいか、記録篇の事件では実際にその点がどのように処理されているかを、主として弁護士である共著者が解説している。一般的に言って、民事訴訟法は民法等の実体法に比べてとっつきが悪く、理解が困難であると言われている。そして、倒産法は手続規定と実体規定からなるが、この手続規定に関しても同様のことが言えよう。すなわち、記録篇の記録を初学者が一人で見ても理解は困難であろう。そこで、本書は、解説篇の解説を読みつつ記録を参照することによって、読者が、倒産処理の手続がどのように進められるのかについての立体的理解を得ることができ、その中で手続的問題のみならず、実体的な問題がどのように現れ、処理されるのかのイメージをつかむことができるように仕組まれている。

　もっとも、このようにして倒産法全般についての理解を深めたとしても、それだけでは実際に現れる倒産法上の諸問題を解く実力を身に付けることはできない。そのような実力を涵養しようとすれば、それらの問題を自分で解いてみることが不可欠であり、問題篇の問題はそのために用意されているも

はしがき

のである。これらの問題は、主として研究者である共著者が用意した。倒産法上現れうる手続的な問題点は1つの事件の中にかなりの部分が登場するであろうが、1つの事件の中に現れる実体的な問題の種類は限られよう。本書の記録篇の事件記録でも同様であり、それに即して学習しただけでは、倒産実体法の学習は必ずしも十分ではない。問題篇の問題には記録篇には現れない問題や、解説篇でも簡単にしか触れられていない問題も多数含まれており、それらの問題を解くことは、この不備を補うとの意味も有する。問題には、体系書を読めば簡単に解けるレベルのものから、より詳しい注釈書、判例評釈、論文等を参照しなければ解けない高度なレベルのものまで含まれているが、各問題には☆印によって参考文献が示されているので、それらを手がかりに学習を進められることが期待される。

　法科大学院の発足後、事件記録を解説することによって、民事訴訟の実際を動態的に描き出し、その実務の基礎を理解させるための教材が公刊され、おおいに利用されているようである。しかし、倒産法に関しては、これまでのところそのような教材は公刊されていないようであり、本書の記録篇、解説篇はこの欠を塞ぐものである。また、本書の問題篇のような演習書も既に公刊されており、これもおおいに利用されているようであるが、本書は、問題が記録や解説と一体をなしているという特徴を有する。このような本書の目的は、「学習者が、体系書や比較的短い事例問題によっては具体的にイメージをつかみにくいであろう倒産処理の実務について記録と解説によって理解を深め、その実務が理論によって裏打ちされていることを問題篇の問題を解くことによって理解し、かつ、自らがその実務処理に当たり得る実力の基礎を身に付ける」ことの一助たらんとする点にある。「実務と理論の架橋」という副題を付した所以である。したがって、本書は直接的には法科大学院の教材であるが、このような特徴ないし内容からすれば、倒産法を選択科目として選択しないで（新）司法試験に合格して弁護士となった若手弁護士が倒産法を初めて学習しようとする際の教材としても十分に利用価値のあるものである。

　本書の成り立ちに触れておこう。本書の共著者はいずれも横浜国立大学法

iv

はしがき

科大学院か横浜弁護士会かに所属しているか、かつて所属していた者である。横浜国立大学法科大学院は横浜弁護士会との全面的な協力関係にあるが、その協力関係の具体的な現れとして、弁護士会から実務家専任教員、実務家兼任教員の法科大学院への派遣等のほか、実務基礎科目や展開・先端科目の教材の共同開発を行ってきた。この教材開発にも様々なことがあるが、平成19年度・20年度に行った展開・先端科目を中心とした幾つかの科目についての教材開発プロジュエクトの一環として、横浜国立大学法科大学院における倒産法関係の科目の担当教員（倒産法ⅠⅡ・野村、実務破産管財業務・若田）が中心となり、横浜弁護士会倒産法研究会の会員有志なども交えて、簡単な破産法（法人破産事件）の教材を作成した。このプロジェクト自体は平成20年度をもって終了したが、倒産法グループのみはその後も引き続いて活動を続け、それまでに作成した破産法（法人破産事件）の部分の教材をより充実させたり、消費者破産事件と民事再生法に関する部分の追加や問題篇の作成等の作業を行った。その結果できあがったのが本書であり、地域連携型法科大学院を標榜する横浜国立大学法科大学院と横浜弁護士会とのコラボレーションの成果の1つと言ってよいであろう。

最後になるが、いつものように、本書の出版に際しても様々な行き届いたご配慮をいただいた信山社の袖山貴氏、稲葉文子氏に、心から御礼申し上げたい。

2010年2月

野村　秀敏
若田　　順

目　次

はしがき
凡　例

解　説　篇

第 1 部　倒産法総論

第 1 章　各種の倒産処理手続……………………………3
　Ⅰ　倒産と倒産処理手続………………………………………3
　　1　社会的経済的現象としての倒産 (3)
　　2　倒産処理手続 (4)
　　　(1)　法的倒産処理手続 (4)　(2)　私的倒産処理手続 (4)
　Ⅱ　各種の倒産処理手続………………………………………5
　　1　はじめに (5)
　　2　再生型（再建型）倒産処理手続 (6)
　　　(1)　私的整理（再建型） (6)
　　　(2)　民事再生手続・個人再生手続 (9)
　　　(3)　会社更生手続 (11)
　　3　清算型倒産処理手続 (12)
　　　(1)　私的整理（任意整理）(12)　(2)　破産手続 (14)
　　　(3)　特別清算 (15)

第 2 部　破　産

第 2 章　法人破産の申立て……………………………19

目　次

- Ⅰ　総　論 …………………………………………………………19
  - 1　破産申立てをすることの意味 *(19)*
  - 2　清算型の倒産手続であること *(19)*
  - 3　破産管財業務の円滑な進行への協力 *(20)*
- Ⅱ　受任から受任通知発送までの活動 ………………………………21
  - 1　相談と受任 *(21)*
  - 2　破産手続開始のための要件 *(22)*
    - (1)　総　説 *(22)*　(2)　破産能力と破産原因 *(22)*
    - (3)　管轄裁判所と移送 *(23)*
  - 3　取締役会決議 *(23)*
  - 4　保全処分の要否 *(24)*
    - (1)　総　説 *(24)*　(2)　保全処分の種類 *(24)*
  - 5　受任通知発送の時期 *(25)*
- Ⅲ　受任通知発送から申立てまでの活動 ……………………………26
  - 1　申立書の作成 *(26)*
  - 2　各種契約関係の処理等 *(26)*
  - 3　別除権・取戻権の対象物の処理 *(29)*
  - 4　従業員に対する処理 *(30)*
- Ⅳ　申立て後の活動 …………………………………………………30
- Ⅴ　本件事案について ………………………………………………31

第3章　破産手続の開始と破産管財人の職務 ……………32

- Ⅰ　破産手続の開始 …………………………………………………32
  - 1　破産手続開始決定と破産管財人の選任 *(32)*
  - 2　破産手続開始の効果 *(32)*
    - (1)　破産者の財産に対して *(32)*
    - (2)　破産債権者に対して *(33)*
    - (3)　破産者に対して *(33)*
  - 3　破産者をめぐる契約・権利関係等への影響 *(34)*

vii

目　次

　　　　　(1)　契約関係《34》　(2)　取戻権・別除権《36》
　　　　　(3)　相殺権《37》　(4)　否認権《37》
　　Ⅱ　破産管財人の就任……………………………………………40
　　　1　破産管財人候補者への就任の打診《40》
　　　2　就任承諾の可否《40》
　　　　　(1)　受任の原則《40》　(2)　受任できない場合《40》
　　　3　本件事案について《42》
　　Ⅲ　破産管財人就任直後の業務…………………………………43
　　　1　申立書副本のチェック《43》
　　　2　具体的な管財業務の着手《46》
　　　　　(1)　破産者本人らとの面談、打合せ《46》
　　　　　(2)　管財人口座の開設・引継現金等の受入れ《46》
　　　　　(3)　事務所・営業所の閉鎖、撤収・明渡し《47》
　　　3　本件事案について《51》
　　Ⅳ　破産手続開始決定後、第1回債権者集会期日（破産手続
　　　　開始決定日から3ヶ月程度）までに行う業務………………51
　　　1　財産の調査および処分《51》
　　　　　(1)　財産の調査《51》　(2)　処分方法の策定および処分《52》
　　　2　郵便物の点検《53》
　　　3　税務処理についての方針策定《53》
　　　4　債務調査《54》
　　　5　否認権行使をする必要の有無《54》
　　　6　管財人報告書等の作成《54》
　　　　　(1)　管財人報告書の作成《54》
　　　　　(2)　財産目録および貸借対照表の作成《54》

第4章　債権届出・調査・確定………………………………………56
　Ⅰ　総　説………………………………………………………………56
　Ⅱ　債権届出……………………………………………………………56

viii

1　届出事項・届出期間 (56)
　　　2　債権の優先順位 (57)
　Ⅲ　債権調査・確定……………………………………………………58
　　　1　債権調査 (58)
　　　2　異議等の撤回、債権査定申立て、債権査定異議の訴え (59)
　　　3　戦略的異議 (60)
　　　4　破産債権の確定 (61)
　Ⅳ　各種債権の認否に関する問題点……………………………………61
　　　1　別除権付破産債権 (62)
　　　2　保証関係の認否について (63)
　　　3　手形債権 (64)
　　　4　労働債権 (64)
　　　5　公租公課の認否 (65)
　　　6　上下水道や日用品供給の一般先取特権付債権 (66)
　　　7　利息制限法を超える金利による貸金債権 (66)
　Ⅴ　本件事案について…………………………………………………67

第5章　配　当………………………………………………………69

　Ⅰ　総　説………………………………………………………………69
　Ⅱ　最後配当（通常配当）手続の流れ………………………………69
　　　1　最後配当前の事前チェック (69)
　　　2　裁判所との打合せと最後配当許可申請 (70)
　　　3　配当表の作成 (71)
　　　4　配当公告（配当通知）(72)
　　　5　最後配当の除斥期間と除斥 (72)
　　　6　配当表の更正と配当表に対する異議 (73)
　　　7　配当額の通知と配当の実施 (74)
　Ⅲ　簡　易　配　当……………………………………………………75
　　　1　簡易配当の意義と最後配当、簡易配当の振り分け (75)

目　次

　　　2　簡易配当と最後配当（通常配当）の差異 (76)
　Ⅳ　中 間 配 当 ………………………………………………………78
　　　1　意　義 (78)
　　　2　中間配当手続における注意点（最後配当との比較）(78)
　Ⅴ　同 意 配 当 ………………………………………………………79
　Ⅵ　追 加 配 当 ………………………………………………………80
　Ⅶ　本件事案について ………………………………………………80

第3部　民 事 再 生

第6章　民事再生の申立て ……………………………………83

　Ⅰ　再生手続の開始に至るまで ………………………………………83
　　　1　総　説 (83)
　　　2　手続開始要件 (84)
　　　3　手続開始の申立て (85)
　　　4　手続開始前の保全処分 (86)
　　　5　共益債権化 (87)
　Ⅱ　手続機関 …………………………………………………………88
　　　1　総　説 (88)
　　　2　再生債務者 (89)
　　　3　監督委員 (89)
　　　4　債権者集会・債権者委員会 (90)
　Ⅲ　本件事案について …………………………………………………91

第7章　再生手続開始決定と開始後の手続 ……………………96

　Ⅰ　再生手続開始決定 …………………………………………………96
　　　1　再生手続開始の手続 (96)
　　　2　再生手続開始の効果 (96)
　　　　(1)　再生債権者に対する効果 (96)

　　　　(2) 再生債務者に対する効果（96）
　　　　(3) 他の手続に対する効果（97）
　Ⅱ　再生債務者をめぐる債権の種類………………………………………98
　　1　再生債権（98）
　　　　(1) 意　義（98）　(2) 再生手続における地位（99）
　　　　(3) 再生債権の順位（99）
　　2　共益債権（100）
　　3　一般優先債権（100）
　　4　開始後債権（101）
　Ⅲ　再生債権の届出・調査・確定……………………………………… 101
　　1　再生債権の届出（101）
　　　　(1) 債権届出の必要性（101）　(2) 債権届出（101）
　　　　(3) 債権届出をしなかった債権者の地位（102）
　　2　債権の調査（103）
　　　　(1) 再生債権者表の記載事項に関する認否（103）
　　　　(2) 債権調査期間（104）　(3) 異議の手続（104）
　　3　再生債権確定手続（105）
　　　　(1) 査定の申立て（105）　(2) 査定の裁判（106）
　　　　(3) 査定の裁判に対する異議の訴え（106）
　　　　(4) 議決権額の確定手続（107）
　　4　再生債権者表の作成と再生債権の確定（107）
　　　　(1) 再生債権者表の意義・記載事項（107）
　　　　(2) 再生債権の確定と再生債権者表への記載（108）
　　　　(3) 再生債務者に対する効力（108）
　　5　簡易再生・同意再生（108）
　Ⅳ　弁済禁止の例外 ……………………………………………………… 109
　　1　少額債権の弁済（109）
　　2　中小企業者への弁済（110）
　Ⅴ　再生債務者財産の調査・確保と事業……………………………… 110

目　次

　　　1　財産評定・裁判所への報告（110）
　　　　　(1)　財産評定（110）　(2)　裁判所への報告（111）
　　　2　再生債務者をめぐる法律関係の処理と再生債務者財産（111）
　　　　　(1)　契約関係等（111）　(2)　否認権等（112）
　　　　　(3)　担保権者の取扱い（114）
　　　3　営業譲渡（115）
　　Ⅵ　本件事案について ……………………………………………… 116

第8章　再生計画案の提出と債権者集会 ……………………………… 122
　　Ⅰ　再生計画案の提出 ……………………………………………… 122
　　　1　再生計画案提出の意義（122）
　　　2　再生計画案の提出期限（123）
　　　　　(1)　最終的な再生計画案の提出期限（123）
　　　　　(2)　再生計画案（草案）の提出（123）
　　　　　(3)　再生計画案の提出期間の伸長（123）
　　　　　(4)　再生計画案の立案時期について（124）
　　　3　再生計画案の内容（124）
　　　　　(1)　再生計画案に必ず記載するべき事項（124）
　　　　　(2)　その他の記載事項（126）
　　Ⅱ　再生計画案の決議 ……………………………………………… 128
　　　1　監督委員の意見書提出（128）
　　　2　決　議（129）
　　　　　(1)　付議決定（129）　(2)　可決要件（130）
　　Ⅲ　再生計画の認可と確定 ………………………………………… 130
　　　1　認可または不認可の決定（130）
　　　2　再生計画認可の決定の確定とその効力（131）
　　　　　(1)　再生計画認可決定の確定（131）
　　　　　(2)　再生計画の効力（131）
　　　3　再生計画不認可の決定の確定（132）

xii

Ⅳ　再生計画認可決定確定後の手続 ………………………………… 133
　　1　再生計画の遂行（133）
　　2　再生計画の変更（133）
　　3　再生計画の取消し（134）
　Ⅴ　再生手続の廃止 …………………………………………………… 135
　Ⅵ　本件事案について ………………………………………………… 135

第4部　個人債務者の倒産処理手続

第9章　消費者破産 ………………………………………………… 141

　Ⅰ　本章の概要 ………………………………………………………… 141
　Ⅱ　自然人が経済的に破綻した場合の手続について ……………… 141
　　1　手続の種類について（141）
　　2　任意整理手続について（141）
　　3　個人破産手続について（142）
　　4　個人再生手続について（142）
　　5　まとめ（142）
　Ⅲ　消費者破産手続の流れ …………………………………………… 143
　　1　法律相談から受任通知の発送まで（143）
　　　(1)　法律相談での聴取事項（143）　(2)　受任通知（144）
　　　(3)　本件事案について（145）
　　2　裁判所に対する自己破産の申立てまで（145）
　　　(1)　申立書等の書類の作成（145）
　　　(2)　本件事案について（146）
　　3　開始決定（147）
　　　(1)　同時廃止と管財人選任の振り分け（147）
　　　(2)　本件事案について（148）
　　4　免責手続（148）
　　　(1)　破産手続廃止決定から免責審尋期日までの流れ（148）

xiii

目　次

　　　　(2)　免責審尋期日（149）
　　5　免責の効果（150）
　Ⅳ　自由財産の範囲と自由財産拡張の制度……………………152
　　1　本来的自由財産（152）
　　2　自由財産の拡張（152）
　Ⅴ　資格制限と復権……………………………………………153

第10章　個　人　再　生……………………………………154

　Ⅰ　個人再生手続とは……………………………………………154
　Ⅱ　個人再生手続の特徴…………………………………………154
　Ⅲ　個人再生事件の要件と手続の流れ…………………………155
　　1　申立てと手続の開始（155）
　　2　手続開始の要件（155）
　　　　(1)　概　説（155）　(2)　本件事案について（157）
　　3　手続開始決定に伴う措置（159）
　　　　(1)　開始決定に伴う措置（159）
　　　　(2)　通常の再生手続との比較（160）
　　4　個人再生委員の選任（160）
　　　　(1)　概　説（160）　(2)　事件記録の検討（161）
　　5　手続開始から再生計画案の作成まで（161）
　　　　(1)　再生債務者の財産に関する事務（161）
　　　　(2)　再生債務者の債務（再生債権）に関する事務（162）
　　6　再生計画案の作成・提出（164）
　　　　(1)　再生計画案で定めるべき内容（164）
　　　　(2)　小規模個人再生手続における再生計画案の検討（164）
　　　　(3)　給与所得者等再生手続における再生計画案の検討（166）
　　　　(4)　補足説明（168）　(5)　事件記録の検討（168）
　　7　再生計画認可の手続（169）
　　　　(1)　概　説（169）　(2)　再生計画認可決定確定の効果（169）

(3) 事件記録の検討（*170*）
　8　再生計画認可決定後の手続（*170*）
　　　(1) 法律の規定（*170*）　(2) 再生債務者に残された事務（*171*）
Ⅳ　住宅資金特別条項について ………………………………………… 171
　1　はじめに（*171*）
　2　住宅資金特別条項の概要（*172*）
　3　手続の流れ（*172*）
　　　(1) 申立て（*172*）
　　　(2) 保証会社による代位弁済がある場合（*173*）
　　　(3) 抵当権の実行手続の中止命令と弁済許可の申立て（*173*）
　　　(4) 住宅資金特別条項の作成（*174*）
　　　(5) 決議と再生計画の認可（*174*）

問 題 篇

第1講　倒産法総論
Q 1　倒産処理の方法にはいかなるものがあり、それぞれにどのような長所と短所があるか。………………………………………179
Q 2　私的整理とはどのようなものであろうか。……………………179
Q 3　各状況において、いかなる倒産手続が可能であるか、また、適切であるか。…………………………………………………180
Q 4　㈲A商店と㈱A産業の事例を比較せよ。………………………181
Q 5　各種の倒産処理方法のいずれが実施されるかについての優先順位に関し、いかなる法則があるか。……………………………182
Q 6　同一の債務者に複数の倒産手続が競合する場合には、どのような処理がなされるか。………………………………………182
Q 7　再生手続から破産手続に移行した場合には、どのような処理がなされるか。……………………………………………………183
Q 8　関係人の合意に基づく事業再建の手続としては、どのようなものがあるか。……………………………………………………185

目　次

第2講　倒産手続の開始
- Q1　再生手続開始申立てはどのようにして審理されるか。……………187
- Q2　公法人に破産能力があるか。………………………………………187
- Q3　破産手続の開始原因はどのように規律されているか。……………187
- Q4　再生手続はどのような場合に開始しうるか。………………………188
- Q5　どのような者に倒産手続の開始申立資格があるか。………………189
- Q6　破産手続上、どのような場合にいかなる内容の保全処分がなされるか。………………………………………………………………190
- Q7　再生手続開始決定に対する即時抗告には、どのような問題があるか。………………………………………………………………190
- Q8　どのような場合に、法律上破産財団に属さない財産を取り戻すことができるか。………………………………………………………191

第3講　倒産手続の機関
- Q1　再生手続における再生債務者の地位はどのようなものか。…………192
- Q2　再生債務者の第三者性とはどのようなことを意味するであろうか。………………………………………………………………192
- Q3　再生手続における機関にはどのようなものがあるか。………………194
- Q4　監督委員による否認権の行使はどのような形式でなされるか。……194
- Q5　再生債権者はその意思をどのように再生手続に反映させることができるか。………………………………………………………196
- Q6　破産管財人はどのような義務を負うか。………………………………196

第4講　債権の種類・優先順位
- Q1　倒産債権にはどのようなものがあるか。……………………………198
- Q2　以下の債権は、㈲A商店の破産手続上どのように扱われるか。……198
- Q3　再生手続における弁済禁止の例外にはどのようなものがあるであろうか。………………………………………………………………200
- Q4　再生手続上、どのような債権が共益債権となるか。………………201
- Q5　財団債権や共益債権を弁済するための財産が不足する場合にはどうしたらよいか。………………………………………………………201

xvi

Q 6　他の債権者と異なる事情がある一般の破産債権者や再生債権者は、破産手続や再生手続でどのように取り扱われるであろうか。…………202
　　Q 7　数人の全部義務者の全部または一部の者が破産手続や再生手続の開始決定を受けた場合、どのように処理されることになるか。………203

第5講　債権の届出・調査・確定

　　Q 1　倒産債権の届出はどのようになされるか。……………………………207
　　Q 2　どのような債権が別除権付債権となるか。……………………………207
　　Q 3　別除権者の債権届出はどのようになされるか。………………………208
　　Q 4　債権届出期間に後れた債権届出はどのような場合に可能であろうか。………………………………………………………………………209
　　Q 5　再生手続と破産手続における債権調査・確定の手続の異同はどのようになっているか。……………………………………………………210
　　Q 6　再生手続における債権の認否にはどのような問題があるであろうか。………………………………………………………………………210
　　Q 7　債権届出に対する破産管財人の対応はどのようになされるべきか。………………………………………………………………………211
　　Q 8　倒産債権の査定の手続はどのように取り扱われるか。………………212
　　Q 9　査定の申立てに対する異議の訴えはどのように行われるか。………213
　　Q 10　再生債権者表の記載の効力はどのようなものであろうか。…………214
　　Q 11　破産手続や再生手続において租税等の請求権等の届出等はどのようになされるか。……………………………………………………214

第6講　破産財団の管理・換価、配当

　　Q 1　破産財団とは何を意味しているか。……………………………………215
　　Q 2　破産管財人は破産財団所属財産を把握するにはどのようにしたらよいか。また、所在を把握した財産をどのようにして自己の支配下に収めたらよいか。……………………………………………………215
　　Q 3　破産手続と破産財団に関する訴訟手続や個別執行手続との関係はどうであるか。…………………………………………………………216
　　Q 4　破産手続において担保付不動産の換価はどのように行われるか。…218

xvii

目　次

Q5　各種の配当手続はどのような場合に行われるであろうか。…………220

Q6　各種の債権の中間配当における取扱いはどのようなものであろうか。……………………………………………………………………………221

Q7　中間配当において除斥された別除権者のその後の取扱いはどのようなものであろうか。…………………………………………………221

Q8　各種の債権の最後配当における取扱いはどのようなものであろうか。……………………………………………………………………………222

第7講　再生計画と履行の確保

Q1　どのような場合に、再生手続中に事業譲渡を行うことが適切かつ可能であろうか。また、そのためにはどのような手続を取らなければならないか。…………………………………………………………223

Q2　再生計画案の提出と再生計画（案）の変更はどのように行われるか。……………………………………………………………………………224

Q3　再生計画案の内容と決議に関する規律はどのようになっているか。……………………………………………………………………………225

Q4　再生計画の不認可要件はどのようなものであろうか。…………226

Q5　再生計画にはどのような効力が認められるか。…………228

Q6　再生計画の履行を確保するためにどのような手段を利用することができるか。……………………………………………………………229

第8講　契約関係（双方未履行双務契約一般・請負・その他）

Q1　破産手続開始後の破産財団に関する法律行為は、どのような効力を有するか。………………………………………………………230

Q2　ゴルフクラブの会員が破産した場合、ゴルフクラブ会員契約はどのように扱われるか。………………………………………………231

Q3　請負人が破産した場合、双方未履行の請負契約はどのように扱われるか。工事を請け負っている共同企業体の構成員が破産した場合、その地位はどのように扱われるか。………………………………232

Q4　注文者が破産した場合、双方未履行の請負契約はどのように扱われるか。…………………………………………………………233

Q5　需要者の破産によって継続的給付を目的とする双務契約はどのような影響を受けるであろうか。……………………………………………235
　Q6　使用者の倒産によって、労働者の地位はどのような影響を受けるか。……………………………………………………………………236
　Q7　顧客の破産によって商品先物取引はどのような影響を受けるか。当事者の一方の破産によって係属中の会社関係の訴訟手続はどのような影響を受けるか。……………………………………………………236

第9講　賃貸借契約・リース契約の取扱い
　Q1　賃借人が破産手続や再生手続の開始決定を受けた場合、賃貸借契約はどのように取り扱われるか。………………………………………239
　Q2　賃貸人が破産手続や再生手続の開始決定を受けた場合、賃貸借契約や賃料債権・敷金返還請求権はどのように取り扱われるか。………240
　Q3　ライセンサーに対する再生手続の開始によってライセンス契約はどのような影響を受けるか。……………………………………………242
　Q4　ユーザーの再生手続においてリース債権者はどのような立場に立ち、リース契約はどのように処遇されるか。………………………243

第10講　担保権者の取扱い
　Q1　倒産手続において担保権はどのように取り扱われているか。………246
　Q2　再生手続や破産手続では、根抵当権者はどのように処遇されるか。…………………………………………………………………………246
　Q3　再生手続において担保権を制限するための制度にはどのようなものがあるか。とりわけ担保権消滅許可制度とはどのようなものか。……248
　Q4　破産手続や再生手続において商事留置権はどのように処遇されるか（その1）。…………………………………………………………249
　Q5　破産手続や再生手続において商事留置権はどのように処遇されるか（その2）。…………………………………………………………251
　Q6　再生手続において動産売買先取特権やそれに基づく物上代位権の実行方法はどのようになるか。……………………………………252
　Q7　買主の倒産手続において所有権留保はどのように処遇されるか。…252

xix

目　次

第11講　相殺権
Q 1　破産手続や再生手続において相殺権はどのような形で行使されるか。……………………………………………………………………………255
Q 2　破産債権者や破産者に対して債務を負担する者による相殺権の行使はどのような場合に制限されるか。……………………………………255
Q 3　破産債権者による相殺権の行使はどのような場合に制限されるか。……………………………………………………………………………257
Q 4　破産者に対して債務を負担する者の相殺権の行使はどのような場合に制限されるか（その１）。…………………………………………258
Q 5　破産者に対して債務を負担する者の相殺権の行使はどのような場合に制限されるか（その２）。…………………………………………259
Q 6　破産者に対して債務を負担する者の相殺権の行使はどのような場合に制限されるか（その３）。…………………………………………260

第12講　否認権（その１）
Q 1　詐害行為取消権と否認権との異同・関係はどのようなものであろうか。………………………………………………………………………261
Q 2　適価売却行為は否認できるか。………………………………………262
Q 3　破産財団は、否認の結果、どのようにして原状に復するか。………264
Q 4　否認の対象となる行為の目的物が複数で可分である場合の否認の効果は、どの範囲にまで及ぶことになるか。………………………265
Q 5　否認権はどのように行使されるか。…………………………………266
Q 6　保証はどのような場合に無償否認の対象になるか。………………267
Q 7　相続財産破産および信託財産破産における否認について、どのような特則が設けられているか。……………………………………269

第13講　否認権（その２）
Q 1　本件破産会社㈲A商店に係る事案における偏頗弁済否認には、どのような問題があるであろうか。……………………………………270
Q 2　借入金による弁済や手形の買戻しは、否認の対象となるか。………271
Q 3　一部の債権者に対する抵当権の設定行為は、どのような場合に否認されるであろうか。……………………………………………………272

目　次

　　Q 4　過大な代物弁済の否認はどのようにして行うのが適切であろうか。
　　　　……………………………………………………………………274
　　Q 5　動産の転売代金債権の売主への譲渡は否認されうるか。……274
　　Q 6　債権譲渡はどのような場合に否認されるであろうか。………275
　　Q 7　否認権の行使の方法はどのようなものか。……………………277
　　Q 8　否認権の行使に際して考慮すべき要素はどのようなものであろうか。
　　　　……………………………………………………………………278

第 14 講　消費者破産

　　Q 1　消費者破産事件や個人再生事件の件数は、どの位あるか。…279
　　Q 2　説明義務・重要財産開示義務とは、どのようなものか。……279
　　Q 3　同時廃止とはどのような制度か。…………………………………280
　　Q 4　どのような財産が自由財産として扱われるか。…………………281
　　Q 5　免責とは、どのような制度であろうか。…………………………282
　　Q 6　復権とは、どのような制度であろうか。…………………………284

第 15 講　個　人　再　生

　　Q 1　消費者の倒産処理手続としての特定調停とはどのような手続か。…286
　　Q 2　給与所得者等再生とはどのようなものか。………………………287
　　Q 3　小規模個人再生はどのような場合に利用しうるか。……………287
　　Q 4　消費者の倒産処理のための各種の手続は、それぞれどのような場合に選択することが適切か。……………………………………288
　　Q 5　小規模個人再生手続における手続機関の特徴はどのようなものか。
　　　　……………………………………………………………………288
　　Q 6　債権者一覧表にはどのようなことを記載すべきか。……………289
　　Q 7　小規模個人再生における再生計画はどのような特徴を有するか。…289
　　Q 8　再生計画の条項に従った履行が行われないときはどうしたらよいか。
　　　　……………………………………………………………………290
　　Q 9　住宅資金貸付債権に関する特則とはどのようなものか。………291

事項索引（解説篇）293／判例索引（問題篇）299

xxi

凡　例

1．法令名・条文の略語

法令名・条文の略語は、以下の例を含めて慣例による。
破	破産法	破規	破産規則
民再	民事再生法	民再規	民事再生規則
破32 Ⅰ③	破産法32条1項3号		

2．判例の略語

最高裁大法廷平成20年10月10日判決民集60巻10号1000頁
　　　　　　　　　　→最大判平成20・10・10民集60巻10号1000頁
最高裁第1小法廷平成20年10月10日判決民集60巻10号1000頁
　　　　　　　　　　→最判平成20・10・10民集60巻10号1000頁
東京高等裁判所昭和50年10月10日決定下民35巻10号1000頁
　　　　　　　　　　→東京高決昭和50・10・10下民35巻10号1000頁
東京地方裁判所平成20年10月10日判決判時1100号123頁
　　　　　　　　　　→東京地判平成20・10・10判時1100号123頁

3．判例集・雑誌の略語

民集	大審院民事判例集・最高裁判所民事判例集
下民	下級裁判所民事裁判例集
NBL	NBL（エヌ・ビー・エル）
金判	金融・商事判例
金法	金融法務事情
自正	自由と正義
ジュリ	ジュリスト
曹時	法曹時報
判時	判例時報
判タ	判例タイムズ

凡　　例

判評	判例評論
民訴	民事訴訟雑誌
リマークス	私法判例リマークス（法律時報別冊）
重判	重要判例解説（ジュリスト臨時増刊）
最判解	最高裁判所判例解説民事篇

4．主要文献の略語

一問一答個人再生	始関正光編著・一問一答個人再生手続（商事法務、2001年）
一問一答破産	小川秀樹編著・一問一答新しい破産法（商事法務、2004年）
一問一答民事再生	深山卓也ほか・一問一答民事再生法（商事法務、2000年）
伊藤	伊藤眞・破産法・民事再生法(第2版)(有斐閣、2009年)
今中ほか	今中利昭＝今泉純一＝中井康之・実務倒産法講義（第3版）（民事法研究会、2009年）
インデックス	瀬戸英雄＝山本和彦編・倒産判例インデックス（商事法務、2009年）
解説個人再生	園尾隆司ほか編・解説個人再生手続（弘文堂、2001年）
Ｑ＆Ａ民事再生	山本和彦ほか・Ｑ＆Ａ民事再生法（第2版）（有斐閣、2006年）
実務と理論	石川明ほか編・破産・和議の実務と理論（判例タイムズ830号）（判例タイムズ社、1994年）
詳解民再法	福永有利監修・詳解民事再生法（第2版）（民事法研究会、2009年）
条解民再法	園尾隆司ほか編・条解民事再生法（第2版）（弘文堂、2007年）
書式個人再生	個人再生実務研究会編・書式個人再生の実務（全訂第2版）（民事法研究会、2003年）
新裁判実務大系(10)	門口正人ほか編・新裁判実務大系10 会社更生法・民事再生法（青林書院、2004年）
新裁判実務大系(21)	門口正人ほか編・新裁判実務大系21 会社更生法・民

凡　例

	事再生法（青林書院、2004 年）
新裁判実務大系(28)	園尾隆司ほか編・新裁判実務大系 28 新版破産法（青林書院、2007 年）
新注釈民再法(上)(下)	伊藤眞＝田原睦夫・新注釈民事再生法（上）（下）（金融財政事情研究会、2006 年）
新破産法	伊藤眞ほか・新破産法の基本構造と実務（有斐閣、2007 年）
新破産法の理論	山本克己ほか編・新破産法の理論と実務（判例タイムズ社、2008 年）
新百選	新倒産判例百選（有斐閣、1990 年）
大コンメ破産	竹下守夫編集代表・大コンメンタール破産法（青林書院、2007 年）
注解破産法(上)(下)	斎藤秀夫ほか編・注解破産法（第 3 版）（上）（下）（青林書院、2000 年）
倒産法概説	山本和彦ほか・倒産法概説（第 2 版）（弘文堂、2010 年）
倒産法大系	河野正憲＝中島弘雅編・倒産法大系（弘文堂、2001 年）
中島	中島弘雅・体系倒産法Ⅰ（中央経済社、2007 年）
破産・再生の実務(上)(中)(下)	西謙二＝中山孝雄編・破産・民事再生の実務（新版）（上）（中）（下）（金融財政事情研究会、2008 年）
破産書式〔消費者破産〕	個人再生実務研究会編・破産法の理論・実務と書式・消費者破産編（第 2 版）（民事法研究会、2007 年）
百選	倒産判例百選（第 4 版）（有斐閣、2006 年）
百選（第 3 版）	倒産判例百選（第 3 版）（有斐閣、2002 年）
松下・入門	松下淳一・民事再生法入門（有斐閣、2009 年）
民再実務	髙木新二郎ほか編・民事再生法の実務（新版）（金融財政事情研究会、2001 年）
民再実務一問一答	三宅省三・池田靖編・実務解説一問一答民事再生法（青林書院、2000 年）
民再法逐条研究	伊藤眞編集代表・民事再生法逐条研究(有斐閣、2002 年)
山本	山本和彦・倒産処理法入門（第 3 版）（有斐閣、2008 年）
理論と実務	櫻井孝一ほか編・倒産処理法制の理論と実務（経済法令研究会、2006 年）

凡　例

論点解説（上）（下）　　　全国倒産処理弁護士ネットワーク編・論点解説新破産法（上）（下）（金融財政事情研究会、2005 年）

解 説 篇

本篇においては、記録篇の事件記録を四角囲みの記録番号で引用する。引用するのは、「第2部 破産」では記録篇「Ⅰ 法人破産事件」の事件記録、「第3部 民事再生」では記録編「Ⅱ 通常民事再生事件の記録」の事件記録、「第4部 個人債務者の倒産処理手続／第9章 消費者破産事件」では記録篇「Ⅲ 消費者破産事件の記録」の事件記録、「第4部 個人債務者の倒産処理手続／第10章 個人再生」では記録篇「Ⅳ 個人再生事件の記録」の事件記録である。

第1部　倒産法総論

第1章　各種の倒産処理手続

I　倒産と倒産処理手続

1　社会的経済的現象としての倒産

「倒産」とは自然人である個人、株式会社をはじめとする営利法人、社団法人、財団法人等の公益法人、その他の特別法人等の法人が、経済的に破綻すること、すなわち、負っている債務の返済が恒常的にできなくなることを意味する。

このような社会的経済的現象としての「倒産」が生じる原因は様々である。個人にあっては、失業や事業の失敗による収入の途絶や減少により債務の返済ができなくなってしまった場合や、高額のローンを組んでの商品の購入、不相当な遊興費の支出、パチンコ・競馬などの射倖行為による過大支出など、自己の収入から返済可能な範囲を超えて債務を負担した結果、最終的に負債を返済しきれない状況に至ってしまった場合などがある。法人にあっては、不況により事業収支が悪化してしまった場合、売掛先が倒産した結果、自らも破綻してしまう連鎖倒産のような場合、経営者が放漫経営を行った結果、会社の収益が著しく悪化してしまった場合、会社の不祥事により、監督官庁から営業停止処分を受け、あるいは、一般消費者から商品購入をボイコットされるなどして売上が減少してしまった場合などがある。

いずれにしても、自らの財産や収入（収益）をもってしては、もはや負債を返済しきれない恒常的な状態が社会的経済的現象としての「倒産」ということができる。

2　倒産処理手続

(1)　法的倒産処理手続

　社会的経済的現象としての「倒産」が、そのまま放置され、あるいは、適切な処理がなされないとした場合、倒産状態に至った当該個人や法人はもとより、その個人や法人と関わりがある債権者、債務者、利害関係人等に深刻な混乱が生じ、ひいては社会経済の秩序が脅かされ、ついには資本主義という国の基本体制の根幹を揺るがす問題になりかねない。

　そのような事態を避けるため、国は、「倒産」に対し、いくつかの法制度を用意し、倒産処理の手続や利害関係を調整するための基準を内容とする法律を定めた。具体的には、民事再生手続（民事再生法）、会社更生手続（会社更生法）、破産手続（破産法）、特別清算手続（会社法）であり、これらを総称して倒産法という。これらはいずれも裁判所が関与する手続であり、倒産法による倒産処理の手続は法的倒産処理（手続）ないし法的倒産手続あるいは法的整理といわれる。

(2)　私的倒産処理手続

　法的倒産処理手続とは別に、裁判所が関与せずに（ただし、後述の特定調停では調停委員会の関与がある）、債務者自身や債権者によって、倒産処理が行われる場合があり、これを私的倒産処理あるいは私的整理（任意整理）と呼ぶ。

　私的倒産処理は、その処理方法や利害関係の調整基準を定めた独自の法律がないため、厳密な意味において「手続」とはいえないが、一定の主宰者、特に債務者から委任を受けた弁護士が中心となって、債権者説明会の開催、債権調査、財産の換価処分、個別あるいは集団的な和解・示談の形式により、倒産の処理を行うものであり、その処理は一定の準則や枠組みの中で行われるという意味において、私的な整理「手続」ということが可能である。

Ⅱ 各種の倒産処理手続

1 はじめに

　倒産（処理）手続は、裁判所が関与するかどうかで法的倒産（処理）手続と私的倒産（処理）手続に分類されることは既に述べたが、倒産処理の目的ないし機能によって、再生型（再建型）倒産（処理）手続と清算型倒産（処理）手続に分類される。

　再生型（再建型）倒産処理手続には、民事再生手続、会社更生手続および再生型（再建型）の私的整理手続があり、清算型の倒産処理手続には、破産手続、会社清算（特別清算手続）および清算型の私的整理手続がある。

　なお、再生型（再建型）の私的整理としては、特定債務調停法による特定調停もある。これは、「支払不能に陥るおそれのある債務者等の経済的再生に資するため」、「このような債務者が負っている金銭債務に係る利害関係の調整を促進することを目的と」し（特定調停1）、裁判所に設置された調停委員会によって行われる調停手続の一種である。

　ところで、倒産処理にあたっては、まず債務者を再生（再建）させるべきことを第一の目標とするべきであるとの価値判断（理念）に立って、再生型（再建型）倒産処理手続が、清算型倒産処理手続に優先されるべきであるとの考え方がある。確かに、企業倒産の場合には、清算した場合の従業員の失業、清算することによる経済的社会的な損失などを考慮すれば、まず、当該債務者が再生型（再建型）の倒産処理手続を取れないかが検討されるのが通常であろう。ただ、倒産状況に至った経緯や、当該債務者のおかれた経済的社会的状況、清算価値と再生（再建）した場合の価値の比較などの一切の事情を考慮したとき、一般的に、再生型（再建型）を清算型に優先させることが、債務者や、利害関係人にとって、常に妥当とまではいえないことから、わが国の法律は、一律に再生型（再建型）を優先させるべきとの考え方はとっていない。

2　再生型(再建型)倒産処理手続

(1)　私的整理(再建型)

(ア)　一般の場合

(a)　総　説　会社または個人の自主再建努力（リストラ、金融機関その他債権者との交渉、協力企業への協力打診など）を一通り行ったものの、経営危機を打開できない場合、次のステップとして、当該債務者から委任を受けた弁護士が中心となって、債権放棄を含む債権者との交渉・和解を行う手続である。手法としては、後にも述べる清算型の私的整理と共通するが、再建型の場合には、債務者（特に企業）の営業継続が前提となっているため、再建計画の作成や、各債権者への協力要請など、当該債務者にとっても、委任を受けた弁護士にとっても、清算型とは比べものにならないくらいの手腕と労力が要求される。

(b)　特　色　債務者からの依頼を受けた弁護士が、再生計画案の作成から、債権者への協力要請、債権放棄や支払条件の交渉、和解、和解に基づく弁済などを行う。再生計画案の作成に当たっては、当該債務者が経営危機に陥った原因を分析し（経営分析・財務分析）、これを改善するためのプランを策定しなければならない。そのためには、場合によっては、経営コンサルタントや税理士・公認会計士と協力しなければならない場面が出てくる。

(c)　長　所　当該債務者（個人の場合は営んでいる営業そのもの）を消滅させることなく、再生できる。債務者、債権者、取引先、地域社会にとって、破産するよりもメリットが大きい。通常、会社、個人を問わず、清算したときよりも再建したときの方がその有する財産価値は高いのが一般的であり、清算手続を選択すると経済的損失が大きく、仮に配当金があっても少額であることが通常である。

　同じ再建型の手続として法的手続（民事再生、会社更生）があるが、法的手続を取ると、債務者の信用不安が表面化し（レッテル効果）、債務者と取引を打ち切る取引先が出てきたり、たとえば債務者が建設会社のような場合、公共工事の入札資格を失うなどのデメリットが生じる。社会的影響も大きい。私的整理であれば、このようなデメリットを回避できる。

なお、私的整理については、産業活力再生特別措置法に基づき各都道府県に設置された再生支援協議会という公的組織が地元企業（主として中小企業）の再生を支援する制度があり、この制度を利用することも検討するべきである（(f)参照）。

裁判所の手続ではないので、予納金が不要である。

(d) 短所　法的手続ではないため、債権者、取引先等の協力がないと目的を達成できないし、原則として現経営者の経営責任は問われないためモラルハザードが懸念される。また、手続の透明性、公平性が確保しにくい。私的手続のため、債権者（特に金融機関、中でも政府系金融機関）の債権放棄を得ることが困難という問題がある。さらに、税務上、債権放棄による免除益に課税される可能性が高いのも問題である。

(e) 手続の選択　上記のような長所・短所を前提として、民事再生・会社更生という法的手続を取ることができない、あるいは著しく困難な場合であって、かつ、整理屋・事件屋などが介入せず、否認権を行使する必要がない場合などに利用できる可能性がある。

(f) 中小企業再生支援協議会について　平成15年4月9日施行の「改正産業活力再生特別措置法」に基づき、各都道府県単位で支援機関の中小企業再生支援協議会が設置された。同協議会は、スタッフのほか、中小企業診断士、経営コンサルタント、税理士、公認会計士、弁護士などの外部専門家の協力を得て、経営的に窮境に陥った企業からの申込みにより再生計画の策定や債権者（金融機関）などとの調整等の業務を行っている。

協議会による再生も、基本的には債権者全員の合意による私的整理の一つの形態である。ただし、公的機関が関与して再生計画案が策定されるということから、債権者（特に銀行）が、債務免除を伴う計画案の承認の稟議をしやすいことや、税務上、債務免除益に課税されない恩典を受けられるなどメリットは大きい。

(イ) 私的整理ガイドライン（再建型私的整理）

(a) 総説　以上のように私的整理には長所もあるが、多くの短所も伴う。そこで、金融機関の不良債権処理と企業の過剰債務問題とをより透明性

のある適切な私的整理によって処理しうるようにするために、平成13年9月に金融界・産業界の代表者の合意として策定されたのが私的整理に関するガイドラインである（金法1623号28頁）。これは法律ではなく、単なる紳士協定にすぎないが、関係当事者が自主的に遵守すべきことが期待されているものである。

　(b)　具体的な内容　　対象となるのは、過剰債務状態にあるが、事業を再構築すれば収益力が回復し、債務の減免により再建が可能になる企業である。すなわち、ガイドラインは企業に関する再建型の私的整理を対象としている。この私的整理手続は、債務者が債権額の多い銀行等主要債権者に再建計画案を提出して、私的整理を申し出ることによって開始される。次に、この申出を受けた主要債権者は、債務者から提出された資料を精査し、再建計画案の実現可能性ないしその内容の妥当性を検討する。そして、再建計画案が実現可能であり、他の債権者の同意を得られる見込みがあると判断するときは、主要債権者と債務者との連名で私的整理の対象債権者に呼びかけ、一時停止の通知を発し、2週間以内に第1回債権者集会を招集する。

　対象債権者からは、通常、取引先債権者は除外される。一時停止の通知の趣旨は、私的整理の期間中、対象債権者に対し、個別的な権利行使や債権保全措置を差し控え、通知時の与信残高を維持するように求める点にある。他方、債務者には、原則として、資産処分や債務弁済が禁止される。

　第1回債権者集会では、債務者から、経営破綻の原因、現在の財務状況、再建計画案の内容等が説明され、その上で、一時停止の期間、債権者委員会の設置・委員の選任、専門家（アドバイザー）の選任等の決定がなされる。アドバイザーが選任されたときは、1月程度の調査に基づき報告書を提出し、債権者委員会はその報告書等に基づき、対象債権者に対し、再建計画案の実行可能性等に関する調査結果報告書を送付することになる。これを受けて、第2回債権者集会が開催され、大口債権者に対する再建計画案を受諾するか否かの意向聴取がなされる。多くの者が同意すれば、同意書が提出されて、再建計画が成立する。同意が得られなければ、私的整理の終了の宣言がなされ、法的整理等に移行することになる。

再建計画案の内容は、安易な問題の先送りを避け、ガイドラインによる再建の信頼性を高めるために、一定の基準を満たしていなければならないとされている。具体的には、債務者が実質的に債務超過であるときは、再建計画成立後3年以内を目処に実質的な債務超過を解消することを内容とし、経常利益が赤字であるときは、再建計画成立後3年以内を目処に黒字に転換することを内容としなければならない。また、対象債権者の債権放棄を受けるときは、支配株主の権利を消滅させることはもとより、増減資により既存株主の割合的地位を減少または消滅させることを原則とする。再建計画案における権利関係の調整は、債権者間で平等であることを旨とし、債権者間の負担割合については、衡平性の観点から、個別に検討する。

　(c)　実　績　　ガイドラインは、要するに、金融機関の協力によって技術・ブランド・商圏・人材等の事業価値を有する相当規模の企業を再建することを目指していると言える。そのため、これが求める再建計画の内容は相当厳しいものであり、また、原則として対象債権者全員の同意が必要となるため、ガイドラインによって再建を図りうる企業は自ずから限られてくると思われる。実際、ガイドラインは策定後1年間で6件の私的整理で利用されたにすぎなかった。そこで、平成14年10月には私的整理ガイドライン実務研究会による検討結果が公表され（NBL749号51頁）、中小企業の経営者に対する責任追及の弾力化など、ある程度の弾力的な運用も認められるようになっているし、そもそも、中小企業向けに独自のガイドラインを策定する動きもある。

(2)　民事再生手続・個人再生手続
　(ア)　総　説　　民事再生法による倒産処理手続である。民事再生手続は、現経営陣（個人再生の場合には当該個人）がそのまま事業経営を継続しながら、再生計画の認可を前提として、負債の一部を強制的に免除してもらい、残りを原則として数年から10年で分割弁済を行う（民再155Ⅲ・229Ⅱ②）。弁済の総額は、破産した場合の配当よりも高いことが必要である。
　そもそも経済的に窮境に陥った法人・個人が、そのまま事業を継続して

も、再生できる見込みは厳しいと言わざるを得ない。リストラや営業努力を重ねてまじめに事業を行ってきたにもかかわらず、収支が改善しないとすれば、よほどの策がない限り、結局は赤字体質から抜けだせず、たとえ債務の一部免除を得たとしても、事業を継続することは困難と言わざるを得ないからである。また、再生計画が認可されても、計画に従った弁済がすべて終了するまでは、余裕ある経営はできないため、経営者、従業員にはかなりの辛抱を強いることになる。したがって、本手続によろうとする場合、特に会社の場合には、経営分析がしっかりできて、経済的窮境に陥った原因が比較的はっきりしており、この原因を取り除くことができる（改善できる）見込みがあり、民事再生手続申立て後も、債権者・取引先等の協力・賛同を得ることができ、現経営陣および従業員に再生の意欲があること等、かなりの要件が必要となる。

(ｲ) 特　色　裁判所の手続による再生型の倒産処理手続である。債権者集会で再生計画案が可決されることが前提となるが、債権者に強制的に債務を免除させることが可能である。

会社更生とは異なり、経営者は、従前のまま交代しない。民事再生の場合には、監督委員、個人再生の場合は個人再生委員が裁判所から選任され、再生計画の履行可能性等について意見を述べることになっており、監督委員は再生計画認可後も、再生計画に従った弁済の履行を監督することになっている。

(ｳ) 長　所　事業を継続できることについては、私的整理（再建型）のところで述べたとおりである。

(ｴ) 短　所　現経営陣がそのまま経営を継続するため、モラルハザードが懸念される。ただし、法人の役員に対する損害賠償請求権の査定の制度および法人の役員の財産に対する保全処分の制度があり（民再142以下）、これらの制度が適切に運用されれば、モラルハザードの防止に役立つ。

大口債権者（メインバンク等）が、手続に反対している場合には、事実上、利用できないし、万一、再生計画案が否決されると、裁判所により職権で破産手続開始決定が下される可能性がある。申立予納金が必要という問題点も

ある。

(オ) 手続の選択　冒頭で述べたとおり、本手続を利用して再生の目的を達するにはかなりの好条件が揃わないと難しいと言わざるを得ない。また、現実問題として、申立代理人の弁護士費用と、裁判所への予納金、申立て直後の資金繰りの目処がつくことが必須である。すなわち、申立て後は、手形決済等ができず、現金取引で事業を回していかないといけないため、キャッシュフローに余裕があることが必要である。

予納金額は、負債総額に応じて異なるが、通常、負債総額が5,000万円未満の場合は200万円、1億円未満だと300万円、5億円未満だと400万円などとなっており、申立代理人の費用は、最低でも予納金と同程度から2倍くらいと言われている。

(カ) 清算型の民事再生手続について　民事再生手続は典型的には当該債務者企業それ自体の再生を目的として制度設計されている。ただし、民事再生手続を利用して、企業再生ではなく、事業再生を目的として、いわゆる営業譲渡等により、実質的には清算を目的とした民事再生もありうる。また、最近では、減増資型すなわち従来の株主を排除し、新しいスポンサーが第三者割り当て増資を受けて株主となり、再生債務者の地位に立って事業再生を図る方法も増えていると言われている。民事再生手続はいわゆるオーナー経営者が、経営者としての地位に留まりつつ、企業の再生を図るために利用される手続が典型とされてきたが、スポンサー型の再生は新たな民事再生手続の活用方法と言える。

(3)　会社更生手続

(ア) 特色　企業の法的整理の中でも比較的大規模な企業に利用される倒産処理手続である。

申立ては株式会社に限られる。民事再生と異なり、企業の経営陣が交代する。

担保権者も手続に取り込まれるので、担保権の実行が禁止され、その権利を更生計画で変更できる。また、一般優先債権も手続に取り込まれて、手続

外での権利行使を禁止されるが、公租公課と労働者の債権の一部は共益債権とされて一定の配慮がある。

更生計画では資本・組織の組み替えが予定されていて、民事再生の再生計画では会社法の規定によらないで行えるのは減資と新株発行だけであるが、更生計画ではそれ以外にも、会社分割・合併・株式交換・株式移転等が行える。

更生計画の履行が確実と認められるまで手続が続く。

(イ) 長　所　債権者の現経営陣に対する不信感が強い場合でも、利用が可能である。

担保権も手続に取り込まれるので、事業に不可欠な資産について担保権を実行されてしまうおそれがないし、事業の再建に、資本と組織の再編が必要な場合に本手続を利用して行える。

(ウ) 短　所　民事再生手続と比較して、手続が厳格なため、簡易迅速性に欠ける傾向がある。

(エ) 手続の選択　法的手続による再建型倒産処理手続であるので、基本的には、民事再生手続の項で述べたことと共通するが、さらに、以下の場合に当該手続によるメリットがある。すなわち、従来の経営者に信用がおけず、外部の管財人が手続を遂行する方が、再建が容易と考えられる場合、事業継続に不可欠な財産に担保権が設定されていて、担保権者と担保権に関する合意をすることが困難な場合などである。

3　清算型倒産処理手続

(1)　私的整理(任意整理)

(ア) 総　説　これは、債務者から委任を受けた弁護士が、債務者の財産を換価処分して配当原資を形成するとともに、各債権者と個別の和解交渉を行い、その合意に基づいて、私的に配当を行う方法である。

(イ) 特　色　裁判所を介さない手続であることから、裁判所の管轄という概念はなく、債権者との交渉は、手紙、電話、ＦＡＸが中心となり、遠隔地であっても交渉が容易である。また、弁護士が出した和解案に対し、相手

方が応じなければならない義務はなく、法的強制力はないし、法的手続ではないため、期間の制限や、提出する書類などが法定されているものでもなく、要件もない。各弁護士の裁量によるところが大きい。

(ウ) 長　所　　裁判所に納める予納金が不要である。一般に、法人であっても個人であっても、破産の申立てをするためには、負債額に応じて、最低でも50万円から100万円程度の予納金を裁判所に納める必要がある。委任する弁護士に対する費用を含めると、債務者は初期費用として、数百万円程度を用意しなければならず、そのような費用を前もって用意できない債務者にとって、私的整理はメリットがある。ただし、最近の実務では、裁判所は、会社とその代表者をワンセットでかなり安い費用で破産の申立てを認める運用となっており、従前ほどのメリットはないように思われる。

法的整理と異なり、和解案の提出期間や和解案の内容について厳格な定めがあるわけではないので、債権者平等原則の理念を損なわない程度の柔軟な和解が可能である。

債権者が比較的少数で、換価財産が少ない場合など、一定の条件が揃う場合には、破産手続によるよりも、迅速に処理することが可能である。

(エ) 短　所　　手続自体に法的な拘束力がなく、また、弁護士が提示する和解案には法的な拘束力がないことから、一部債権者が手続に協力せずに、個別に強制執行を行ったり、和解に応じなかったりする場合には、目的を達成できない。

個別の和解交渉によるため、時間がかかる場合が多い。

各債権者からは、手続の進捗状況や、各債権者との和解内容が見えにくく、透明性、公平性が確保しにくい。

恣意的な債務整理が行われる可能性があるし、債務者が財産を隠匿するなどしても、債権者はもちろんのこと、私的整理の委任を受けた弁護士にも分からないことがある。

(オ) 手続の選択　　以上により、私的整理は、どちらかというと、長所よりも短所の方が多い手続と言えるため、破産申立ての予納金さえ確保できるのであれば、原則として破産手続を選択するべきである。ただ、債権者が比

解説篇　第1部　倒産法総論

較的少数で、かつ、私的整理に協力的で、債務者の換価財産も限定されており、財産隠匿行為等の可能性がないような要件を備える場合には、私的整理によることも検討されてよい。

(2) 破産手続

(ア) 総説　破産手続とは、債務者（自然人または法人）が経済的に破綻して、その有する弁済資力または信用による調達能力をもってしても、総債権者に対する債務を完済できなくなった場合に、その者の総財産を裁判所が選任した破産管財人の管理下に置き、強制的に換価して、総債権者に公平に弁済することを目的とする清算型倒産処理手続である。

破産手続には大きくわけて①同時廃止（破産管財人を選任してその報酬を支払うための費用を予納する資力さえないため、破産手続が開始されるのと同時に手続が廃止される場合）（破216 I）、②異時廃止（破産手続が開始されて管財人を選任したものの、結局のところ破産債権者に配当することができるほどの財団を収集できなかったため、事後的に手続が廃止される場合）（破217 I）、③配当終結（管財人を選任して、破産債権者に配当することができる財団を収集できたときに、配当を実施して手続を終結する場合）（破220）がある。

(イ) 再生型の破産手続について　典型的な破産手続は、破産手続開始決定と同時に当該企業の活動は停止し、従業員も解雇され、個々の資産をばらばらに処分をし、最終的には解体清算するものである。しかしながら、会社の資産はばらばらにして売却するよりも、従業員やのれん等を一体のものとしていわゆる事業全体の価値をある程度維持したまま、これを一括して他に譲渡し、受け取る対価を配当の原資とするという事業再生型ともいうべき破産手続の利用が考えられる（その場合、企業そのものは清算されることは当然である）。たとえば、民事再生手続の中で事業の譲渡を行う場合、裁判所の許可のほかに、いくつかの条件が必要であるが（民再42 I・43、会社467 I等参照）、破産手続の場合には、裁判所の許可で足りる（破78 II③）（ただし、労働組合等の意見を聴かなければならない。同IV）。

破産手続を利用しての事業再生は、会社の価値の劣化を最小限にしなが

ら、事業の一括譲渡を目指すものであることから、破産手続開始決定後、いかにスピーディーに売却先を見つけ、条件を合意するかが勝負となる。

　(ウ)　特　色　　裁判所の監督の下、公平・中立な第三者である破産管財人によって、厳格な法的手続に沿って手続が進められ、すべての債権者は別除権者などの一部の例外を除いて、個別の権利行使を禁止され、平等に配当を受ける。

　(エ)　長　所　　裁判所の監督の下、裁判所から選任された破産管財人という公平・中立な第三者により透明性のある公平な倒産処理が期待できる。

　相殺禁止や否認権によって、破産管財人が本来あるべき債務者の財産を維持・回復し、破産財団の適正な形成を期待できるし、手続に法的拘束力があり、債権者の個別の権利行使によって倒産処理が妨げられることがない。

　(オ)　短　所　　倒産処理が完了するまでに一定の時間がかかる。また、管財人報酬や事務処理費用を支弁するため、債務者は、一定の予納金を納める必要がある。

　(カ)　手続の選択　　清算型の倒産処理手続の基本的中心的な制度であり、企業・個人とも、通常ほとんどがこの手続により処理される。ただし、前述したように一定の予納金が必要となることから、予納金を用意できない場合には、この手続を取ることができない。

(3)　特　別　清　算
　(ア)　総　説　　債務者が株式会社である場合に限られる手続である。

　通常清算が行われる解散会社につき、清算に著しく支障を来すべき事情がある場合、債務超過の疑いがある場合に、債権者、清算人、監査役もしくは株主の申立てによって、または職権により、裁判所の命令によって、手続が開始される（会社510〜574・879〜902）。

　(イ)　特　色　　開始原因が、清算の遂行に著しい支障を来す事情がある場合、および債務超過の疑いがあると認められる場合である。破産の場合には、支払不能または債務超過である（破1・2XI・15・16）。

　特別清算は、関係者の自主性を尊重し、簡易、迅速な処理を目的としてい

㈦　長　所　　特別清算においては、清算人（通常は会社代表者）が主体的に清算事務を行うことができる。

　少額の協定債権等について、破産手続の場合には、原則として配当手続によらなければ支払（弁済）ができないが、特別清算の場合には裁判所の許可を得た上で、いつでも弁済することが可能である（会社 537 Ⅱ）。ただし、破産手続においても、労働債権については、労働者健康福祉機構の未払賃金立替払制度や、許可弁済の制度（破 101）を利用して、簡易迅速に支払をすることが可能である。

　特別清算においては、資産の換価はその資産の価額が 100 万円以上でなければ、裁判所の許可を得ないで換価が可能である。また配当手続も、破産手続のような配当手続による必要がない。ただし、平成 16 年の破産法の改正により、一定の行為については、最高裁判所規則で定める額（現在では 100 万円）（破規 25）以下の価額を有するものに関するときは、裁判所の許可を要しないものとされており（破 78 Ⅲ①）、この限りにおいて、破産法との差はなくなった。

　特別清算には、税務上のメリットもある。すなわち、①子会社について特別清算の申立てがあった場合には、その親会社は、子会社に対する貸金等の額のうち、50％に相当する金額以下の金額を当該申立てのあった事業年度において損金処理により債権償却特別勘定に繰り入れることができ、さらに②特別清算にかかる協定の認可があった場合、これによって切り捨てられることになった残額は、その認可のあった事業年度において貸し倒れとして損金額に参入できる。

㈈　短　所　　協定案が可決されるためには、出席議決権者の過半数の同意、かつ、議決権者の議決権の総額の３分の２以上の議決権を有する者の同意が必要である（会社 567 Ｉ）。また、債権者集会において、協定案が否決された場合等には、裁判所は職権で破産手続開始決定を行うことになっている（会社 574）。

㈉　手続の選択　　最終的な認可には債権者の議決が必要となるため、債

権者が協力的でない場合には適さない（特に大口債権者の協力が期待できない場合）。また、特別清算手続は既に清算手続に入っている会社について行われるが、清算手続に入るためには、株主総会の特別決議が必要である。したがって、同族会社など株主が少なく、特別決議を得ることが容易な会社が適している。

　特別清算手続では破産法での否認権の制度がないという問題点もある。したがって、会社の財産が倒産の前後に散逸し、否認権によって財産を取り戻さなければならないような場合には適さない。

第2部 破　　産

第2章　法人破産の申立て

I　総　　論

1　破産申立てをすることの意味

　弁護士がある法人の代理をして、その法人の破産の申立てを行う場合、そのことは、当該法人が破産手続開始決定を受け、その後、破産管財手続を経て、破産手続が終了し、法人格として消滅するという一連の手続の端緒を作るという意味を有する。そのため、破産の申立ての代理人を務める弁護士は、破産手続に最初に関係する法律の専門家ということになる。

　よって、申立代理人である弁護士は、破産手続の目的・特徴をよく理解した上で、その後の破産管財手続が円滑に進行し、破産の終結・法人格の消滅後に不当な問題を残すことのないように配慮することが必要となる。

　このことからすれば、破産手続においては、破産申立て業務を行う破産申立代理人と破産管財業務を行う破産管財人とは、車の両輪であると言うことができる。

　以上の観点から、破産申立ての代理をする弁護士の業務としては、以下の点に着目しなければならない。

2　清算型の倒産手続であること

　破産手続は、支払不能または債務超過にある債務者の財産等の清算を目的とする制度であって（破1）、各種の倒産処理手続のうち、清算型の手続として分類される。

　そのため、法人について破産がなされた場合には、当該法人は、破産手続終了後、法人格を失い、消滅することとなる。すなわち、法人が破産手続開始決定を受けることによって、当該法人が解散されたものとみなされ（一般

法人148⑥・202Ⅰ⑤、会社471⑤・641⑥)、当該法人は、破産手続が終了するまでの間、破産手続による清算の目的の範囲内でのみ、存続するものとみなされるのである（破35）。

したがって、破産手続が終結される段階においては、破産手続開始決定を受けた法人については、その財産はすべて換価・配当等によって当該法人から離脱し、また、当該法人にまつわる各種の契約関係等もすべて何らかの形で終了していることが必要となる。

もとより、この任にあたるのは破産管財人であるが（破78Ⅰ）、破産申立代理人も、最終的に行われるべき破産管財人による各種の処分を見据えて、その法的な処理を行う必要がある。

この点から、後述するとおり、破産申立代理人には、車両等破産手続終結までに必ず処理が必要となる法人の財産について、その所在等を確認すること、当該法人が既に行っている各種契約の内容を把握すること、それに関する契約書等の資料を保全することなどが最低限要求されるのである。

3 破産管財業務の円滑な進行への協力

現在の実務においては、法人について、いわゆる同時廃止決定がなされることはほとんどないと言われている（破216Ⅰ参照）。そのため、そのほとんどの事件においては、破産手続開始決定と同時に破産管財人が選任されることとなる（破31Ⅰ）。

破産管財人は、公平・中立な立場で、破産財団の確保・増進を図り、破産者にまつわる各種の法律関係を整理し、最終的には、配当等の手続をもって、破産手続を終了へと導くこととなる。

破産の申立てを代理する弁護士は、上記のような役割を有する破産管財人の破産管財業務を円滑に進行させるために、破産の申立て段階から、各種の配慮を行う必要がある。

この点から、当該法人の預貯金や売掛金を現金化して申立代理人が預かって、各種の差押えや滞納処分を回避することや、従業員を解雇して労働契約を終了させることなどを行う場合がある。一方、破産管財業務に悪影響を及

ぼす事態、たとえば、破産財団を構成すべき財産を流出させ、破産管財人が否認権の行使（破160以下）や訴訟等の提起（破78Ⅱ⑩参照）を行わざるを得ないような事態を生じさせることは、厳に慎まなければならない。

Ⅱ 受任から受任通知発送までの活動

1 相談と受任

　通常、法人の破産申立事件の依頼がなされる場合には、当該法人の資金繰り等が悪化し、その存続が危ぶまれる状態に至ってから相談がなされることが多い。

　そのため、破産申立てを代理する弁護士の側で、事情聴取や助言、法的な判断をするために、十分な時間的余裕がないことも少なくない。したがって、当該弁護士は、破産手続開始の要件の存否や他の倒産処理手続の選択の可能性等を、限られた時間の中で判断することが必要となる。そして、破産が適当であるとの結論に至れば、その時点で、破産の申立てを受任することとなる。

　また、中小規模の法人のほとんどにおいては、金融機関からの借入金について、法人の代表者個人の連帯保証がなされている。また、中には、代表者の配偶者やその他の親族、法人の他の役員や従業員が連帯保証をしていることもある。そのような場合には、法人の破産申立てと併せて代表者やその他の関係者の個人（自然人）としての自己破産の申立ても行う必要があることが多い。よって、その事案全体の解決のためには、当該法人のほかに、誰が破産の申立てを行う必要があるのかという点も、併せて検討する必要があるのである。

　なお、法人と代表者とについて同時に破産の申立てがなされ、破産手続開始決定が下された場合には、それらの破産管財人として同一の弁護士が選任されることが一般である。

2 破産手続開始のための要件

(1) 総　説

上記のとおり、破産の申立てをするにあたっては、破産手続開始のための各種の要件が整っているかどうかを検討する必要がある。

破産手続開始のための要件としては、講学上、実体的要件と手続的要件に分けられるとされている。

実体的要件の中心となるものは、（実体的な意味での）破産原因が存在すること（破15～17）であるが、そのほかに、破産能力が存在することや破産障害事由が存在しないこと（民再26Ⅰ①・39Ⅰ、会更24Ⅰ①・50Ⅰ、会社512Ⅰ①・515Ⅰ、破30Ⅰ②）なども、要件としてあげられる。

手続的要件としては、適式な申立てがなされること（破20、破規1）、破産手続の費用が予納されること（破30Ⅰ①）や管轄が守られていること（破5）などである。

会社の倒産処理についての相談を受け、破産の申立てを決意した弁護士は、破産原因を中心とする以上の各要件をどのように明らかにしていくかを検討する必要がある。また、実務的には、予納金をどのように確保するかについても検討の必要がある。

(2) 破産能力と破産原因

破産能力とは破産手続開始決定を受けうる債務者の資格を意味する。民事訴訟における当事者能力に相当し、当事者能力を有する者に破産能力が認められると解されている。したがって、権利能力を有する者と法人格のない社団・財団で代表者・管理人の定めのあるものの破産能力が認められることとなる（破13、民訴28・29）。法人のうち本源的統治団体である国や地方公共団体に破産能力が認められないことには争いはないが、それ以外の公法人の破産能力には議論がある。また、相続財産（破222以下）や信託財産（破244の2以下）にも特に破産能力が認められている。

破産法上、実体的な破産原因（狭義の破産手続開始原因）として、「支払不能」があり、これは、自然人、法人等すべての者に共通する破産原因とされ

ている（破15Ⅰ）。ここで、支払不能とは、支払能力の欠乏のために、弁済期にある債務について一般的かつ継続的に弁済できない客観的状態を意味する（破2Ⅺ）。そして、支払不能は、「支払停止」の存在によって、推定される（破15Ⅱ）。支払停止とは、債務者が弁済期にある債務を一般的かつ継続的に弁済できないことを外部に表明する行為を指す。実際上最も多い支払停止の形態は、手形の不渡りを6ヶ月以内に2回出して銀行取引停止処分を受けることである。また、存立中の合名会社・合資会社を除く法人については、「債務超過」も破産原因として認められている（破16）（28第4・第5）。ここで、債務超過とは、債務者の負う債務について、その有する財産をもって完済することができない状態を意味する（破16Ⅰ括弧書）。

(3) 管轄裁判所と移送

　申立ては管轄権を有する裁判所になされなければならない。破産事件が係属している裁判所を破産裁判所といい、常に地方裁判所がそれとなる（破2Ⅲ）。また、どの地方裁判所が当該事件を扱うかの土地管轄の問題は債務者との関連性等を基準に判断されるが、債務者が営業者の場合にはその主たる営業所、営業者でない場合はその住所等の普通裁判籍が第1次的な判断基準となる（破5Ⅰ）。また、現行破産法は関連裁判籍を拡大し、親子会社、法人と代表者、連帯債務者、主債務者・保証人、夫婦の場合について、一方に関する破産事件が係属している裁判所に他方の事件の管轄を認めている（同Ⅲ～Ⅶ）。さらに、大規模事件について、付加的に大都市の裁判所にも管轄を認めている（同ⅧⅨ）。また、場合により、裁判所によって、移送が認められる余地がある（破7）。

3　取締役会決議

　破産の申立権者は、自然人、法人を通じて、債権者または債務者であるが（破18Ⅰ）、法人の破産申立てにおいては、法人それ自体以外にも、申立権者が法定されている（破19Ⅰ）。すなわち、一般社団法人または一般財団法人においては理事が（同①）、株式会社または相互会社においては取締役が（同

②)、合名会社、合資会社または合同会社においては業務を執行する社員が（同③)、独立して破産の申立てをなし得る。また、各法人が清算中である場合には、清算人にも申立権限がある（破19Ⅱ）。

　実務上は、法人それ自体が破産の申立てを行う形式が一般であり、そのためには、当該法人において破産の申立てを行う旨の決議が必要となる。たとえば、法人が株式会社で、取締役会が設置されているような場合には、取締役会において、その旨の決議を行うこととなる。この点の資料については、通常、取締役会議事録を証拠として提出することが一般である ③ が、取締役全員が作成した（破産を申し立てることについての）同意書をもって代えることも可能である。

4　保全処分の要否
(1)　総　　説
　破産法上、破産手続開始決定前の各種の保全処分が用意されている。これは、破産手続開始の申立てから破産手続開始決定までの間隙を縫って、債務者が財産の隠匿を図り、また、一部の債権者が強制執行等により自己の債権の満足を図ろうとする事態などを防ぐためである。

　法人の破産の申立てを弁護士が代理する場合には、前者はともかく、後者の危険性の有無を考慮して、保全処分が必要となるかどうかを判断しなければならない。

　これらの保全処分は、破産申立てに関する受任通知が、代理人の弁護士から発送され、債権者に到着した後は、無意味となるおそれがあるので、受任通知の発送までの間に判断をしなければならない。

(2)　保全処分の種類
　典型的な保全処分としては、弁済禁止の保全処分と処分禁止の保全処分などがある（破28）。保全処分は名宛人（債務者）に対してのみ効力を有するのが基本であるから、弁済禁止の保全処分があっても、債権者は債務者に対して給付訴訟を提起したり、強制執行を行うことを妨げられないが、当該保全

処分の存在について悪意で弁済を受けた債権者は弁済の効力を主張できない（破28Ⅵ）。また、破産者の有する不動産について処分禁止の仮処分が登記されれば、それに違反して目的不動産を譲り受けた者は、破産手続との関係で自己の所有権を主張できない。

上記のように弁済禁止の保全処分があっても強制執行を妨げることはできず、そのためには強制執行の中止命令を得なければならない（破24Ⅰ①）。中止命令の対象には仮差押え等の他の手続もなりうるし（破24Ⅰ）、債権者全員の強制執行等を禁止する包括的禁止命令（破25）や保全管理人による管理を命ずる保全管理命令（破91）も保全処分として認められている。

5　受任通知発送の時期

弁護士による破産申立てに関する受任通知は、当該債務者にとっては、倒産状態にあることを対外的に知らしめる効果をもたらす。

特に、法人の自己破産の申立てにおいては、当該法人が各種の取引先を有し、日々の活動を通して金銭や商品のやり取りを継続していることが一般であるため、受任通知をどの時期に発送するかという点は、破産申立てを行うに際して、極めて重要な判断事項の一つとなる。

具体的には、当該法人が個々の借入先・買掛先に対して、いつの時点で支払が滞ることになるのか、当該法人が手形・小切手を振り出している場合には、いつの時点で手形・小切手の不渡りが発生し、また、銀行取引停止処分となるのか、債権者からの支払を求める圧力はどの程度かなどの諸事情を勘案して、判断をすることとなる。

また、受任通知が発送され、それが個々の債権者に到達したことや、不渡り情報等がもたらされることにより、法人の倒産の事実が明るみに出ると、法人の本店や営業所に債権者が押し掛けてくることがありうる。そのような場合に備えて、無用な混乱を防ぎ、将来的には破産財団を構成するであろう財産の流失を防ぐために、申立代理人名で、当該法人の本店等主要な所在地のある建物の目立つ場所に張り紙等で破産申立て受任の告知を行うことが多い（28第8の4(1)）。

受任通知には、破産申立てを行う旨を記載することはもちろんであるが、個々の債権者に対する債権の調査および回答の要請を併せて行うことが一般である。また、法人の代表者による謝罪文を同封するなどして、債権者の感情に一定の配慮をすることもある。

Ⅲ　受任通知発送から申立てまでの活動

1　申立書の作成

破産手続開始の申立ては、書面でしなければならない（破20Ⅰ、破規1）。そのため、受任通知発送後は、破産の申立書を作成するために、当該法人の詳細な状態を確認し、破産に至る過程や個々の財産・負債の状況について事情を聴取することとなる。

これらの多くは、原則として、受任通知発送前に済ませていなければならないが、受任通知の発送まで十分な時間的余裕がない場合や、個々の債権者からの連絡や債権調査に対する回答によって新たな事実が判明することもあるので、継続して行わざるを得ないことも多い。

申立書の作成は、破産申立ての代理人にとって、中心をなす業務の一つであることは疑う余地がない（[1]～[27]）。

2　各種契約関係の処理等

そのほかに、以下のとおり、破産手続開始決定後に、破産管財人の下で行われること（第3章Ⅰ3参照）を、破産申立代理人の下で、先行して行うことがある。ただし、破産手続開始決定後に、その当否が問題となり、場合によっては破産管財人による否認権の行使等の処理が必要となるおそれのあることは、当然、差し控えることとなる。

(ア)　**不動産賃貸借契約の処理**　　多くの場合、破産申立てを行う法人は、その本店や各種営業所の社屋、駐車場、従業員の社宅などのために、不動産に関する賃貸借契約を締結している。

その後の破産管財手続を円滑に進行させるために必要であるというような特別な場合を除いて、申立代理人としては、早期に当該不動産賃貸借契約を

第2章　法人破産の申立て

解約し、賃貸借契約の目的である当該不動産を明け渡すことが必要となる（㉘第8の5①）。

　これは、当該法人が破産する以上、営業の拠点としての不動産は不要となるからである。

　また、破産手続開始決定前に生じた賃料債権や賃料相当損害金（賃貸借契約終了後も物件の明渡しが実現せず、その占有が継続しているために、賃貸人に発生している賃料と同額の損害金）は破産債権となる（破2Ⅴ）。一方、破産手続開始決定後の賃料債権は財団債権となり（破148Ⅰ⑦または⑧）、破産手続開始決定後の賃料相当損害金は、それが破産管財人の行為によって生じたものと評価される限りにおいて、財団債権となる（同④）と解する見解が有力である。さらに、賃貸人において支出した賃貸借契約終了に伴う原状回復費用については、破産手続開始決定前に賃貸借契約が終了している場合には破産債権となるのに対し、破産手続開始決定後は、財団債権と考える見解が有力である（破148Ⅰ④または⑧の類推適用）。

　以上から、破産手続開始決定前に賃貸借契約を解約し、賃貸借契約の目的である不動産物件を明け渡すことができれば、破産手続開始決定後に、破産財団からの無用な財産の流出を防ぐことが可能となるのである。また、不動産物件の明渡しに際しては、その後に不要となる電気や水道、ガス等の供給契約も併せて解約することとなる。

　一方、破産申立てを行う法人が、第三者に不動産を賃貸している場合には、賃借人からの賃料収入が滞っている等の特段の問題がない限り、賃貸借契約を継続して、その間の賃料を回収しながら、破産管財人に引き継げばよいことが一般である。

　(イ)　預金の処理　　破産申立てを行う法人が保有している預金については、予納金の確保や債権者からの無用な強制執行の回避のために、預金に関する契約を解約し、預金全額の払戻しを受けることを検討してよい（⑬⑭）。この場合、当該預金口座が売掛金の回収用の口座とされているような場合には、口座の解約に際して、売掛金の送金先の変更を通知するなど、一定の配慮が必要である。

27

(ウ) 売掛金の回収　破産申立てを行う法人が第三者に対して有する売買契約その他に基づく請求権（いわゆる売掛金）についても、預金と同様に、予納金の確保や債権者からの無用な強制執行の回避のために、回収することを検討してよい（⑬⑯）。この場合には、破産の申立てを代理する弁護士は、専用の銀行口座を開設してそこへの振込送金を要請するとともに、破産手続開始決定後には、必要な申立費用を除いた全額を、破産管財人に引き継ぐことなどを文書により通知する必要があろう。

　なお、各種の代金について、約束手形によってその代金を受領し、それについて銀行等に取立委任を行っているような場合には、商事留置権の成立を回避するために、取立委任を解除し、早急に手形を回収する必要がある（⑬⑮）。

(エ) 資産の確保　破産申立てを行う法人が保有する在庫商品・原材料、車両、器具備品等の資産については、申立ての代理人を務める弁護士の側で、その所在を確認し、債権者や従業員等に不当に引き上げられたり、持ち出されたりすることのないよう努力する必要がある（⑬⑰⑳～㉒㉔）。

　仮にそうした財産が流出した場合、破産財団を構成する財産が減少し、総債権者への配当を減少させる結果となる上、破産管財人に対し、否認権の行使など無用な法的手続を取る負担を与えることとなり、問題が生ずる。

　特に車両については、その性質上、移動が極めて容易であるため、その所在の確認や鍵の保管等に留意して、十分な保全に努めることが必要である（㉒）。

　ただし、時間の経過によって著しく価値が減少する在庫商品等については、仕入先への返品の可否を検討することがある（⑰）。返品については、その作業の透明性を高め、債権者間の平等に反することのないよう配慮すべきこととなるが、仮に、早期に適切な返品が実施された場合、総合的に勘案して、破産財団の確保に貢献し得る場合があるのである。その場合には、法律的には、売買契約等の合意解約とそれに伴う原状回復を行うこととなる。また、同様に、代金の適正さ等が担保できることを条件に、在庫商品や什器備品について、破産の申立てを代理する弁護士が、破産手続開始決定前に売

却することもある。

　(オ)　支払の停止　　破産の申立てを代理する弁護士によって、受任通知が発送された場合には、遅くとも、その時点で、当該法人が危機時期にあることは明白である。

　よって、この時点において、個々の債権者に、特に一般の破産債権となることが予定されている債権者に支払を行うことは、債権者間の実質的平等を害することとなり、許されない。したがって、破産の申立てを代理する弁護士は、遅くとも、受任通知発送後は、各債権者への支払を一律に停止させることとなる。

　ただし、たとえば、労働債権等破産法上優先的な地位にある債権で、支払の必要性が高い債権については、その時点での当該法人の財産の状況等も勘案して支払を行うこともある。

　(カ)　資料等の確保　　以上の処理を進め、また、申立書の作成を適切に行うためにも、申立てを代理する弁護士が、帳簿類や重要な契約書・伝票類、法人の代表者印・銀行印・ゴム印等の印鑑、預金通帳、手形帳、小切手帳、不動産の権利証、受取手形・受取小切手・株券等の有価証券、保険証券、各種会員権の証書、使用しない車両の車検証等必要な資料等を確保することも必要となる（28第8の4(2)）。

　これらの資料等を保管することは、債権者から、法人の代表者等が不当な行為を行っているのではないかとの無用な疑念を払拭する意味からも、有用である。

3　別除権・取戻権の対象物の処理

　リース契約の対象物件や所有権留保が付されている物件で必要な第三者対抗要件が具備されているものについては、その後の破産管財手続に著しい支障をもたらすおそれがないことを確認した上で、破産手続開始決定前に、法人の破産の申立てを代理する弁護士の下で、権利者に返還することが多い（28第8の5②）。これは、上記の返還請求権の権利が、破産手続開始決定後に別除権として扱われるか、取戻権として扱われるかはともかく、いずれ

にしろ、権利者から破産管財人に対して返還を請求する権利があると考えられるからである。

また、第三者から賃貸借や使用貸借等により借り受けている動産類の処理についても同様に、貸主に返還することが多い。

4　従業員に対する処理

破産の申立てを予定する法人との間で雇用契約を締結している従業員については、全員解雇することが原則である。当該解雇は、通常、代理人の弁護士による破産申立てに関する受任通知の発送とほぼ同時期になされる（㉘第8の2）。これは、当該法人が破産をする以上、営業の継続のための従業員は不要となるはずだからである。

また、破産手続開始決定の時点で、従業員が解雇されていない場合には、破産管財人は解雇をすることができる（民631）。しかし、その場合には、破産手続開始決定から解雇に至るまでの賃金や解雇予告手当は財団債権となるため（破148 Ⅰ④⑧）、その点において、破産財団から無用な財産が流出することとなる。

なお、従業員の側でも、破産によって将来的に消滅する法人との間の雇用契約を維持するよりも、新たな就業先を見つける努力を早期に開始する方が望ましいことが通常である。

前述のとおり、解雇の時点における当該法人の財産状況を勘案して、未払賃金や解雇予告手当、退職金等を支払うことがある。さらに、失業保険や社会保険等の関係で、離職票を発行するなど、必要な手続きも行う。

また、実務上、当該従業員について、未払いの賃金や退職金がある場合には、労働者健康福祉機構による未払賃金の立替払制度を利用することが多い。この立替払制度においては、一定の限度額が存在するが、従業員の経済面の保護という観点からは非常に有用な制度である（㉘第8の2）。

Ⅳ　申立て後の活動

破産の申立ての代理をする弁護士は、破産の申立てによって、その主要な

役割は終えるが、その後も、財産状況報告集会等の債権者集会に出頭するなどの役割が残る。

さらに、破産者および破産者の代理人は、破産管財人に対する説明義務を負っており（破40Ⅰ①②）、また、破産者は破産管財人に対して重要財産開示義務を負っている（破41）。よって、破産の申立ての代理をした弁護士は、破産手続開始決定後も、破産管財人による破産管財業務について、可能な限り協力する法的な義務があるといえる。

Ⅴ 本件事案について

本件事案では、担当弁護士であるＣ川Ｃ男は、平成19年3月30日に、㈲Ａ商店から破産の申立てについての正式な委任を受けている（②）。㈲Ａ商店からの破産の申立てに関する相談は、正式な委任を受ける以前からなされていた（㉘第8の4・㉞）。

㈲Ａ商店の側では、平成19年3月30日に、取締役全員が出席し、当該法人を破産させる旨の取締役会決議を開催し、全員一致で可決している（③）。

その後、担当弁護士Ｃ川は、㈲Ａ商店が、どのような資産・負債を有しているか（⑤～㉗）、破産に至る経緯はどのようなものであったか（㉘）を確認し、受任通知を出状するとともに、主要な会社施設に告示書の形式で、張り紙を行っている（㉘第8の4(1)）。

また、従業員は、一部を除いて、店舗の閉鎖とともに解雇し、残余の従業員についても、その後、解雇をしている。その際には、賃金や解雇予告手当を支払うとともに、離職票等も発行している（㉘第8の2）。

さらに、賃貸借物件については、平成19年3月中に明渡しを実現している。また、リース物件についても、すべて返還している（㉘第8の5）。

なお、本件事案においては、否認対象行為があると考えられたため、申立代理人Ｃ川は、破産申立書の中で破産裁判所に報告をしている（㉘第8の4(3)）。

解説篇 第2部 破　産

第3章　破産手続の開始と破産管財人の職務

I　破産手続の開始

1　破産手続開始決定と破産管財人の選任

　債務者の財産が破産手続の費用を支弁するのに不足して破産手続開始決定と同時に破産手続を終了させてしまう破産手続廃止決定をする場合（破216 I。同時廃止）以外は、破産手続開始決定と同時に、破産管財人を選任し、債権届出期間、財産状況報告集会期日などの債権者集会期日、債権調査期間・期日を定める（破31 I。㉙）。原則として、財産状況報告集会、破産手続廃止のための意見聴取のための集会、任務終了による計算報告集会を同一期日に開催し、併せて債権調査期日を同日に定めるのが東京地裁（破産・再生の実務（上）117頁〔池上勝弘〕）や横浜地裁の運用である。ただし、配当に至らず異時廃止（破217）となる可能性が濃厚なときは、債権届出期間、債権調査期間・期日を定めないことができる（破31 II）。また、破産手続開始決定がなされると、一定の事項を公告し、破産管財人、破産者、知れている破産債権者、知れている財産所持者等などに通知（㉚）しなければならない（破32）。

2　破産手続開始の効果
(1)　破産者の財産に対して

　破産手続の開始決定以降は、破産者は破産財団に属する財産（決定時の財産に限られる。固定主義。破34）についての管理処分権を喪失し、破産管財人が掌握する（破78 I）。決定後に破産者が財団所属財産について行った法律行為は破産手続との関係では、その効力を主張することができない（破47 I）。

　破産財団に関する訴訟についても破産管財人が当事者適格を有し、破産者はこれを有しない（破80）。そのため、破産手続開始決定当時係属していた破産財団に関する訴訟は破産手続開始決定によって中断する（破44 I）。破産財団に関する訴訟とは、破産財団に属する積極財産に関する訴訟、破産債

第3章 破産手続の開始と破産管財人の職務

権・財団債権に関する訴訟、債権者代位訴訟・詐害行為取消訴訟（破45）を意味する。破産財団に属する積極財産に関する訴訟、財団債権に関する訴訟については、管財人または相手方から受継の申立てができ（破44Ⅱ）、管財人は相手方からの申立てを拒絶できないものと解される。管財人の方から受継の申立てをするかどうかについては、裁判所とよく協議する必要がある。破産債権に関する訴訟については、破産債権が原則として債権調査手続によって処理されるために直ちに受継する必要はない。破産債権に争いがあり、訴訟外での解決が困難な場合にのみ受継すれば足りる（破127）。債権者代位訴訟や詐害行為取消訴訟は、管財人が原告側（債権者側）を受継することができる。その際、従前の訴訟状態が管財人側に有利であれば受継すればよい。これに対し、不利と判断される場合に相手方からの受継申立てを管財人が拒絶できるかには争いがあるが、横浜地裁では拒絶を認める扱いである。

(2) 破産債権者に対して

破産債権とは、破産者に対して破産手続開始前の原因に基づいて生じた財産上の請求権であって、財団債権に該当しないものをいい（破2Ⅴ）、破産手続開始決定後は等質化される（金銭化・現在化。破103Ⅱ～Ⅳ）。破産債権については、平等満足を可能とするために、原則として破産手続によらなければ行使できないとされ（破100Ⅰ）、個別執行が禁止され（破42ⅠⅡ）、既に行われていた強制執行、仮差押え等の民事保全も破産財団との関係では効力を失う（同Ⅱ）。

(3) 破産者に対して

破産者は一定の義務を負い、身上に制限を受ける。すなわち、説明義務（破40）、重要財産開示義務（破41）、居住制限（破37）、通信の秘密の制限（破81・82）、その他公法上私法上の資格制限などである。郵便物の回送は、現在では旧法（旧破190Ⅰ）とは異なって任意的なものとなっているが、破産者の隠れた財産等を発見する契機として極めて重要な手段となることから、東

33

京地裁（破産・再生の実務（上）123頁〔佐藤公恵〕）や横浜地裁では、原則として第1回の債権者集会期日までは全件郵便回送嘱託を行う扱いとなっている（㉙。東京地裁では、法人の場合には手続終了まで実施する扱いである）。

3 破産者をめぐる契約・権利関係等への影響

破産手続が開始されると従来の契約・権利関係は破産財団（破産管財人）との関係に切り換えられて処理されることになる。その際、一方の当事者が破産している以上、通常の場合とは異なった規律がなされることがある。破産管財人は以下で説明するところに従って契約関係等を処理しなければならないし、申立代理人が破産手続開始決定前にその処理をするについても、これを十分に踏まえることが必要である（第2章Ⅲ2参照）。

(1) 契 約 関 係

(ア) 双方未履行の双務契約　破産手続開始時の双務契約の当事者双方の債務が未履行である場合、相手方の有する債権は破産債権にすぎず、破産財団の側からは完全な履行を請求できるとするならば、実体法によって認められている同時履行の抗弁権の担保的機能が害され、相手方にとって酷な結果になる。他方、常に元のままの態様での履行を認めることとすると、破産財団にとって不利益となることもありうる。そこで、破産法は、双方未履行の双務契約については、破産管財人に契約の履行か解除かの選択権を与え（破53Ⅰ）、破産財団にとって有利な契約は存続させ、不利なそれは解消させることができるとした。履行が選択された場合の相手方の有する請求権はその保護のために財団債権とされ（破148Ⅰ⑦）、契約が解除された場合の相手方の有する損害賠償請求権は破産債権とされる（破54Ⅰ）。ただし、相手方の有する反対給付の返還請求権は、現物の取戻権またはそれに相当する価額の財団債権とされる（同Ⅱ）。このように管財人に選択権を認めることは相手方の地位を不安定にするから、相手方に履行の請求を選択するか解除を選択するかの催告権が認められている。そして、相手方が定めた相当の期間内に管財人が確答をしないときには、解除の方を選択したものとみなされる（破53

Ⅱ）。

　以上の一般原則とは別に、破産法や民法で特別な規律がなされている契約がある。以下ではそのごく一部を見ておくが、そのほかにも請負契約、委任契約等について様々な議論が展開されている。

　(ｲ)　賃貸借契約　　賃貸人が破産した場合に上記の双方未履行の双務契約に関する一般原則を適用すると、破産管財人は契約を解除しうることになるが、これでは自己とは何の関係もないことによって生活や事業の本拠を失うことになる賃借人にとって極めて酷な結果となる。そこで、破産法は、賃借人が対抗要件を具備していて第三者に自己の賃借権を対抗できる場合には、管財人の解除権は認められないものとしている（破56Ⅰ）。また、賃貸借契約終了後に賃貸物件を明け渡した時にそれまでに生じた被担保債権を一切控除してなお残額があることを条件として発生する停止条件付債権である敷金返還請求権は破産債権であると解されるが、それは未払賃料との相殺期待のある債権である。そこで、賃借人の保護を図るため、賃借人は賃料を即時弁済すべきであるが、敷金返還請求権が発生した場合に充当が可能となるように、弁済した賃料の寄託を管財人に請求しうるとされている（破70後段）。

　賃借人破産の場合については以前は特別な規定があったが（民旧621）、現在では破産法53条の一般原則によって処理すれば足りるとされ、特段の規定は置かれていない。

　(ｳ)　雇用契約　　使用者が破産した場合、破産管財人・労働者の双方から解約の申入れができ、その場合、解約による損害賠償は請求できない（民631）。使用者は労務の提供を受ける必要がなくなるし、労働者としても破産した使用者を早く離れて再就職先を見出す方が得策だからである。ただし、使用者の破産管財人の方から解約するには労働基準法等の規律は働くものとされており、30日間の解雇予告期間を置くか、解雇予告手当を支払わなければならない（労基20）。

　なお、法人破産の問題ではないが、労働者が破産した場合には、雇用契約は労働者の一身に専属する契約関係であるから、雇用契約には何らの影響も及ばさない。

(2) 取戻権・別除権

(ア) 取戻権　破産管財人が現実にその支配下においている財産が法律上も破産財団に帰属すべきものとは限らない（現実に管財人の支配下にある破産財団を現有財団、法律上の破産財団のあるべき姿を法定財団という）。たとえば、破産者が他人から預かっていたにすぎない物の占有を管財人が引き継いだような場合である。この場合、所有者であるその他人は無論、管財人に目的物の返還を請求することができるが、このような破産財団に属さない財産を破産財団から取り戻す権利を取戻権と呼ぶ（破62）。この例から分かるように、取戻権は破産手続と離れて元々認められていた権利が破産手続による影響を受けることなく尊重されるという趣旨にすぎないが（一般の取戻権）、破産という特殊な状況に鑑みて衡平の観点から特に認められる特別の取戻権というものもある（破63・64）。

(イ) 別除権　破産財団に属する財産に対して抵当権、質権等の担保権を有する債権者は、破産手続によらないで、担保権を実行することが認められている（別除権。破2Ⅸ・65）。すなわち、別除権も破産手続と離れて元々認められていた抵当権等の権利を破産手続による影響を受けずに実行しうるというものであるが、競売手続による売却では必ずしも高価に売却できないので、実際には破産管財人が別除権者の同意を得て担保権を消滅させて担保目的物を任意売却するのが一般的である。その際、管財人が売却の相手方を見つけてきても、別除権者の全員または一部の者が、管財人の提案する弁済額（売却代金のすべてが弁済に回されることも、そうでないこともある）では自己の担保権を消滅させることに同意しない場合には、裁判所に売却代金やそこから破産財団に組み入れようとする金額（組入金）を示して、担保権消滅許可の申立てをすることが認められている（破186以下）。これによって、オーバーローンの場合でも、被担保債権額全額を支払わずに目的物件上のすべての担保権を消滅させることができ、売却しやすくなる。組入金は、高価に買い受けようとの相手方を見つけてきた管財人の労力を評価して、その売買価額と競売手続による売却価額との差額を破産財団に組み入れることを認めようとの趣旨である。担保権者は売却代金や組入金の額に不服であれば、

自ら競売手続を申し立てることや、当初の売買価額より5％以上高い価額で買い受けるとの別の買受希望者を見つけてくることによって、担保権消滅許可の申立てに対抗することができる。

(3) 相 殺 権

　債権者と債務者との間に、同種の債権債務が対立しており、双方の債務について履行期が到来していれば、対当額について相殺することができる（民505）。この相殺は、債権債務の簡易な決済としての機能を有するとともに、債務者が経済的に破綻状態にある場合に、債権者が自己に対する債務を担保にとっているのと同様の効果を持つとの意味において、担保的機能を有するものである。そして、破産は経済的破綻状態の最たるものであるから、破産法は相殺の担保的機能を尊重し、破産債権者による相殺を基本的に承認している（破67 I）。のみならず、破産法は、破産債権が金銭化・現在化されることに鑑みて、自働債権が非金銭債権でもよいとするなど、民法の一般原則よりも相殺の可能性を拡張している（破67 II～70）。

　しかしながら、破産者に対して債務を負担している者が、破産者の破産手続開始後または破産者が支払不能・支払停止・破産手続開始申立て後に、他人の有する破産債権を安価に買い受けて、それに基づいて相殺するようなことを認めると実質的な債権者間の平等を確保することができなくなる。そこで、破産法は、そのような時期に債権債務の対立状況を作出した場合には、原則として相殺を禁止し、民法の一般原則よりも相殺の可能性を制限している（破71・72）。

(4) 否 認 権

　(ア) 総　説　　破産手続の開始が差し迫った緊急時には、債務者はできるだけ自己の財産を隠匿・処分したりしようとするであろうし、債権者としても可能な限り自己の債権の優先的な回収を図ろうとするであろう。そこで、このような事態の結果を破産手続開始後もそのまま放置することとすれば、破産債権者にできるだけ多額かつ平等な配当を確保しようとする破産手続の

目的は実質的に確保されないこととなってしまう。そこで、そのような行為の法律的な効果を破産手続との関係で否定し、隠匿・処分された財産を破産財団に取り戻すために認められたのが否認権である。

否認の主な類型には以下で説明する債務者の財産を絶対的に減少させる詐害行為の否認と一部の債権者だけに弁済する行為のような債権者間の平等を害する偏頗行為の否認があるが、その他の特殊な類型として対抗要件の否認（破164）と執行行為の否認（破165）とがある。

(イ) 詐害行為否認　第1に、廉価売却のような破産者が破産債権者を害することを知ってした行為の否認（破160 I①。いわゆる故意否認）がこれに該当する。ただし、受益者（行為の相手方）が、その行為の当時、破産債権者を害する事実を知らなかったときは否認できない。破産者の詐害意思に対する非難を本質とし、行為の時期は問わない。第2に、支払停止または破産手続開始申立ての後（危機時期）になされた詐害行為についての否認がある（同②。いわゆる危機否認）。ただし、受益者が、その行為の当時、支払の停止等があったことと破産債権者を害する事実を知らなかったときは否認できない。破産者の悪意を要件としない代わりに、時期が限定されている。第3に、無償否認がある（同③）。これは、単純な贈与のような無償行為またはこれと同視すべき有償行為について、破産者や受益者の善意・悪意を問わず、かつ、時期についても危機時期の6ヶ月前まで拡張して、否認を認めるものである。そのほか、特殊なものとして、対価的均衡を欠いた代物弁済の否認（破160 II）と相当な対価を得てした財産の処分行為の否認（破161）がある。

(ウ) 偏頗行為否認　既存の債務についてされた担保の供与または債務の消滅に関する行為は、破産者が支払不能または破産手続開始の申立て後にしたものであれば否認される。ただし、債権者が支払不能等の一定の事実について悪意でなければならないが（破162 I）、それが破産会社の取締役であるなど、いわゆる内部者である場合には、この点についての証明責任は転換される（同II①。そのほか、同I②II②参照）。

このように、担保の供与が破産法162条によって否認されうるのは既存の債務に対する場合に限られるが、他方で、担保の供与はおよそ破産法160

条による否認の対象にはならない。したがって、新規の融資に対する担保の供与はおよそ否認の対象にならないから、経済的に厳しい状況に陥った債務者ために、その者から担保を徴して融資をすること（救済融資）も安心して行えることになる。

　(エ)　**否認権行使の方法と効果**　　否認権は破産管財人によって訴えの請求原因として、または抗弁として行使されるのが通常である。たとえば、破産管財人が廉価売却を否認して受益者に対して目的物件の引渡しを求める訴えを提起したり、受益者から目的物件の引渡しを求める訴えを提起されたのに対し、受益者にその所有権が帰属する原因となった売買契約を否認し、その旨を抗弁として主張するなどである。ただし、このように訴訟を通じてしか否認権を行使できないというのでは簡易・迅速性に欠けるので、現行破産法では決定手続による否認の請求という方法も認められている（破 174）。また、管財人と受益者との間の裁判外の和解によって処理することも可能である。なお、受益者のほか、転得者も否認の相手方となりうる（破 170）。

　否認権行使の効果として、破産財団が原状、すなわち否認対象行為がなかった状態に復する（破 167 Ⅰ）。その結果、詐害行為否認の場合にはその行為により逸失した財産が当然に破産財団に復帰することになるが、これは観念的な復帰にすぎないので、それとは別個に目的物件の引渡しを請求したり、登記を求めたりすることが必要になりうる（この登記は否認の登記という特殊な登記である。破 260）。また、偏頗行為否認の場合には弁済等がなかったものとして不当利得返還請求の対象となる。いずれにせよ、現物の返還が不可能な場合には価額の償還が求められることになるが、その価額算定の基準時が何時かについては議論がある。詐害行為否認の場合に受益者が破産者に反対給付をしていれば、その者は、反対給付が破産財団中に残っていればその返還を、そうでなければ財団債権者として反対給付の価額償還を求めることができるのが原則である（破 168 Ⅰ。ただし、同Ⅱ～Ⅳ）。偏頗行為否認の場合には、受益者が受領した給付を返還した場合に元の債権が復活し、これを破産債権として行使することになるし（破 169）、その債権に保証や担保が付いていれば当然に復活する。

解説篇　第2部　破　　産

II　破産管財人の就任

1　破産管財人候補者への就任の打診

先に述べたように、破産管財人は破産手続開始決定と同時に選任されるが、その具体的な手順は一般的には以下のようなものである。

まず、破産手続開始申立てを受理した管轄地方裁判所の破産（管財）係の担当書記官から、破産管財人候補者（弁護士）へ就任要請の電話連絡がある。

それでは、裁判所は、どのようにして破産管財人候補者を選んでいるのであろうか。おそらく、当該候補者に関する管財人としての経験や評価、あるいは、地元の弁護士会から提出されている破産管財人就任希望者のリストなどを参考にしながら、裁判官、担当書記官が、当該事件の規模や予想される難易度等を総合的に考慮して、管財人候補者を選定しているのではないかと考えられる。

したがって、当該事件について、管財人就任の打診があるということは、裁判所が、当該事件には当該候補者がふさわしいという一定の評価をしていると考えるべきである。

2　就任承諾の可否

（1）受任の原則

弁護士には、一般的に、事件の依頼がある場合、受任するかどうかの自由がある。しかしながら、破産管財人就任への要請は原則として断るべきではない。弁護士は、正当な理由なく、法令により官公庁から委嘱された事項を行うことを拒絶してはならないとされており（弁護士職務基本規程80）、また、破産管財人の職務は、少なくとも、現在のところ、弁護士しかできない仕事であり、職業的な存在意義がかかっているからである。

（2）受任できない場合

それでは、就任承諾ができない場合はどのような場合か。

㋐　当該事件に利害関係がある場合　　裁判所から破産管財人への就任要請がある場合には、裁判所から当該事件の債権者一覧表がＦＡＸで送信されてくる（⑤参照）。そこで、当該債権者一覧表をチェックした上で、特定の債権者等と利害関係があり、公平適正な管財業務の遂行に疑いが生じるおそれがあるような場合には受任をしてはならない。この点、弁護士職務基本規程81条には、「弁護士は、法令により官公庁から委嘱された事項について、職務の公正を保ち得ない事由があるときはその委嘱を受けてはならない。」と規定されている。

　㋑　職務多忙・健康上の理由等、当該事件の規模や難易度との関係で、努力しても当該事件の処理が十分にできないことが懸念される場合　　事件の規模等にもよるが、一般的に言うと、管財人就任から3ヶ月程度は当該事件に一定の時間を取られることが多い。大きな事件となると、第1回債権者集会までは相当程度の時間と労力が取られることを覚悟しなければならない。

　第1回目の集会で異時廃止が見込まれるような事件の場合は、比較的処理するべき事項はないが、それでも1ヶ月程度は、申立人・代理人との打合せや、直ちに換価すべき財産（車両や預貯金）の処理、事業所・営業所の明渡し等、やるべき仕事は意外と多い。しかも場合により数件（会社、代表者やその親族、関連会社など）まとめて就任しなければならない場合も多く、その場合、回付されてくる郵便物のチェックだけでもかなりの手間暇がかかることもある。

　そこで、職務多忙等を理由として就任の可否を検討する場合には、以下の点をチェックする必要がある。

　①　事件の規模　　事件の規模は、概ね負債総額と債権者数で把握することが可能である。負債総額が大きいということは、債務者が大きな事業活動を行っていたことを物語るものであり、それなりに資産が存在することが一般的である。債権者数は、多ければ多いほど管財人の手間が増えるという一般的傾向にある（債権調査の手間や配当の手間など）。

　②　事件の手間暇の予測　　事件の手間暇とは、受任後その事件を処理するため、特に、財産の換価のためにどの程度の労力がかかるのかという問題

である。たとえば、債権者申立ての破産事件の場合、債務者の財産状況を把握するだけで膨大な調査の手間暇がかかる（実際には社長や経理担当者がいなくなってしまっていることもあるし、仮にいる場合でも協力を得られないことも予想される。もっとひどい場合には、管財業務を妨害されることさえ予想される）。さらに不動産が多数、営業拠点が多数、在庫商品が多数、売掛金が多数あるような場合には、財産の換価に相当の時間が取られる。

③　その他当該事件の特殊性　　就任の打診の段階で、当該事件について、一番情報を持っているのは、当事者を除けば書記官であるから、書記官から、当該事件に関し、特に注意すべき、あるいは問題となっている点について聞き取りをしておく。たとえば財団物件を反社会的勢力と思われる人物が占有しているとか、関連会社が存在するとか、複雑な権利関係がからむ等である。

(ウ)　決　断　　書記官からの管財人打診の電話のやりとりの中で、以上の情報をすばやく聞き取った上で、現在の自分の手持ち事件や繁閑度を考慮して、その時点で受けるか受けないかを即決しなければならない。書記官も、早く管財人を見つけなければ破産手続を開始できないので、「数日考えさせて下さい。」などというのは論外である。あくまで即決が原則である。

3　本件事案について

本件事案は、負債総額が約1億8683万円、債権者数が83名であり、事件の規模としては小規模と中規模の中間くらいの規模といえる（⬜︎1）。ただし、申立書や報告書の内容を見ると、売掛金の回収業務や否認権行使の対象となる行為（偏頗弁済）が含まれていることが分かるため（⬜︎16⬜︎28第8の4(3)）、管財業務に一定の時間と労力がかかることが予想される。これらの情報を書記官から聞き取っていた場合には、これらも考慮して就任承諾の可否について決断することになる。

第3章　破産手続の開始と破産管財人の職務

Ⅲ　破産管財人就任直後の業務

1　申立書副本のチェック

　破産手続開始申立書の副本（①～㉗）は、破産手続開始決定後、つまり破産管財人に就任後、申立代理人から管財人へ直送されることになっている。
　管財人は、申立書を入手した後、以下の点に注意して内容をチェックする。
　㈐　債権者一覧表　　債権者数、債権額、債権者の種類（金融機関が中心なのか、取引先が中心なのか個人や親族が中心なのか等）を確認する（⑤）。金融機関以外で、特に負債金額が突出しているような取引先や個人などがいる場合には注意を要する。連鎖倒産の心配や感情的な対立が生じている場合があり、取扱いに配慮する必要があることも多い。ときにこれらの債権者がいる場合には、債権者集会が荒れることもある。
　㈑　営業施設・事務所の所在地等　　どこにどのような施設があるのかについて、住宅地図等で確認する。必要に応じて、いわゆる告示書を出入口に掲示したり、什器備品や重要書類を確保しに行ったりしなければならないので、交通機関（最寄り駅、道路など）も含めて具体的に確認する。複数の拠点がある場合には、事務職員や他の弁護士の応援などを頼んで、手分けして作業を進めることが迅速な処理を可能にする。
　また、破産手続開始決定当日まで営業を行っているような場合には、破産申立代理人や代表者本人と、綿密に打ち合わせして、従業員や顧客等に混乱が生じないようにしておくことが必須となる。
　㈒　労働者（従業員）の状況（雇用契約の処理）
　(a)　解雇の有無の確認　　申立代理人が開始決定前に従業員を全員解雇しておくのが通常であるが（㉘第8の2）、従業員の解雇が未了の場合は、管財人は民法631条により解雇できる（解雇予告手当の支払ができなくても、管財人による解雇は有効とされている）。その場合、開始決定から解雇に至るまでの賃金（休業手当）（破148Ⅰ⑧）および解雇予告手当（同④）は財団債権となる。

43

(b) 未払賃金、解雇予告手当、退職金の支払状況の確認（⑩㉘第8の2参照）　破産法では、手続開始前3ヶ月間の給料の請求権と退職前3ヶ月間の給料の総額に相当する額の退職手当の請求権が財団債権とされている（破149）。

解雇予告手当（労基20）については、これを財団債権とするのか、優先的破産債権とするのかについては見解の対立があったが、解雇予告手当は労働の対価ではないから破産法149条が規定する「給与」には当たらないが、民法308条が規定する「雇用関係に基づいて生じた債権」に該当するので優先的破産債権には当たる（破98Ⅰ）とするという考え方が有力である。ただし、東京地裁では、労働者の当面の生活維持という法の趣旨や破産手続開始後に解雇された場合との均衡等を考慮して、管財人から解雇予告手当が「給料」に当たるので財団債権として支払いたい旨の申請がされれば、これを適法なものとして扱っている（破産・再生の実務（中）85頁〔大野祐輔〕）。

なお、そもそも解雇予告手当を支払わない即時解雇の有効性については議論の余地があるが、破産申立てという異常事態の状況下においては、労働者は解雇予告手当の支払がない即時解雇もこれを受け入れて、解雇の有効性は争わないことが一般的である。

(c) 労働債権の立替払制度　賃金、退職金が未払いの場合で、財団にこれを支払う余力がない場合には、破産手続開始決定後、可及的速やかに労働者健康福祉機構の未払賃金立替払制度の利用をするように意識しておく。

その際、立替払制度を利用するに当たり、賃金台帳は必須であるので、できるだけ確保することが望ましい。立替払制度の利用のほか、労働債権の認否、労働保険料の還付には賃金台帳がないと管財業務の処理に困ることが多い。立替払制度を利用した場合の労働者と福祉機構の債権関係については注意を要する。たとえば、労働者の退職手当について、破産手続開始前3ヶ月前の給料の総額を超える未払いがあった場合、その一部のついて福祉機構が立替払いした際、財団債権部分（破産手続開始前3ヶ月間の給料の総額に相当する額）と優先的破産債権（それ以外の部分）のどの範囲で福祉機構が労働者に代位するかという問題が生ずるのである。

(d) 労働債権の弁済許可の制度（破101）の利用検討　旧破産法に比べ、現行法では、労働債権の一部を財団債権化して労働者の権利を強化したが、さらに、優先的破産債権である給料の請求権または退職手当の請求権を有する者が、その弁済を受けられなければ、その生活の維持を図るのに困難を生ずるおそれがある場合には、最初の配当がされるまでの間に、裁判所の許可を得て弁済を受けることができることとされた。破産管財人は、破産債権者（労働者）からこの申立てをすべきことを求められたときは、直ちにその旨を裁判所に報告する。また、この場合において、その申立てをしないこととしたときは、遅滞なく、その事情を裁判所に報告する。

㊂　直ちに着手しなければならないことの確認　開始後、直ちに着手しなければならない事項としては、たとえば以下のようなものが考えられる。

(a) 破産手続開始決定日を境に、それ以後に発生する債務はすべて財団債権（破産債権に先立って弁済される債権）となるため（破148・151）、放置しておくと、財団債権として日々増加するようなものはとにかく早急に止める必要がある。

例　賃貸物件からの撤収・明渡し、駐車場の解約、電気・ガス・水道等の供給停止（これについては後述）、電話回線（固定電話）の休止、その他継続的契約で、管財業務に必要がないもの（警備保障契約については後述）の停止。

(b) 次に、本来は容易に回収できる財団財産が散逸し、あるいは回収困難になることを防止する必要がある。

例　売掛先に対して新しい振込先（高価品保管場所口座）を通知したり、商品を持ち出されたりしないよう保管（鍵の預かりやセキュリティの確認）する措置を講じることなど。

　　従業員といえども信用できるとは限らない。従業員が商品を持ち出したりする場合もある。

㊄　破産管財人代理の必要性の検討　中規模・大規模の破産管財事件の場合は、受任後、1ヶ月から場合によっては数ヶ月程度、当該事件処理に相当の時間・労力が要求される。したがって、自分の他の予定との調整を行

う。さらに、大規模事件の場合には、なるべく破産管財人代理を選任して、複数人で手分けをして事件処理に当たることが効率的である。したがって、破産手続開始決定後、あるいは、破産管財人への就任を承諾した直後でも、破産管財人代理になってもらえる弁護士に、就任を要請し、内諾を得ておく。

(カ) 当該事件のポイントの見極め　申立書の内容から、当該事件処理のポイントは何かを見極めて、事件処理の方針を立てる。これによって早めに当該破産事件の到達点を予測し、事案の長期化をさせないよう意識を持つことができる。

ポイントとは、たとえば、不動産の任意売却、売掛金の回収、財産の調査、否認権行使、関連会社・子会社を含めた事案の解明など、その管財事件の中心的な業務であると予想されるものをいう。

2　具体的な管財業務の着手

(1)　破産者本人らとの面談、打合せ

破産者本人（会社の場合には代表者）、申立代理人、経理担当者、主要な従業員（従業員の代表者と思われるような人、あるいは、営業の現場に最も詳しく、管財人がこれから行おうとする業務との関係で、特に必要・有意な人材）との打合せを行う。

会社の従業員は、会社が倒産すると、日が経てば経つほど管財業務への協力が困難になることが多いので、まず、連絡先（自宅・携帯）を聞いた上で、いつでも連絡できるようお願いしておくことが望ましい。労働債権がある場合には、管財業務への協力こそが、早期・高額の配当に結びつくことを説明した上で、極力管財業務に協力してもらうよう要請する。なお、特に有意な人材で、管財業務に当面必要な従業員については、管財人補助者として雇用することも検討する。

(2)　管財人口座の開設・引継現金等の受入れ

破産管財人就任と同時に、直ちに管財人口座を開設し、申立人や代理人が

保管している現金・小切手・手形などを回収し、管財人口座に預け入れる。特に、受取手形・小切手については、支払呈示期間の徒過によって回収不能にならないよう、破産手続開始決定後早期に金融機関を通じて交換に回し、回収する。

(3) 事務所・営業所の閉鎖、撤収・明渡し
(ア) 事務所・営業所の閉鎖　鍵を預かって、管財人以外の人間が自由に事務所内に立ち入ることができないようにすることが原則である。ただし、会社の倒産後処理などで、会社代表者や経理担当者が事務所・営業所内でしばらく作業を行うような場合には、その都度、鍵を管財人に借りに来るのは面倒なので、信用性について考慮の上、場合によっては代表者等にスペアキーを預けることも検討されてよい。

また、建物等の出入口には、原則としていわゆる告示書（当該物件が破産管財人の管理下にあること、無断で立ち入ることを禁じること等を記載した文書）を貼付すべきである。

(イ) 事務所・営業所の撤収・明渡し　管財業務に必要な書類や、管財人において保管が義務づけられている商業帳簿類は、即時に引き上げる。什器備品（破産者が使用していた事務用品など）のうち、リース物件（コピー機や電話など）については、リース会社に引上げに来てもらうのが原則である。しかし、引上げや廃棄に逆に費用がかかる場合もあるので、リース会社の意向を確認する。リース会社が引上げを希望しないような場合には、他の什器備品と一緒に廃棄業者に一括して廃棄を依頼する。

事務所・営業所の撤収作業は、当該事務所等が、破産者所有の物件である場合には、時間的な余裕があるが、賃借物件の場合には可及的速やかに行う必要がある。早く明渡しをすればそれだけ敷金・保証金の返還額が多くなる。なお、敷金・保証金に担保権が設定されている場合に、未払賃料、賃料相当損害金、撤去費用等と、敷金・保証金との管財人からの相殺については注意を要する（最判平18・12・21民集60巻10号3964頁参照）。

なお、一般に、什器備品は、売却価値はほとんどなく、処分費用の方が高

い。通常は、専門の業者2～3社に見積を作成させて、どちらか安い方に依頼して撤収作業を行う。

　(ウ)　電気・水道・ガス供給契約の処理　　(a)　電気の供給　　電気は、事務所・営業所の撤収作業が完了するまで、供給が必要であり、原則としてはしばらく契約を継続しておく必要がある。その場合、当然、破産手続開始決定後に使用する電気はすべて財団債権となるので、管財人において全額支払う必要がある。

　なお、電気供給を停止すると、警備保障契約に基づく警備システムが作動しなくなるので注意を要する。エレベーターなども当然停止してしまう。

　(b)　水道・ガスの供給　　水道については、電気に比べて管財業務における必要性は低いが、事務所・営業所でしばらく作業をする場合には最低でも水道は必要であろう（手を洗うこともトイレを使うこともできなくなってしまう）。ガスは安全管理上危険なので停止するべきである。

　(エ)　電話回線の処理　　固定電話については、必要な回線を残してすべて休止にして売却する。ただし、警備保障契約に使用している回線で、かつ、引き続き警備保障契約を継続する場合には、当該契約に使用している電話回線を特定して、生かしておかないと、警備ができなくなってしまうので注意が必要である。

　携帯電話については、管理が難しい面があるので、会社が契約者となって従業員に貸し出している携帯電話はすべて回収する。携帯電話会社に対しては、念のため、内容証明郵便で、当該破産者名義の携帯電話はすべて解約する旨の文書を送付しておく方が無難である。管財業務のために携帯電話が必要な場合には、別途契約する方がよい。

　(オ)　警備保障契約の処理　　警備保障契約は、事務所・営業所内に商品等、財産価値がある物品が保管されている場合はもちろん、何もない場合でも、第三者が勝手に出入りできないようにするためには一番良い手段であるので、財団に余力がある場合には、裁判所とも協議した上で契約を継続することを検討する。

　(カ)　車両の処分　　車両は、駐車場使用料、税金、保険料等がかかり、交

通事故発生の危険があることから、可及的速やかに売却または廃車処分とするべきである。何らかの理由で管財業務に車が必要となる場合には、管財人個人の車両か、レンタカーを借りるべきである。ただ、管財業務に車両そのものが必要になるものはあまりない。物品の運搬であれば、運送業者に依頼すれば楽だしリスクもない。

　車両の処分で注意したいのは、売却の場合は名義変更、廃車の場合は廃車手続を間違いなく行うこと（間違いなく行ってもらえる業者に委託すること）である。いいかげんな業者に依頼すると、名義変更や廃車手続を行わないまま、どこかに処分されてしまい、いつまでも管財人宛てに自動車税の納付書が送付されてくる。

　破産手続開始決定時において、行方不明となってしまっている車両については、警察に盗難届を出した上で、財団から放棄する手続を取っておくのが無難である。ただし、債権者が代物弁済として持ち去ったような場合には、警察が盗難届を受理しないため廃車手続ができない。この場合には、県税事務所などと協議して、課税しない措置を講じてもらうよう要請する必要がある。

　㈱　労働債権のとりまとめ・労働者健康福祉機構への立替払請求手続
　(a)　労働者（従業員）の労働債権は、当然、破産手続の中で支払われるべきものであり、債権届出をしてもらう必要がある。ただ、労働債権の金額については、当該労働者本人がよく分からない場合も多い。また、債権届出書に記載したりすることができない人もいる。そこで、予め、労働者の代表者（給与担当者など）に未払賃金、解雇予告手当、退職金を計算しておいてもらい、労働者全員の債権届出書を作成してもらうことも一つの方法である。ただし、最終的な金額については、本人に説明の上、了解を得ることが必要である。なお、現行法によると財団債権となる部分と優先債権となる部分の区別をしなければならないことに注意を要する。

　債権届出書（32）には、当該労働者の連絡先（会社の倒産に伴って転居してしまう人などもいることから、必ず連絡がつく連絡先を記載してもらう）を間違いなく記載してもらい、自署・捺印してもらう。

(b) 労働者（従業員）に対する未払賃金、解雇予告手当、退職金は、他の一般債権と異なり、当該労働者の生活に直結しているため、管財人としてはできるだけ早期に支払を行うよう努力するべきである。そこで、財団から直ちに支払うだけの余力がない場合には、労働者健康福祉機構に対して、賃金立替払手続の申請を行う。労働者健康福祉機構は、未払賃金、退職金の8割を上限として立替払いを行う（解雇予告手当は立替払いの対象とはならない）。

また、労働債権に対する早期の支払方法としては、労働者健康福祉機構の賃金立替払制度の利用だけでなく、労働債権の弁済許可の制度も検討する。

ところで旧破産法の下では、労働債権を早期に支払う観点から、労働債権のみを対象とする中間配当を実施する例も多かったが、労働者健康福祉機構の賃金立替払制度の活用が可能であること、現行法下では労働債権の一部が財団債権とされ、随時弁済が可能であること、給料の請求権等の弁済許可の制度（破101）を活用できること等から、労働者保護の観点から中間配当を実施する必要性は減少した。

(ク) **商品等の保全**　商品等は、通常、時間が経過すればするほど、価値は下落してしまうので、早期に処分する必要があるが、とりあえず、盗難や散逸を防ぐため保全の措置を講じる。場合によっては、倉庫業者に保管を委託したり、破産者の事務所・営業所に置いておく場合でも警備保障契約を締結したりするなどの措置を講じる。

(ケ) **売掛金に関する通知**　破産手続開始決定後、できるだけ早い時点で、管財人名で売掛先に請求書を送付することが効果的である。その際、管財人口座を通知して、従前の銀行等に振り込まないように要請することは当然である。

仮に従前の口座に振り込まれてしまっても取戻しは可能であるが（相殺禁止）、その手続が面倒になるので、最初から管財人口座に送金してもらうべきである。

また、否認の対象となるような債権譲渡が行われている場合には、債権譲受人ではなく、極力管財人口座に送金するよう要請する。

なお、破産手続開始決定前に破産者自身が既に売掛金の請求書を発行して

第3章　破産手続の開始と破産管財人の職務

いる場合で、支払期限が来ていないような債権については、入金口座の変更通知だけで足りることもある。

3　本件事案について
　本件事案においては、平成19年7月3日午後4時に破産手続開始決定がなされ、弁護士Ｎ田Ｎ男の破産管財人への選任、債権届出期間等の所定の事項の決定などが行われている(㉙)。破産債権者等に㈲Ａ商店についての破産手続の開始が通知され(㉚)、その際、破産債権者には併せて破産手続や債権届出についての説明書(㉛)、債権届出書の書式(㉜)が同封されている。また、申立代理人Ｃ川Ｃ男は破産管財人に破産手続開始後に判明した債権者への破産手続開始通知書等の発送を依頼している(㉝)。
　申立代理人Ｃ川は、否認対象行為について破産裁判所に報告をしていたが(㉘第8の4(3))、破産手続開始申立て後、手続開始前に関係者から事情聴取を行って、その結果を管財人に報告している(㉞)。
　さらに、本件事案においては、破産管財人Ｎ田は破産手続開始決定日である7月3日からそれほど間を置かず、7月11日には、売掛金に関する通知を売掛先に発送している(㉟)。この通知には、管財人側が把握している売掛金額を記載するとともに、売掛先の意向聴取（金額の相違の有無、支払方法など）も兼ねた回答書も併せて送付しており、今後の売掛金の回収業務を効率的かつ円滑に進めるための工夫がなされている(㉟～㊲参照)。

Ⅳ　破産手続開始決定後、第1回債権者集会期日 （破産手続開始決定日から3ヶ月程度）までに行う業務

1　財産の調査および処分
(1)　財産の調査
　破産者がどんな財産を所有しているのかを調査する。財産調査の最も基本となる資料は申立書および添付書類(⑬～㉗)である。財産については実際に、どこに、どのように保管されているのか具体的に確認する必要がある。

なお、旧破産法に比べて、現行法では、破産者の説明義務が強化され（破40）、重要財産開示義務も規定されている（破41）。

ところで、比較的経理処理がしっかりしていた破産者については、いわゆる決算書の貸借対照表とその附属明細書類を確認すると、売掛先、貸付先、車両などの存在が確認できることが多い。ただ、直近の申告から時間が相当経過している場合は、破産前に既に回収譲渡等がなされていることが多いので、破産者代表者、経理担当者と打合せの際に、決算書の内容を一つ一つチェックして、現にその財産があるのかないのかを確認する作業が大事である。

手間がかかるのは、多数の小口売掛金や、在庫商品があるような場合である。たとえば商品の卸業者が倒産したような場合には、返品処理や、不良商品の関係で、破産者の帳簿上の金額とは一致しないことが多く、調査書などを送付して調査を進めることになる。

在庫商品については、一つ一つ管財人が棚卸をするわけにはいかないので、専門の買取業者数社に一括で見積をしてもらって、一番高値を付けた業者に処分するということになろう。

不動産については、不動産業者等に簡易査定をしてもらい、おおよその見当を付ける。

(2) 処分方法の策定および処分

以上のような調査の結果で、売れそうなもの（回収できそうなもの）と売れそうにないもの（回収できそうにないもの）を分けて、どのように処分するのかを決定する。

なお、最近では、換価の方法として、破産財団の営業の全部または一部を譲渡する営業譲渡（事業譲渡）の方法によることも行われるようになっている。破産した場合でも、本業はうまくいっているにもかかわらず不動産・株式投資等で大きな損失を出したのが原因であるとか、不調な部門もあるが一部の部門の営業はうまくいっているというような場合には、営業がうまくいっている部門を包括的に譲渡した方が、個々の財産をバラバラに譲渡する

第3章　破産手続の開始と破産管財人の職務

より得策なこともあるからである。破産では、裁判所の許可のみでこれが可能である（破78Ⅱ③。ただし、労働組合の意見を聴取する必要はある。同Ⅳ）。

　また、破産した会社の取締役等が会社に対して損害賠償義務を負っていることがあるが、破産財団を充実させるためには、その場合、破産管財人は損害賠償請求をしなければならない。その際、訴訟によらなくとも、簡易な決定手続である役員の責任査定手続を利用することができる（破178）。

　2　郵便物の点検

　郵便物は原則として破産手続開始決定後、第1回債権者集会期日までの期限付きで回付される（破81・82。ただし、本章Ⅰ2(3)参照）。破産者宛ての郵便物は日々回付されてきて、事件数が増えると、郵便物の分類・チェックだけで、かなりの労力となる。しかし、郵便物は必ず管財人自身でチェックするべきである（法律事務所の事務職員に任せることはお勧めしない）。

　破産者に対し、どのような郵便物が送付されてくるかを見ると、一定の傾向が見られることがある。個人の場合には、いわゆる飲み屋、パチンコ店、ブランド品の販売店などからDMが回付されてくることもあり、破産前の派手な生活や浪費傾向が疑われる場合もある。納税通知書（新たに車両や不動産が判明することもある）、債権者一覧表に記載のない債権者からの請求書等については、交付要求をしてもらったり、知れたる債権者として、破産債権届出書などの一式書類の送付を行ったりすることが必要となる。

　管財業務に必要のない郵便物については、一定の分量が溜まった時点で破産者本人に返還する。なお、管財人から郵送で、破産者本人に郵便物を送付する場合は、「破産管財人より転送」と頭書しておかないと、ふたたび破産管財人に戻ってきてしまうので注意すべきである。

　3　税務処理についての方針策定

　粉飾決算をして、売上を過大に申告していたような場合には還付金が見込めるため、なるべく破産者の確定申告を行っていた税理士に相談して、還付手続が取れるように準備を進めてもらう。

解説篇　第2部　破　　産

税務申告については、原則としてこれを行うべきである。所得税の申告とは別に消費税、源泉所得税の申告もあるので注意を要する。

4　債務調査
届出債権の調査（破115以下）については、「第4章　債権届出・調査・確定」を参照。

5　否認権行使をする必要の有無
否認権は、訴え、否認の請求または抗弁によって破産管財人が行使するものとされているが（破173 I）、行使せずに済むのであればそれに超したことはない。特に否認の訴えとなると、解決までかなり時間がかかるので、管財人としてはできれば避けたい。したがって、破産法に抵触する債権譲渡や預金の相殺、商品の引上げなどについては、極力、交渉や任意の和解で解決したいところである。

しかし、どうしても任意では解決できない場合には、裁判所と協議して、なるべく早めに訴えを提起し、あるいは否認の請求手続を取るべきである。

6　管財人報告書等の作成
(1)　管財人報告書の作成

破産法上は、破産管財人は、破産手続開始後遅滞なく、破産手続開始に至った事情、破産者および破産財団に関する経過および現状等を記載した報告書を、裁判所に提出しなければならないとされている（破157）。しかし、たとえば横浜地裁の運用においては、破産手続上特段の事情がない限り、いわゆる報告書の作成は不要とされている（東京地裁ではそのような扱いにはなっていないようである。破産・再生の実務（中）174頁〔瀬川元伸〕）。

(2)　財産目録および貸借対照表の作成

破産法では、破産管財人は、破産手続開始後遅滞なく、破産財団に属する財産の価額を評定し、財産目録および貸借対照表を作成し、裁判所に提出し

なければならないとされている（破153ⅠⅡ）。

しかし、たとえば横浜地裁の運用においては、財団の総額が1,000万円未満（破規52）の場合には、原則として、個別の許可（同Ⅲ）を要することなく貸借対照表の作成および提出を不要としており、提出する場合も債権者集会期日までとし、その内容も簡易なもので足りるものとされている（原則として財産目録と収支計算書の提出で足りる。甲地裁の取扱いも同様である。[47][48]）。また、東京地裁（破産・再生の実務（中）174頁〔瀬川元伸〕）では、法人事件で財団の総額が1,000万円以上の事件を除き、作成の省略が許可されている。

財産目録や破産貸借対照表は、破産申立書記載の財産目録と対応させると分かりやすいし、換価漏れを防ぐためにも有効である。

第4章　債権届出・調査・確定

I　総　説

　破産手続は多数の債権者の平等の満足を実現することを目的としている。そのため、破産者に対する債権者は、特別の定めがある場合を除き、破産手続によらなければ権利を行使することができない（破100 I）。そこで、破産債権者が権利を行使しようとする場合には、まずは破産債権を裁判所へ届け出て、その後、破産管財人による債権認否を経て破産債権が確定された後、配当手続という形で弁済を受けることになる。これに対し、配当手続によることなく、破産財団から随時弁済を受けることができる債権を財団債権という（破2 Ⅶ）。破産手続開始後に破産財団に対して生じた共益的費用や一定の公租公課等がこれにあたる（破148以下）。

　なお、破産財団に属する財産に対し、抵当権・質権・特別の先取特権を有する債権者は、破産手続の開始により影響を受けることなくそれらの担保権を実行して優先的に満足を受けることができる。これを別除権という（破2 Ⅸ・65 I）。別除権者は、まずは別除権の行使により弁済を受けることになり、それによって弁済を受けられない債権の額についてのみ、配当に加わることができる（破108）。これを不足額の原則ないし残額責任主義という。ここでは、破産債権の行使方法についてのみ解説する。

II　債権届出

1　届出事項・届出期間

　破産債権者は、次の事項を破産債権届出書に記載して債権届出期間（破産手続開始決定と同時に定められる。破31 I①。㉙）内に裁判所へ届け出なければならない（破111 I①～⑤。㉜）。届出事項は、①破産債権の額および原因、②優先的破産債権であるときは、その旨、③劣後的破産債権または約定劣後破産債権であるときは、その旨、④自己に対する配当額の合計額が最高裁判所規則で定める額（1,000円。破規32 I）に満たない場合においても配当金を受領

する意思があるときは、その旨、⑤その他最高裁判所規則で定める事項（破規 32 Ⅱ参照）である。また、別除権者は、⑥別除権の目的である財産、⑦別除権の行使によって弁済を受けることができないと見込まれる債権の額も届け出なければならない（破 111 Ⅱ①②）。

　債権届出は届出期間内になされなければならないが、その経過後であっても、それができないわけではない。ただし、この場合には、債権者自らが債権調査手続のための費用を負担して、特別調査期日を開いて（特別調査期間を定めて）もらうことが必要になりうる（破 119・122）。この点、旧法では、債権届出は配当手続における除斥期間が経過するまで可能であった。これに対し、現行法では債権届出期間の制限規定が設けられ、原則として一般調査期日（または期間）が終了（経過）するまでに債権届出をしなければならなくなった（破 112）。ただし、「その責めに帰することができない事由」によってこの期日の終了（期間の経過）までに破産債権の届出をすることができなかった場合には、その事由が消滅した後 1 ヶ月以内に限り届出をすることができる（同Ⅰ）。

　裁判所書記官は、債権届出に基づいて破産債権者表を作成し（破 115 Ⅰ）、届け出た債権者の氏名または名称・住所、破産債権の額・原因等を記載し（同Ⅱ、破規 37）、これがその後の債権調査・確定の基礎となる。破産債権の届出には、届け出られた債権の時効中断の効力がある（民 152）。

2　債権の優先順位

　破産債権は、優先的破産債権、一般破産債権、劣後的破産債権（および約定劣後破産債権）に区別されており、この順位に従って最終的に配当が行われることになる。すなわち、まず優先的破産債権者に対して配当が行われ、破産財団に残余があれば、次に一般破産債権者へと順次行われることになる（破 194 Ⅰ）。もっとも、劣後的破産債権にまで配当が行われるケースは極めて稀である。債権額に比例した平等な弁済が行われるとの比例弁済原則は、区別されている同種の債権者間における問題である（破 194 Ⅱ）。

　優先的破産債権内においてはその債権相互間にも順位があり（破 98 Ⅱ）、

特に租税等の請求権について私債権よりも優先される点に注意を要する。優先的破産債権の相互間の順位は、次のとおりとなる。すなわち、①国税（税徴8）・地方税（地税14）、②国税・地方税に次ぐ公課（国税徴収の例により徴収する旨が定められている社会保険料等。国民年金95・98、厚生年金88・89、国民健康保険80 Ⅳ等）、③共益の費用（民306①）、④雇用関係に基づき生じた債権（民306②）、⑤葬式の費用（民306③）、⑥日用品の供給費用（民306④。個人事件における破産手続開始前6ヶ月分の上水道・電気料金など）、である。国税と地方税は同一順位で最優先となる。また、破産手続においては租税等の請求権相互間の「交付要求先着手主義」（税徴13）は適用されないので、交付要求の先後にかかわらず同順位ということになる。

Ⅲ　債権調査・確定

1　債権調査

　届け出られた破産債権に関しては、調査の第一段階として、まず債権認否が行われなければならない。届出債権の存否・額・優劣の種別等に対して、それを認めるか認めないかの意見を管財人が表明することを債権認否という。債権認否には、従来の期日方式（債権調査期日が設定されて、期日における破産管財人の認否並びに破産債権者および破産者からの異議に基づいて調査が行われる方式）のほか、現行法は期間方式（債権調査のための期間が設定されて、破産管財人が作成した認否書並びに破産債権者および破産者の書面による異議に基づいて調査が行われる方式）も導入した（破117〜120）。しかし、東京地裁（破産・再生の実務（中）138頁・142頁〔杉田薫〕）や横浜地裁では、原則として、従来どおり期日方式が採用されている。そこで、以下では期日方式を前提に説明する。

　債権調査期日には、届出期間内に届け出られた債権の調査を行うための一般調査期日（破121）と届出期間経過後に届け出られた債権の調査のための特別調査期日（破122）とがある。一般調査期日はこれまでと同様に債権者集会に併せて行われるが [29]、配当の目処が立つまでは続行される。最終的に、配当原資が形成されず、異時廃止で終結する場合には、債権調査は省

略したまま終結する。また、当初より、異時廃止が予想されるときは、そもそも債権調査期日を定めない運用となった（破 31 Ⅱ）。

先に述べたように、現行法下では、原則として一般調査期日の終了までに債権届出をしなければならなくなったから、この期日を終結させてしまえば債権届出を遮断できるわけであり、これは破産管財人にとっても大きな武器となるはずである。ところが、実務での運用は、このように（従前の小規模管財事件の例と同様に）配当の目処が立つまでは原則的に期日を続行させてしまっているため、せっかく手にした武器が有効に機能しないこととなっている。破産管財人としては、早めに調査期日を終結することが有効と考える事例（たとえば、債権の認否をめぐり債権者と争いが予想されるようなケース）では、裁判所に事情を説明した上、一般調査期日の速やかな終結を促すのが妥当であろう。

破産管財人が出頭しなければ、期日における債権調査をすることはできない（破 121 Ⅷ）。届出債権の内容に誤りがあれば、管財人は、債権調査期日において認めない旨の陳述をすることが必要であり（なお、調査期間方式の場合は書面によって認否することになる）、そうされない債権は届出の内容どおりに確定する（破 124 Ⅰ）。なお、実務上は、期日方式の場合でも債権認否表の作成が求められており（破規 42 Ⅰ）、以前には総括認否表に加え個別認否表の提出も要求されていた。しかし、現在では、総括認否表の提出のみで足りるとされている（㊾）。

届出債権者は他の届出破産債権に対して異議を述べることができ（破 121 Ⅱ）、この異議があった場合も、異議を述べられた破産債権は確定しない（破 124 Ⅰ）。破産者自身も異議を述べることはできるが（破 121 Ⅳ）、破産者が異議を述べただけであれば、破産手続上は債権が確定する。破産管財人が異議を述べた場合は、管財人が当該債権者に対して通知することが必要なので注意を要する（破規 43 Ⅳ）。

2　異議等の撤回、債権査定申立て、債権査定異議の訴え

破産管財人の認めない旨の陳述や異議は、期日中、期日外を問わず何時で

59

も撤回できる。撤回がなされない債権については、従前は、債権確定訴訟で確定することになっていたが、現行法では債権査定申立制度が導入されている。すなわち、異議等の対象とされた債権者は、原則として、異議者等を相手方として裁判所に破産債権の査定の申立てをすることができる（破125Ⅰ）。この申立ては、異議等のある破産債権に係る一般調査期間もしくは特別調査期間の末日または一般調査期日もしくは特別調査期日から1月の不変期間内にしなければならない（同Ⅱ）。この制度では、裁判所が決定によって判断を下すことになるので、手続が簡略となった。しかし、この決定に不服がある場合には、債権査定異議の訴えを提起して争うことができる（破126）。ただし、異議のある破産債権に関して破産手続開始当時既に訴訟が係属する場合には、確定はその訴訟手続に委ねられることになる。すなわち、破産手続開始により訴訟は一たん中断するが（破44）、その上で、破産債権者がその確定を求めるのであれば、異議者等を相手に当該訴訟の受継の申立てをすることになる（破127）。また、執行力のある債務名義または終局判決のあるもの（有名義債権。この旨も届け出る必要がある。破111Ⅰ⑤・破規32Ⅱ③）については、異議者等は、上訴や再審等の「破産者がすることのできる訴訟手続きによってのみ」異議を主張することができる（破129）にすぎない。

3 戦略的異議

届出債権の存在につき疑義がある場合だけでなく、届出債権者が事前の債権調査に非協力的な場合への制裁等の目的で、一種の戦略として異議を述べることを戦略的異議という。これを否定する見解もあるが、実務上は広く定着してきた。戦略的異議の例としては、以下のようなものをあげることができる。

① 否認対象行為がある者からの債権届出　破産手続開始前に破産者所有の財産を引き上げているような場合、将来の配当率を考慮した上で他の債権者とのバランスを図って異議を述べる。

② 破産会社に対する代表者の債権届出　破産会社の代表者については

道義的責任の観点から、原則として取下げを勧告し、これに応じないときは異議を述べるのが実務の運用である。

③ **破産者以外の者から物上保証を徴している債権** 物上保証人による弁済がなされたとしても、一度債権を確定させてしまうと届出債権者の任意の取下げがない限り、請求異議の訴えを提起するほかなくなるため、異議を述べておくことが相当である。もっとも、現行法では物上保証人も債権額全額の弁済をしない限り債権者に代位できないこととなったため（破104Ⅱ Ⅴ）、戦略的異議の必要性があるのは、全額の弁済が期待できる場合（抵当物件の評価額が被担保債権額を上回る場合）に限られる。

4 破産債権の確定

破産管財人や他の破産債権者から異議等が出なかったり、異議等が出ても破産債権査定決定等が確定した場合には破産債権は確定する。破産債権査定決定または破産債権査定異議訴訟の場合には、その決定・判決の効力が破産債権者全員に拡張するし（破131）、それ以外の場合も、確定した債権が破産債権者表に記載されると、破産債権者全員に対して確定判決と同一の効力を有することになる（破124Ⅲ）。したがって、各破産債権者は、自己の債権の確定結果に基づいて破産手続に参加することになる。すなわち、確定結果は、配当や債権者集会における議決権行使の基準となる。また、破産者が異議を述べていない場合には、破産債権者表の記載は破産者に対して確定判決と同一の効力を有するから（破221）、破産債権者は、これに基づいて、破産手続終了後強制執行をすることができる。ただし、破産者が法人の場合には破産手続が終了してしまえば解散によって消滅してしまうし、自然人の場合には免責によって責任が消滅してしまうことも多いので、実際にはあまり意味がないこととなっている。

Ⅳ 各種債権の認否に関する問題点

各種の債権に関して、その認否に関連して特に問題がある点を指摘しておくこととする。

解説篇　第2部　破　　産

1　別除権付破産債権

①　**債権調査の内容**　異議のない被担保債権額の存否・額については、破産債権として確定する。ただし、別除権付債権については不足額の原則（破108）が取られているため、配当を受けるためには中間配当時には不足額の疎明（破210Ⅰ）、最後配当時には不足額の証明（破198Ⅲ）が必要となる。ただし、別除権者は管財人との間で被担保債権の範囲を縮小するなどすれば、「被担保債権の一部が目的物件によって担保されないことになった」ものとして、その債権部分について手続に参加することができるし（同Ⅲ）、さらに、根抵当権については、極度額を超える部分の額は執行による売却前でも破産手続における配当を受けることができる（破196Ⅲ・198Ⅳ）。

予定不足額についての認否は、議決権行使額を確定する上で必要になるにすぎない。したがって、別除権の目的物の評価については管財人なりの評価で足り、必ずしも鑑定の必要はない。また、予定不足額の届出がない場合は、（全額を予定不足額とする届出があったものとみて）予定不足額全額について異議を述べるか、認否を留保することになる。

②　**別除権かどうか注意すべきケース**　別除権として扱われるのは、破産手続開始時に破産者が債務者兼（担保目的物件の）所有者の場合に限られるか否かには争いがあり、実務的にも、東京地裁では限定しない扱いのようであるが（破産・再生の実務（中）21頁〔堀田次郎〕）、横浜地裁では限定する扱いをしている。限定する扱いでは、破産者以外の第三者が物上保証している場合や保証人が（保証債務ではなく）主債務について物上保証している場合は含まない。これに対し、保証人が保証債務について自己所有の物件に担保権を設定した場合には、当該保証人の破産手続においては別除権ということになる。しかし、実務的には主債務者の債務を被担保債権とするのが通常であろう。

なお、破産手続開始前のマンションの管理費は特別の先取特権が認められているため（区分所有7）、別除権となる（破2Ⅸ）ので注意を要する。

2 保証関係の認否について

① **保証債務の認否**　主債務者と保証人がともに破産した場合、債権者は主債務者に対する債権と保証人に対する債権のそれぞれにつき、全額の債権を行使できる（破104Ⅰ）。その結果、債権者の受領した金額の合計が債権額を超えることとなった場合には、最後に配当した破産財団との関係で不当利得となり、管財人は不当利得返還請求を行うことになる。

② **保証人の事前求償権**　破産者の保証人が事前求償権を届け出ることも可能であるが（同Ⅲ本文）、債権者からの届出がある場合には保証人は権利行使できない（同ただし書）。債権者から届出が出されていない段階でも、将来届出の可能性がある場合は、管財人としては、債権が二重に確定されないよう、一たん異議を述べて、その可能性がなくなった時点で異議を撤回するのが適当である。

③ **保証人の事後求償権**　主債務者の破産手続開始後に保証人が弁済をしても、それが全額についてでない限り保証人は破産債権者として権利を行使することはできず（同Ⅳ）、反面、債権者は債権の全額について権利行使できる（同Ⅰ。破産手続開始時現存額主義）。

物上保証人兼保証人が一部を弁済した場合には、保証人が一部を弁済した場合と同様に扱われる。

単なる物上保証人が一部を弁済した場合については、従来、学説・高裁裁判例ともに分かれていたところであるが、最判平成14・9・24民集56巻7号1524頁は、「全部の満足を得ない限り、届出債権の全額について破産債権者として権利を行使できる」ものとした。現行法では、この結論を踏襲する形で、立法的な解決が図られている（同Ⅴ）。なお、破産法104条は債権者と全部履行義務者との間において債権の効力を強化する趣旨に出る規定であるから、それと無関係の第三者から債権者が満足を得た場合には、その分、破産債権が第三者に移転すると考えるべきであろう。

破産手続開始以前に保証人による弁済がなされている分については、当然、求償権は認められる。また、保証人が、破産手続開始後に、相殺による満足を債権者に与えた場合でも、相殺適状が破産手続開始前に存したときに

は、債権債務の消滅が相殺適状時に遡るため、これに応じて手続開始時現存額が減少し、債権者は届出を変更しなければならないから、それがなされない限り、管財人はその分について異議を述べることになる。

3 手形債権

① 中間利息の控除　破産手続開始後に履行期が到来する手形につき、券面額全額を一般破産債権とする届出があった場合、破産手続開始後履行期までの中間利息相当分は劣後的破産債権となるので（破99 I②）、その分につき異議を述べる必要がある。この場合、異議を述べた分については、劣後的破産債権として認めるべきである。中間利息相当分は、手続開始時から期限に至るまでの年数（1年に満たない端数があるときは、これを切り捨てる）に応じて法定利率に基づいて算定する。

② その他の注意事項　手形の所持の確認や白地補充の有無、裏書の連続等の形式的要件の確認も必要である。また、融通手形の疑いがあれば、とりあえず異議を述べておくのが相当である。

③ 原因債権への変更　手形債権としての届出をして異議が述べられた場合、債権者の方で届出債権を原因債権に訂正することはできない。しかしながら、新たに原因債権の届出をすることは可能であり、そうされた場合、管財人としても余計な手間がかかることになる。したがって、原因債権としてならば問題がないケースであれば、債権調査期日前に訂正を促すのが相当である。

4 労働債権

① 給料債権・解雇予告手当　破産手続開始前の解雇の場合、手続開始前3ヶ月間の使用人の給料債権は財団債権となる（破149 I）。それ以外の分についても一般先取特権があるため（民306②・308）優先的破産債権となる。破産手続開始後の解雇の場合には、手続開始後の給料債権については財団債権となり（破148 I⑧）、開始前の分については手続開始前の解雇の場合と同様である。これに対し、破産手続開始前の解雇の場合、解雇予告手当につい

ては給料債権に当たるかどうかは判然としないが、東京地裁は肯定的な立場を、横浜地裁は否定的な立場をとっているようである（第3章Ⅳ1（ウ）(b)参照）。ただし、否定説によっても、「雇用関係に基づいて生じた債権」として優先的破産債権にはなる。

② **退職金債権** 退職前3ヶ月間の給料の総額に相当する額（その総額が破産手続開始前3ヶ月間の給料の総額より少ない場合は破産手続開始前3ヶ月間の給料の総額）は財団債権となる（破149Ⅱ）。それ以外の分についても、賃金の後払い的性格から、優先的破産債権となる（最判昭和44・9・2民集23巻9号1641頁）。ただし、これらのためには、支給条件が就業規則、労働協約等で明確にされているか、支払条件を定める規定がない場合には、退職金算定の根拠が客観的に明らかであり、それに基づいて支払う慣行がなければならない。それらが当てはまらない場合には、一般破産債権となるにすぎない。

③ **使用人兼取締役の給料債権等** 使用人の給与部分（優先的破産債権）と役員報酬（一般破産債権）の分が明確に区別されればよいが、そうでない場合はその実体に応じて認否することになる。

④ **外注工賃債権** 外注を請負契約とみるか、雇用とみるかが問題である。原則的には請負契約であろうが、収入の安定性、継続性、指揮命令関係の有無などから考えて、雇用契約と認められる場合もあり、その場合には優先的破産債権となる。

⑤ **社内預金払戻請求権** 民法308条の「給料その他債務者と使用人との間の雇用関係に基づいて生じた債権」として優先的破産債権に該当するかどうかが問題となる。商法旧295条に関する高裁裁判例は2例とも否定しているが（東京高判昭和62・10・27判時1256号100頁、札幌高判平成10・12・17判時1682号130頁）、預金に任意性がない場合には認める余地もあるように読める。

5 公租公課の認否

旧法下では、手続開始前の公訴公課はすべて財団債権とされていたので、

債権認否は不要であった。これに対し、現行法では、「破産手続開始当時、まだ納期限の到来していないもの又は納期限から1年を経過していないもの」のみを財団債権とした（破148Ⅰ③）。ただし、これについての延滞税、利子税等は、破産手続開始後のものも財団債権である（同④参照）。これら以外の分は、破産手続開始前の原因に基づいて生じた本税については優先的破産債権（国税徴収法等）、延滞税、利子税等については劣後的破産債権（破99Ⅰ①・97③～⑤）となったものの、認否の対象にはならない（破134Ⅰ）。

6 上下水道や日用品供給の一般先取特権付債権

① 下水道料金　公課（地方自治231の3Ⅲ、同附則6③、下水道20）に該当するから、破産手続開始時に納期限の到来していないもの、または納期限から1年を経過していないものが財団債権になり、他は優先的破産債権となる。ただし、債権認否は不要である（破134Ⅰ）。

② 上水道料金、電気・ガス料金　破産手続開始申立て後破産手続開始までの給付に係る債権は財団債権となる（破55Ⅱ）。それ以前の給付に係る債権は、自然人については、破産手続開始前6ヶ月分に限り一般先取特権が成立するので（民306④・310）、財団債権とならない分は優先的破産債権となり、その余は一般破産債権となる。法人については、すべて一般破産債権となるにすぎない。

7 利息制限法を超える金利による貸金債権

原則論として、債権届出額が利息制限法に従った金利で引き直し計算されていない場合には、引き直し計算後の金額を超える部分については異議を述べることになる。具体的には、そもそも、取引経過を添付書面として付けてこない場合には、とりあえず全体につき証拠不十分として異議を述べておく。取引経過は添付されているが引き直し計算されていない場合、管財人の方で引き直し計算するのが原則であろう。しかし、引き直し計算してこない業者に対しては全体につき戦略的異議を述べるというのも一方法となろう。

Ⅴ　本件事案について

　破産債権の届出は、実務上、各裁判所によって定められた書式に所定の事項を記入し、それを裁判所に提出するという方法によって行われる。事件記録㊳は、134,279円（破産債権の額）の平成19年1月6日から平成19年2月25日までの取引債権（破産債権の原因）を有する破産債権者ＡＸ㈱（⑤の25番、⑧の6番の債権者）の債権届出書である。この届出書では、自己に対する配当額の合計額が1,000円に満たない場合においても配当金を受領する意思がある旨が不動文字で印刷されているが、各地の裁判所の実務においてもこのような取扱いが通例であるので、配当額が少額の破産債権者に対する配当を他の債権者に回す取扱い（破201Ⅴ）は実際上は行われていない。破産債権届出書には、破産債権に関する証拠書類の写しを添付しなければならないが（破規32Ⅳ①）、事件記録㊴㊵は㊳の債権に関する証拠書類である。

　事件記録㊶～㊻も以上に準ずる書類である。すなわち、これらは、⑤の1、⑥の1番のＡＡ信用保証協会の債権届出書（㊶）、届出債権の内訳を示した債権目録（㊷）と証拠書類であるが、証拠書類は債権目録中進行番号1の求償権の原因となったＤ信用金庫からの借入れに係るＡＡ信用保証協会と本件破産会社㈲Ａ商店との間の信用保証委託契約書（㊸）、Ｄ信金とＡＡ信用保証協会との間の信用保証書（㊹）、Ａ商店とＤ信金との間の金銭消費貸借契約書（㊺）、Ｄ信金からＡＡ信用保証協会に対する代位弁済金領収証（㊻）からなっている。なお、届出債権額はＡ商店が当初把握していた金額より高くなっている。

　本件事案においても債権集会の期日と併せて、債権調査期日が平成19年10月2日午前10時30分に指定されている（㉙）。しかし、債権調査期日は何回か続行され、最後の期日は平成20年3月20日となっている（㊾）。この間、破産管財人Ｎ田Ｎ男は、提出された資料等に基づいて事前に十分な調査を行い、その結果について債権認否一覧表（㊾）を作成した上で、債権調査期日において報告をし、報告後にこれを記録に編綴して破産債権者表として活用している。期日を続行し、債権認否一覧表を破産債権者表として活用

するこのような方式は、東京地裁（破産・民事再生の実務（中）146頁〔杉田〕・148頁〔大野祐輔〕）、横浜地裁の一般的なやり方と同様である。

第5章 配　当

I　総　説

　債権者は、破産手続によらなければ権利を行使することができない。そこで、破産管財人は、破産財団に属する財産を換価した後、それにより得た金員を債権者に弁済することになる。配当とは、破産管財人が破産債権者に対し、その債権額に応じて平等に弁済する手続である。もっとも、前章で記したとおり、破産債権の中には優劣があるから、債権額に応じて平等に扱われるのは、同じ優先順位の債権者間でのことである。

　配当は、全財産の換価が終了した後に行われる最後配当（破 195 以下）が原則型であるが、他に、途中の段階で行う中間配当（破 209 以下）、配当手続終結後に新たに配当可能な財産があることが確認された場合に行われる追加配当（破 215）がある。また、現行法においては、最後配当の手続を簡略化した配当手続である簡易配当（破 204）、債権者の同意の下に最後配当とは異なる内容や配当方法を定めることができる同意配当（破 208）が設けられている。

　なお、破産手続の終了事由としては、本章で解説する配当による破産手続終結、既に言及した費用不足による破産手続の廃止（同時廃止と異時廃止。破 216・217）のほか、同意廃止と破産手続の取消しとがある。同意廃止とは、原則として届出破産債権者全員の同意があった場合に破産手続を行わないとするものである（破 218）。また、破産手続の取消しとは、破産手続開始決定に対する即時抗告（破 33）に基づき抗告裁判所が破産手続の開始要件の欠缺を理由に既に開始されている当該手続を取り消すものであり、他の終了事由とは異なって遡及効を有する。

II　最後配当（通常配当）手続の流れ

1　最後配当前の事前チェック

　まず、原則型である最後配当について説明するが、これを行う前には、破

産管財人として、以下の事項をチェックする必要がある。

① 換価未了財産の有無　ⅰ財産状況報告集会の際に作成した財産目録と対照して換価未了の財産はないか、ⅱ換価不能財産について放棄未了のものはないか、ⅲ未受領の税の還付金はないか、ⅳ財団組入可能な予納金（裁判所予納方式をとった場合）はないか。

② 未払財団債権の有無　ⅰ立替費用等の管財費用で支払処理が未了のものはないか、ⅱ財団債権となる租税、労働債権等の支払で未了のものはないか。

③ 債権調査終了の確認　ⅰ未調査の届出債権（一般調査期日の終了または一般調査期間の経過後に届け出られた債権）はないか、ⅱ異議を述べてあった債権で、撤回できるものはないか。

2　裁判所との打合せと最後配当許可申請

以上の点についてチェックした上で問題がないことを確認した破産管財人は、裁判所へ①債権者集会打合せメモ、②財産目録（48）、③収支計算書（47）を提出した上で、①管財人の報酬額（47の支出の部19）、②配当実施の可否、最後配当か簡易配当か、③最後配当の場合、通知と配当公告のいずれの方法で行うか、④終了集会期日の日程を打ち合わせる。

打合せの結果、最後配当を行うこととなった場合には、破産管財人は最後配当の許可申請書を裁判所書記官へ提出する（破195Ⅱ）。現行法では、配当の可否・時期について実質的判断が必要なことが一般にないことに鑑みて、最後配当を許可するのは裁判所書記官となった。その際、①最後配当許可申請書、②配当表（53）、③収支計算書（管財人報酬や配当にかかる諸費用を盛り込んだもの。管財人報酬額は打合せの際に内定されている。52の支出部22）、④寄託先銀行の預金通帳写し、⑤債権調査後の債権額等変更の一覧表（54）、⑥配当率算出メモ（55）、⑦みなし確定不足額計算書（根抵当権者がいる場合）を提出する必要がある。

3　配当表の作成

　上記のうちに配当表 ㊳ が含まれている点には注意が必要である。法文上は、最後配当の許可があった後、遅滞なく、配当表を作成し提出しなければならないとされているが（破196Ⅰ）、東京地裁（破産・再生の実務（中）191頁〔杉本正則〕）や横浜地裁では許可申請と同時に提出する運用となっている。配当表の記載事項は、以下のとおりである（破196Ⅰ）。

　①　最後配当に参加できる破産債権者の氏名（名称）および住所

　②　最後配当に参加できる債権の額　　最後配当を受ける基準となる額を記載する。したがって、中間配当が行われている場合でも、中間配当前の債権全額を記載する点に注意しなければならない。

　③　最後配当をすることができる金額　　破産財団の換価金から財団債権、破産管財人の報酬、配当費用等を控除した残額であって、実際に配当できる金額の総額を記載する。実務では、さらに、個々の債権者に配当することができる額も記載する。

　なお、配当可能額が優先的破産債権の総額に満たない場合、優先的破産債権に対してのみの配当となるが、その場合優先的破産債権相互間にも優劣がある点に注意が必要である（破98Ⅱ。第4章Ⅱ2参照）。また、中間配当を実施し、その中間配当で除斥されていた債権がある場合、その分は優先的に配当する必要があるので注意を要する（破213）。

　少額配当金（1,000円未満）の処理については、条文上は、まずは少額配当か否かにかかわらず配当表を作成し（破196Ⅰ）、配当表が確定した後に、さらに少額配当金分についての配当額を定める（破201Ⅴ）という二段構造になっている。しかしながら、少額配当金でも受領する旨の記載が債権届出書の定型書式に盛り込まれているため、債権者がわざわざその記載を消して債権届出してきて、このような処理が必要となるケースはほとんどなく（第4章Ⅴ参照）、実際には、1,000円未満の少額配当金に対しても配当が行われることになる。もっとも、配当額が300円未満になる債権者については、実務上、配当のコストを考えて、切捨て計算により配当は0円としている。この場合、切捨て分は事務費用として処理して差し支えない ㊸。また、

現行法では、送金手数料を破産財団の負担とすることも可能となったが（破193 Ⅱただし書）、実務上、その場合には、300円未満となる債権者についても切り捨て処理をしないこととして差し支えないとされている。その方が事務作業として簡便であるからである（以上の点の東京地裁における取扱いにつき、破産・再生の実務（中）205頁以下〔杉本〕参照。横浜地裁でも同様の取扱いがなされている）。

4 配当公告（配当通知）

破産管財人は、配当表を裁判所に提出した後、遅滞なく、最後配当に参加することのできる債権の総額と最後配当をすることのできる金額を公告し、または通知しなければならない（破197 Ⅰ。56）。

公告と通知は、その長短を考慮して破産管財人がいずれかを選択して行うが、通知の長所は、公告がその申込みをしてから実際に官報に掲載されるまでに約2、3週間を要するのに対し、通知の方が配当手続が約2週間早まるという点にある。他方、通知の短所は、債権者が多い場合に発送事務が煩雑であり、費用がかかる点にある。公告の長短はこれらの逆である。

配当通知は、その通知が通常到達すべきであった時に、到達したものとみなされ（同Ⅱ）、その時を経過したときは、破産管財人は、遅滞なく、裁判所に届出をしなければならない（同Ⅲ）。東京地裁（破産・再生の実務（中）192頁〔杉本〕）や横浜地裁では、①届出書失念の防止、②除斥期間の起算点明確化の観点から、通知の発送と同時に、発送日の翌週の水曜日を「通常到達すべきである時」とする届出書を提出させる運用となっている。また、公告のための官報掲載費用は約4万円である。

5 最後配当の除斥期間と除斥

配当公告を行った場合には、公告が効力を生じた日（官報掲載日）から2週間の期間が最後配当に関する除斥期間となる。配当通知による場合には、それは、通知が「通常到達すべきであった時」の届出（破197 Ⅲ）があった日から2週間である（破198 Ⅱ括弧書）。ただし、東京地裁や横浜地裁では、

第 5 章　配　　当

前述した運用に基づき、通知発送日の翌週水曜日から起算（初日参入）して 2 週間とされている。なお、配当手続に入る直前の債権調査期日において破産管財人が届出破産債権について認めない旨の陳述をした場合は、除斥期間の満了が破産債権査定申立期間（債権調査期日から 1 月。破 125 Ⅱ）の満了より先に到来してしまう。そこで、この場合、横浜地裁では、配当スケジュールを全体に 2 週間程度遅らせ、破産債権査定申立期間の満了後に除斥期間の末日が到来するように調整することで問題を回避するよう運用されているが、東京地裁（破産・再生の実務（中）189 頁〔杉本〕）では、そのような調整は行われないようであるので注意が必要である。

　次の各債権は最後配当から除斥される
　①　異議等のある破産債権のうち、無名義債権で除斥期間内に査定手続等の債権確定手続が係属していることの証明が破産管財人に対してなされなかったもの（破 198 Ⅰ）　証明があった場合には配当に加えられるが、配当金は供託されることになる（破 202 ①）。この場合、結果的に債権が認められなければ供託金は追加配当へ回される。
　②　解除条件付きで条件が成就した債権（破 201 Ⅲ）
　③　停止条件付きおよび将来の請求権で、除斥期間満了時までに権利行使できるようになっていないもの（破 198 Ⅱ）。
　④　別除権者で除斥期間満了時までに破産管財人に対して不足額の確定の証明をしなかったもの（同Ⅲ）　ただし、根抵当権の場合には、被担保債権が極度額を超過する分については配当に加わることができる（破 196 Ⅲ・198 Ⅳ）。また、後順位の抵当権者としては、配当に加わるために別除権を放棄することもあり得る（破 108 Ⅰただし書・198 Ⅲ）。別除権の放棄についての登記の要否については議論がある。担保の一部解除についても同様である。

6　配当表の更正と配当表に対する異議

　配当表に法定の更正事由が発生した場合には、配当表を更正して裁判所に提出しなければならない（破 199・201 Ⅵ）。更正事由としては、①破産債権者表を更正すべき事由が除斥期間内に生じたとき（破 199 Ⅰ①）、②債権者から

除斥期間内に査定手続等の債権確定手続が係属していることの証明があったとき（同②）、③別除権者（ないし準別除権者）から除斥期間内に不足額が確定したことの証明があったとき（破199 Ⅰ③Ⅱ）、④配当額の通知前に新たな財産が発見されたとき（破201 Ⅵ）のほか、⑤配当表に顕著な誤謬があることを発見したとき（破13、民訴257）がある。①の更正事由の具体例としては、異議の撤回、債権届出の取下げ、債権譲渡等による債権者の変更、停止条件の不成就の確定、解除条件の成就等がある。

配当表を更正した結果として配当公告または配当通知の内容が変更される場合、さらに公告ないし通知が必要かは争いがあるが、実務では手続の迅速性の観点から不要説で運用していると思われる。

配当表の記載に異議がある届出債権者は、除斥期間経過後1週間以内に限り、裁判所に対して異議を申し立てることができる（破200 Ⅰ）。異議事由としては、①配当に加えるべき債権が配当表に記載がないということ（またはその逆）と②誤った順位や誤った債権額が記載されていることがある。ただし、既に確定された破産債権の存在や内容に関する主張は異議事由にならない。異議の申立てについての裁判に対しては、即時抗告が可能である（同Ⅲ）。

7　配当額の通知と配当の実施

破産管財人は、除斥期間経過後1週間の異議期間が経過した段階で遅滞なく配当額を定め（破201 Ⅰ）、直ちに振込送金依頼書と配当通知書を送付する（同Ⅶ）。その際、計算上の配当額が300円未満で配当金がない者に対しては、その旨の通知をする〔58〕。配当金額が300円以上1,000円未満の場合には、郵便切手での送付も可能との扱いになっている。また、給料債権について、弁済許可を得て既に支払われている場合には（破101 Ⅰ）、その分を除外する（破201 Ⅳ）ことを忘れないようにしなければならない。少額配当金受領意思の届出のない者に対しても、そのような者がいれば配当金がない旨の通知をする運用になっているが、先に述べたように、実際上そのような者が現れることはほとんど考えられない。

破産管財人は、配当実施日の直前に財団所属財産の換価金等の寄託しておいた金員の返還を受け、原則として振込送金依頼書に記載された振込先口座に振り込む方法により配当を実施する（⑥1）。この場合、領収書を改めて徴収することはしない。また、旧法下の債権証書への配当金額を記載する制度は廃止された。受領権限の有無の確認や配当金支払の事実の証拠化は、破産管財人の判断に委ねて差し支えないからである。「破産債権者表への配当額」の記載（破193Ⅲ）についても、横浜地裁では省略している。ただし、手形、小切手については、東京地裁（破産・再生の実務（中）207頁〔杉本〕）では、配当通知に手形、小切手の原本を配当金受領に必要な書類として破産管財人宛て送付するように記載し、送付を受けた上で付箋を付する扱いとなっている。

　異議等のある破産債権のうち、無名義債権で除斥期間内に査定手続等の債権確定手続が係属していることの証明が破産管財人に対してなされたもの（破198Ⅰ）等に対する配当金は供託されることになるが（破202）、この場合、破産管財人の職務を行う場所が義務履行地となるため（破193Ⅱ）、そこを管轄する供託所で供託することになる。

　なお、未払いとなっていた賃金等を財団債権（破149）として支払いまたは優先的破産債権（破98）として配当する場合に、破産管財人に源泉徴収義務（所税183Ⅰ）があるかについては争いがある。この点、大阪高判平成20・4・25金法1840号36頁は肯定している。

　破産管財人は、最後配当の実施後、任務終了による債権者集会（任務終了計算報告集会）の3日前までに配当実施報告書（破規63。⑥0）および任務終了の計算報告書（破88Ⅰ。⑥5）を裁判所に提出する。その上で、破産管財人は任務終了計算報告集会（破88ⅢⅣ・135Ⅰ）で計算報告を行い、裁判所は破産手続の終結決定をする（破220。⑥6）。

Ⅲ　簡易配当

1　簡易配当の意義と最後配当、簡易配当の振り分け

　簡易配当とは、破産管財人が破産財団所属財産のすべてを換価した後に、

破産手続の終結のために行われる、原則型である最後配当の手続を簡略化した配当手続をいう。これが行われるのは以下の場合であるが、中間配当を実施した場合には簡易配当は許されない（破207）。

① **少額型**（破204 I①）　　配当可能金額が1,000万円未満の場合である（56の1）。

② **開始時異議確認型**（同②）　　簡易配当をすることに届出破産債権者が破産手続開始時に異議を述べなかった場合であるが、東京地裁（破産・再生の実務（中）182頁〔杉本〕）や横浜地裁では採用されていない。

③ **配当時異議確認型**（同③）　　簡易配当とすることが相当と認められる場合に行われる。この場合には、事後的に破産債権者に対し簡易配当によることについて異議を述べる機会が保障される（破206）。

最後配当（通常配当）にするか簡易配当にするかは破産管財人の判断によるが、横浜地裁では原則として簡易配当によるように指導している。しかし、配当額1,000万円以上の場合に通常配当とするか配当時異議確認型の簡易配当にするかは、管財人の判断を尊重すべきであろう。実際、東京地裁では、配当時異議確認型の簡易配当は積極的には利用されていないようである（破産・再生の実務（中）183頁、193頁〔杉本〕）。

財産の換価と債権調査の結果、優先的破産債権となる公租公課のみに配当するだけの財団が形成された場合には、実務的には、債権調査期日に債権認否を留保したまま、簡易配当または最後配当を行う扱いとなっている。債権認否を行わないのは、公租公課については債権調査の規定は適用されないから（破134 I）、それに関しては債権調査は行われず、その他の破産債権も配当がない以上、債権認否の必要がないからである。これに対し、破産管財人が裁判所の許可を得て財団債権として承認して随時弁済する扱いは横浜地裁では行われているようであるが、東京地裁（破産・再生の実務（中）208頁〔杉本〕）ではなされていない。

2　簡易配当と最後配当（通常配当）の差異

簡易配当では、最後配当の場合に通知される事項に対応した事項のほか配

第5章 配　当

各配当手続の流れ

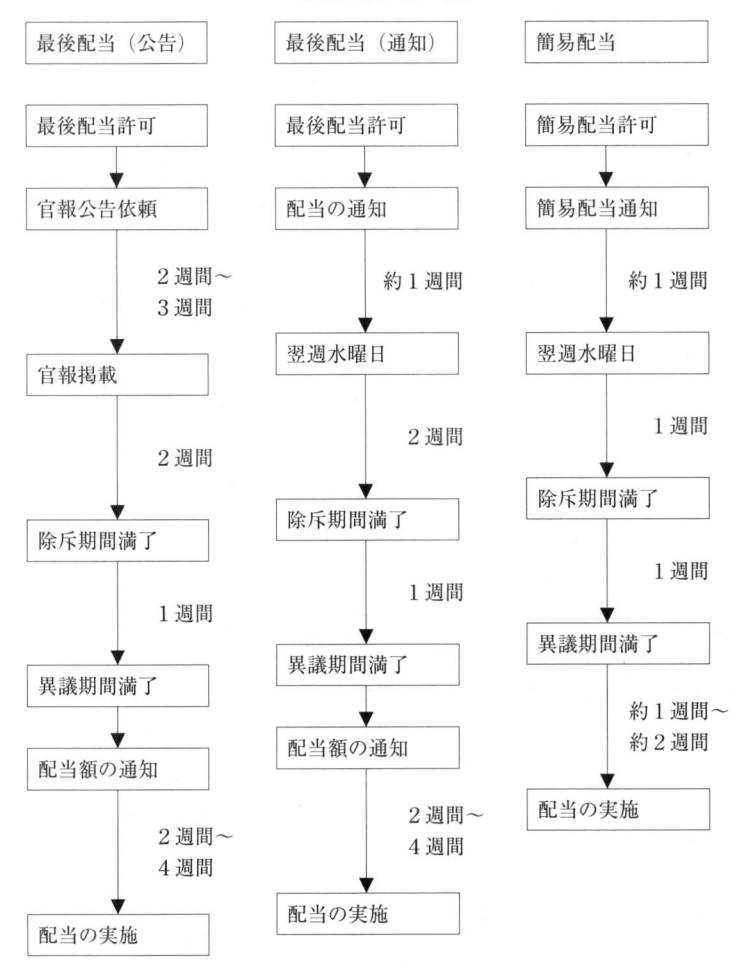

最後配当（公告）	最後配当（通知）	簡易配当
↓	↓	↓
最後配当許可	最後配当許可	簡易配当許可
↓	↓	↓
官報公告依頼	配当の通知	簡易配当通知
↓ 2週間〜3週間	↓ 約1週間	↓ 約1週間
官報掲載	翌週水曜日	翌週水曜日
↓ 2週間	↓ 2週間	↓ 1週間
除斥期間満了	除斥期間満了	除斥期間満了
↓ 1週間	↓ 1週間	↓ 1週間
異議期間満了	異議期間満了	異議期間満了
↓	↓	↓ 約1週間〜約2週間
配当額の通知	配当額の通知	配当の実施
↓ 2週間〜4週間	↓ 2週間〜4週間	
配当の実施	配当の実施	

当見込額についても通知が行われる（破204 II）。この場合、常に通知が行われ、公告はなされない（破205括弧書による197の適用除外）。配当時異議確認型の場合には、併せて、簡易配当に異議のある債権者は裁判所に対して所定の期間内に異議を述べるべき旨の通知もなされる（破206前段）。除斥期間は

77

2週間から1週間に短縮されている（破205・198Ⅰ）。配当手続における異議の申立てについての裁判に対する即時抗告は認められず（破205括弧書による200ⅢⅣの適用除外）、異議の申立てを却下する裁判を当事者に送達することを要しない。破産管財人が簡易配当を実施する際には、先に行われていた配当見込額の通知のほかに、改めて確定した配当額の通知を行うことはしない（破205括弧書による201Ⅶの適用除外）。

通知型と公告型の最後配当（通常配当）および簡易配当の流れを対比して示すと前頁の図のようになる。

Ⅳ 中間配当

1 意　義

中間配当とは、全財産の換価が終了する前に中途段階で行われる配当手続であり、破産手続の長期化が予想される場合に、とりあえず途中までの財団収集分を配当するために行われる。具体的には、一般調査期間の経過後または一般調査期日の終了後であって破産財団に属する財産の換価の終了前において、配当をするのに適当な破産財団に属する金銭があると認めるときに最後配当に先立って行われる（破209Ⅰ）。最後配当の場合とは異なって、それまでに収集したすべての財産を配当に回すわけではなく、どの程度を中間配当するかについては、破産管財人は、事前に裁判所とよく協議することが必要である。

従前は、労働債権を支払うため優先債権のみを対象とする中間配当を行うこともあったが、現在では労働債権（一部）弁済許可制度（破101）が導入されたので、その必要性は少なくなった。また、中間配当においては簡易配当手続を用いることはできない点には注意が必要である。

2 中間配当手続における注意点（最後配当との比較）

破産管財人は、中間配当をするのが相当であると認めるときは、裁判所に対して中間配当の許可の申請をする（破209Ⅱ）。最後配当の場合とは異なり、配当可能金額や配当の要否について実質的な判断が必要になるので、裁

判所書記官ではなく、裁判所の許可が必要とされている。

　そのほかの最後配当との相違点として、解除条件付債権については、担保を供すれば中間配当を受けとることができるが、担保を供しなければ受け取ることはできず（破212Ⅰ）、この場合、中間配当額は寄託される（破214Ⅰ⑤）。また、次の債権については中間配当を受け取ることはできないが、配当額は寄託される（破214Ⅰ）。①停止条件付債権、将来の請求権（同④）、②別除権付債権で、中間配当の除斥期間満了までに別除権実行の着手証明をし、かつ、不足額の疎明があった場合の疎明に係る額（同③）、③異議等のある債権で、確定のための訴訟手続中のもの（同①。これは最後配当では供託される。破202①）、④租税等の請求権等で、配当率の通知時点で訴訟等の手続が終了していないもの（破214Ⅰ②。これも最後配当では供託される。破202②）。

　中間配当では、異議申立期間経過後の通知は配当額ではなく、配当率に関してなされる（破211）。

Ⅴ　同意配当

　同意配当は、全財産の換価終了後に行われる配当手続であるという点では、最後配当や簡易配当と同様であり、裁判所書記官の許可によって行われるが、内容や配当方法について届出債権者の全員の同意を要する反面（破208Ⅰ）、最後配当とは異なる内容の配当でもよい点に特徴がある。すなわち、配当表、配当額、配当の時期、配当の方法について、破産管財人が定め、破産債権者の同意を得て自由に決めることができる（同Ⅱ）。これが用いられる例として、横浜地裁では、①最後配当や簡易配当では除斥されることになる債権者をも配当に加えるのが相当であると考えられる場合（たとえば、全債権者が別除権者でいずれも不足額が確定していない場合）、②質的公平の見地から一般債権者間の配当率に差異を設けるのが相当であると思われる場合とされている。このような局面においてこの制度を利用するかどうかは、破産管財人の判断に委ねられている（東京地裁でも実例は少ないようである。破産・再生の実務（中）198頁以下〔杉本〕）。

解説篇　第2部　破　　産

VI　追加配当

　破産管財人が、最後配当に係る配当額を最後配当の手続に参加することができる破産債権者に通知した後（簡易配当の場合は配当表に対する異議申立期間を経過した後、同意配当の場合は裁判所が同意配当の許可をした後）、新たに配当可能な財産があることが確認された場合に行う配当手続が追加配当である（破215 I）。ただし、破産管財人としては、そもそも、追加配当をする必要が生ずることのないよう、最後配当等の際に十分な注意をしておくことが肝要である。

　上記の配当額の通知した後等に新たな財産があることが確認された場合の対応としては、①追加配当を行うほか、②破産管財人に対する追加報酬や事務費として処理する、③破産者（破産者が法人の場合には清算人）による残余財産の分配を行うという選択肢がありうる。①の方法をとるのは、配当に充てることのできる相当の財産があるといえるときに限られる。破産手続終結後に発見された財産が追加配当に充てられるかについては争いがある。

　追加配当は、破産管財人が、裁判所の許可の後、最後配当、簡易配当または同意配当について作成した配当表に基づき、遅滞なく追加配当の手続に参加することができる破産債権者に対する配当額を定め、当該債権者に通知して行う（破215 I III～V）。追加配当がなされると、破産管財人は遅滞なく裁判所に書面による計算報告を行う（同VI）。

VII　本件事案について

　本件事案の破産会社㈲A商店の破産管財人N田N男は、一定の書類を提出した上で裁判所との打合せを行っている。提出された書類のうち、本書記録篇には財産目録(48)、収支計算書(47)を掲げた。債権認否表(49)、公租公課一覧表(50)、寄託先銀行の預金通帳写し（記録篇では省略）も提出されている。管財人の報酬額は200万円とすること（(47)支出の部19）、簡易配当を行うことなどについて話し合われた。

　打合せに従い、平成20年4月17日付けで簡易配当許可申請がなされた

(51)。配当可能金額が365万円しかないためである（(56)の1参照）。申請に際して、配当表（(53)）、収支計算書（(52)）、寄託先銀行の預金通帳写し（記録省略）、債権調査後の債権額等変更の一覧表（(54)）、配当率算出メモ（(55)）が提出されている。

債権額等変更の一覧表は、債権者番号12番の手形債権者㈱ＡＫ（(49)）が全額について届出を取り下げたことを示している。保証人からの全額弁済がなされたためである。この書面は破産債権者表と一体をなすものである。収支報告書は支出の部19〜21が加わっている分、打合せの際の収支計算書と異なっている。預金通帳では、管財人報酬200万円が引き出されている。

配当通知（(56)）には、配当可能金額のほか、配当に加入することのできる債権の総額、配当見込額、配当金振込実施予定日のほか、必要書類、その提出期限が記載されている。

通知は平成20年4月18日（金）に行われているので、その通知が到達したとみなされる翌週水曜日は4月23日となる。したがって、除斥期間はそこから計算して1週間後の4月29日（火）までとなり、その旨、通知にも記載されている（(56)の1番目の※）。そのほか、異議等のある破産債権者、停止条件付債権の債権者、別除権者に除斥期間内に一定事項を証明しないと配当から除斥されてしまう旨の注意事項も記載されている（(56)の2番目以降の※）。

簡易配当の場合には、配当の通知のほかに確定した配当額の通知を改めて行うことはしないから、簡易配当の通知と一緒に振込送金依頼書（(57)）が送付されている。計算上の配当額が300円未満で配当金がない者に対しては、その旨の通知がされている（(58)）。配当金額が661円（300円以上1,000円未満）の債権者に対して、その希望により郵便切手での送付がなされている（記録省略）。手形・小切手については、原本を送付するよう通知されている（(56)の6②）。

配当通知後にも、平成20年4月24日付けの文書に基づく債権調査後の債権額等変更一覧表が提出されている（(59)）。これは、債権者番号2番のＥ信用金庫（(53)）の貸付債権等の一部をＡＤ信用保証協会が代位弁済したこと

により、それを当該信用保証協会が取得し、その部分について債権者が変更したことに伴うものである。無論、この書類も破産債権者表と一体をなすものである。

除斥期間経過後さらに1週間の配当表に対する異議申立期間が経過した平成20年5月6日より後の5月16日が配当金振込実施予定日とされていたが（(56)の5）、実際には、16日と19日の両日に振込みが行われ、その旨の平成20年5月21日付けの配当実施報告書（(60)）が裁判所に提出されている。振込みは、債権者から返送された振込送金依頼書記載の口座（(61)）に振り込んで行われる。優先的破産債権である労働保険料債権が2,585,548円あり（(50)）、これについては全額支払がなされている（(62)）。債権者番号38番の債権者ＢＺ㈱は、同社が有する104,226円の配当金（(53)）を放棄したため、破産財団に同額の余剰金が発生している（(63)(64)）。

配当金の放棄は配当表に対する異議申立期間経過後の平成20年5月16日付けでなされているが、10万円程度では配当に充てることができる相当な財産とはいえないので、放棄によって生じた余剰金は、追加の管財人報酬に回された（(52)と(65)のそれぞれの支出の部22を対比）。この点をも含めた収支計算書（(65)）、寄託先銀行の預金通帳写し（記録省略。預金口座は解約されている）が提出されて破産管財人の任務終了による債権者集会が行われ、破産終結決定がなされた（(66)）。

第3部　民事再生

第6章　民事再生の申立て

I　再生手続の開始に至るまで

1　総　　説

　再生手続開始申立てに向けた活動は債務者から弁護士への相談から始まる。第1章で指摘されたことなどを考慮しつつ、手続開始原因である事実の存否、債務者についての事業の再生の見通しなどについて検討した上、債務者について再生手続開始の申立てをすることを決意するに至った弁護士は、申立てのために様々な準備をしなければならない。その際、各地の裁判所では、申立てから認可決定に至る手続の標準的な進行スケジュールを策定して公表しているから①、これを念頭に置くことが必要である。このようなスケジュールの策定・公表の目的は、手続の迅速性・透明性を確保し、再生債権者等の関係人に対して手続の進行に関する予測可能性を与えることにある。この標準スケジュールに従っても、再生手続の開始申立てから再生計画の認可決定の確定までは、甲地裁の場合6ヶ月ほどを要するので、この間の資金繰りについて綿密な計画を立てる必要がある⑯。再生債権は再生手続の開始とともに弁済が禁止されるが、労働債権や公租公課、再生手続中の取引債務等については支払を続ける必要があるので、これを見込んで資金繰りが可能であるかを検討する必要がある。予納金や事業継続に必要不可欠な財産上の担保権を外すための資金のことなども考えなければならない。また、東京地裁（破産・民再実務（下）33頁〔髙久洋子〕）や横浜地裁では、申立て前に「再生事件連絡メモ（法人・個人兼用）」に必要事項を記載して、破産再生部の再生係書記官宛てにファクシミリで送信することが求められる。裁判所によっては、裁判官との事前相談をする運用もある。これらによって、裁判所に事件の規模や保全処分の要否・必要とする場合の内容等が伝え

られる。その後直ちに、裁判所は監督委員候補者を選任し、候補者の意思を確認後、申立人に通知する。連絡メモの送信は遅くとも申立て日の3日前までにすることが望ましいとされており、申立て日ないしその後2日のうちには監督命令（21）と弁済禁止の保全処分（20）が発令され、裁判所で監督委員および申立代理人による顔合わせのための打合せの会合（進行協議期日）が持たれる。申立てに際しては、代表者印・手形帳・売掛元帳などの重要な書類を、当面申立代理人が預かるようにし、製品・原材料等については、従業員や労働組合の協力を得たり、必要であれば警備会社に依頼するなどして資産保全を図らなければならない。また進行協議期日の後、債権者説明会が開催され、再生債務者から申立てに至った事情、再生計画の方向性などが債権者に対して説明される（24 25）。他方、監督委員には選任と同時に手続開始原因たる事実や申立棄却事由たる事実の存否について調査し、それに基づく手続開始の当否について意見を述べることが求められるが、やがて、その意見書の提出期限が到来する。意見書の提出を受け、第1回打合せ期日が開かれる。主要な債権者が手続の開始に反対せず、特段の問題がなければ、即日、または近接した日に開始決定がなされる（42）。

このようにして開始決定に至るが、以上のうちより詳しい説明を要する事柄や、そのような事柄との関連で触れておいた方がよいと思われることについて、以下Ⅰ2～5・Ⅱで解説する。

2　手続開始要件

通常の再生手続は、中小企業や株式会社以外の法人にとって利用しやすい再建型手続として立法されたものであるが、法律上は適用対象に限定はない。したがって、すべての自然人および法人が対象となりうる。

再生手続が開始されるためには、開始原因たる事実が存在しなければならない。開始原因は、①破産の原因たる事実の生ずるおそれのあること（民再21 Ⅰ前段）または②事業の継続に著しい支障を来すことなく弁済期にある債務を弁済できないこと（民再21 Ⅰ後段、2 第2）である。前者が一般的な開始原因であり、後者は債務者が事業者である場合にのみ適用があるが、これ

は、資金繰りが悪化して、このままでは事業継続が不可能になるような経済状態を指している。廃止された和議については破産原因たる事実が生じていなければ手続を開始しえず、それでは再建のためには遅すぎるとの批判があったところであるが、①では破産原因たる事実に関してその生ずる「おそれ」があればよく、②ではそれよりもさらに早い段階で手続を開始しうることとしている。これらによって、より早く、できるだけ傷の浅いうちに手続を開始し、事業・生活の再生という法の目的（民再1）を達成しうるように配慮しているのである。

開始原因たる事実が存在しても、以下の場合には裁判所は申立てを棄却しなければならない（民再25）。すなわち、①費用の予納（民再24）がない場合、②裁判所に破産手続または特別清算手続が係属し、その手続によることが債権者の一般の利益に適合するとき、③再生計画案の作成もしくは可決の見込みまたは再生計画の認可の見込みがないことが明らかであるとき、④不当な目的で再生手続開始の申立てがされたとき、その他申立てが誠実にされたものでないとき、である。②は清算価値保障原則を基礎としており、更生手続を除き、原則としては再生手続の方が優先するとされているが（民再39参照）、破産手続や特別清算手続によった方が債権者への配当が多い場合には、そちらの手続によるという意味である。③は、旧会更法38条5号が「更生の見込みがないとき」を手続開始の障害事由としていたために、むしろ更生の見込みがあることを積極的に要求する運用がなされ、そのため開始までに時間を要していた弊害を除去するために、手続的な内容に改めたものである（新会更41Ⅰ③もこれにならう）。④は、真に再生を目指す意思がない場合を意味し、債権者の追及を一時的に免れるためにする申立てが典型例である。

3　手続開始の申立て

再生手続の開始は職権によることは認められておらず、必ず申立てが必要である。申立ては管轄裁判所になされなければならないが、管轄と移送に関しては、ほぼ破産手続に関してと同趣旨の規定が置かれている（民再5・7。

第2章Ⅱ2(3)参照。破産の方が再生手続に関する規定にならった)。申立権者は債務者と債権者であるが、債務者である場合が大部分であり、かつほぼ例外なく弁護士が申立代理人として付いている。債権者は民再法21条前段の開始原因に関してのみ、申立権を有する（民再21）。同条後段の開始原因に関して債権者の申立権が認められていないのは、この開始原因は早期の倒産状態を意味するから、債権者に申立権を認めるほどには財産状態は悪化しておらず、なお債務者の自主的な再建の努力を見守るべきであり、この段階で債権者申立てを認めると濫用のおそれもあるとの理由による。

申立ては書面によらなければならず（民再規2Ⅰ。申立書の記載事項につき民再規12・13、添付書類につき民再規14参照。②～⑯)、開始原因たる事実を疎明しなければならない（民再23Ⅰ）。債権者申立てのときは、自己の債権の存在の疎明も必要である（同Ⅱ）。さらに、債務者申立てか債権者申立てかにかかわらず、手続費用の予納も要求される（民再24）。

裁判所は、手続開始の申立てについての決定をする前に労働組合等の意見聴取をしなければならない（民再24の2）。申立棄却事由（民再25③④）との関係で、労働組合等の協力がなければ再生債務者が事業を継続することは困難と思われるし、労働組合等は誠実な申立てか否かについての情報を持っていると思われるからである。ただし、申立てを棄却すべきことが明らかなとき（費用の予納がないなど）、逆に開始決定をすべきことが明らかなとき（親子会社の一方について再生手続が開始されており、その審理の際に他方についての事情も明らかになっている場合など）には意見聴取は不要である。

4　手続開始前の保全処分

再生手続においては、債務者の効果的な再生のために、他の倒産手続（特に破産手続）にも増して、手続開始申立てから開始決定に至るまでの間に生じうる不都合に対処するための保全処分の必要性が高い。そこで、民事再生法は、従来に比べて保全処分を著しく強化したが、その後、他の手続の方が再生手続にならっている（破産手続について、第2章Ⅱ4(2)参照）。すなわち、他の手続の中止命令（民再26）、包括的禁止命令（民再27）、その個別的解除

（民再29）、仮差押え・仮処分その他の保全処分（民再30）、保全管理命令（民再79～83）や保全処分後の手続開始申立ての取下げの制限（民再32）に関しては、他の手続についても同趣旨の規定がある。このうちの仮差押え・仮処分その他の保全処分に関する規定は従来からあるものであるが、その保全処分の一環として弁済禁止の保全処分がある ⑳。もっとも、これに関してはかつては不適法説もなかったわけではないが、弁済を強く迫る債権者に対する防波堤としての意味や、手形が不渡りになっても銀行取引停止処分を免れるというメリットがあるところから ㉒ 実務上広く利用されており、民事再生法はこれが許されることを前提とした規定を置いている（民再30Ⅵ）。

　以上に対し、担保権の中止命令（民再31）と監督命令（民再54～61）の制度は再生手続（およびこれにならった特別清算手続）に特徴的なものであるが、両者とも手続開始後の段階においても問題となる。そこで、前者に関しては手続開始後においてのみ問題となる担保権の処遇に関わる他の制度（担保権の消滅許可。民再148以下）とともに後で説明することとし（第7章Ⅴ2(3)）、手続開始前後を跨いで利用されることの多い後者についてのみ、他の再生手続の機関と併せてⅡで説明する。

5　共益債権化

　手続開始申立て後開始決定前において事業を継続しようとしても、取引相手は現金取引にしか応じてくれなくなることが多いであろうから、それを見込んでの資金繰り計画を立てる必要がある。しかし、取引によって生じた相手方の請求権が共益債権となるならば、それは再生債権に先立って、再生手続によらずに随時弁済されるので（民再121ⅠⅡ）、相手方が信用取引に応じてくれる可能性が高まって再生債務者の資金繰りに余裕が生じうる。そこで、手続開始前の再生債務者の事業継続を容易にするため、裁判所は、資金の借入れ、原材料の購入その他再生債務者の事業の再生のために欠くことのできない行為によって生ずべき相手方の請求権を共益債権とする旨の許可をすることができるとされている（民再120Ⅰ）。監督委員に対し、この許可に代わる承認をする旨の権限を付与することもできる（同Ⅱ）。東京地裁（破

解説篇　第3部　民事再生

産・民再の実務（下）218頁〔松井洋〕）や横浜地裁では、全件で監督委員にこの権限を付与している（㉑の3）。承認は、書面でなされることが多いが、口頭での承認も認められ、また、時期についても、開始決定後の承認も可能であるというように、弾力的な運用がなされているようである。

II　手続機関

1　総　　説

　再生手続の適用対象には限定がないため多様な債務者が開始決定を受けることに対応し、再生手続上の機関は任意的とされている。すなわち、破産手続のように管理命令を発して管財人（民再64〜66）を置く管理型の手続はむしろ稀であって（そもそも再生債務者が法人でなければ管理命令の可能性はない〔民再64Ⅰ括弧書〕。大阪地裁では多少はあるようであるが、東京地裁〔座談会「倒産法全面改正後の実情と問題点」ジュリ1349号26頁以下〕や横浜地裁ではごく稀なようである）、手続開始決定後も、原則として、再生債務者は業務執行権・財産管理処分権を失わないこととされており（民再38Ⅰ）、これをDIP型の手続という（Debtor in Possessionの頭文字をとった略称である）。もっとも、再生債務者の監督を裁判所のみに委ねてしまうのにも問題がありうるから、債権者の利益を守るために、多くの場合において申立て段階から監督委員という監督機関を設置する後見型の手続が取られている。手続機関としては、調査委員というものもある（民再62・63）。すなわち、裁判所が開始決定や認可決定の当否などを審査する際に、再生債務者本人による報告だけでは不十分な場合、監督委員、管財人が選任されている場合でも公認会計士、税理士などの専門家による調査が必要と認めれば、手続開始の申立て以後、調査委員による調査を命ずる処分（調査命令）を行うことができる（民再62Ⅰ）。しかし、実際上はほとんどの事件において監督委員が選任され、その監督委員も調査権限を有するので、債権者申立て事件（この場合は開始原因の存在は必ずしも明らかでないが、監督委員を選任してその調査をさせることとすると、監督命令発令の事実が商業登記簿や官報に登載されて〔民再11Ⅱ・54Ⅰ〕再生債務者の信用を害するおそれがあるので、調査委員による調査が選択

される。破産・民再の実務（下）181頁以下〔中山孝雄〕）を除いては、この制度もあまり利用されていない。そこで、利用されることの少ない管財人と保全管理人および調査委員を除いて、それ以外の手続機関について述べれば以下のようになる。

2 再生債務者

再生手続開始の申立てがなされ、再生手続開始決定がされ、あるいは再生計画が遂行されている債務者を再生債務者という（民再2Ⅰ。なお、管財人が選任されていない場合の再生債務者と、それが選任されている場合の管財人を併せて再生債務者等という。同Ⅱ）。再生債務者が手続開始決定後に業務執行権・財産管理処分権を失わないこととされても、業務執行権・財産管理処分権の行使や再生手続の追行について再生債権者に対し公平誠実義務を負うとされている（民再38Ⅱ）。これは、手続開始決定により、再生債務者財産に関する管理処分権や業務執行権は再生債権者全体の利益のために行使されるという制約を受けたものに変容することの反映であり、再生債務者は再生手続上の機関であると言える。再生債務者の権限を代理行使する申立代理人も機関に準ずると考えなければならない。再生債務者は裁判所の直接の監督に服し、一定の行為をするには裁判所の許可や監督委員の同意を得ることを要する旨の条件を付し得ること（民再41Ⅰ・42・54ⅠⅡ・125ⅠⅡ等）も、このことを背景に理解しうる。

3 監督委員

裁判所が指定した一定の行為に関する同意権限を行使して、再生債務者の事業と手続の遂行を監督する機関を監督委員という。裁判所は、手続開始の申立て以後、必要があると認めるときは、監督委員による監督を命ずる処分を行うことができる（民再54Ⅰ。[21]）。

保全処分では不十分な場合、再生手続開始後の裁判所の監督では不十分な場合などに、再生債務者が行う一定の範囲の行為の適否を判断することが監督委員の主要な任務である（同ⅡⅣ）。判断の対象となる行為は裁判所が指定

するが（同Ⅱ）、指定にあたっては、民再法41条1項に列挙された行為が参考にされよう。監督委員は裁判所が監督し、解任も可能である（民再57）。

　監督委員の権限としては、業務・財産の状況等の調査権限も重要である。すなわち、監督委員は、再生債務者、その代理人、再生債務者が法人である場合のその理事、取締役、執行役、監事、監査役および清算人（これらに準ずる者を含む）に対して、再生債務者の業務・財産状況について報告を求め、帳簿その他の物件を調査することができ、また、子会社・連結子会社、孫会社に対して、その業務・財産状況について報告を求め、帳簿その他の物件を調査することができる（民再59。報告拒絶等の場合の罰則につき、民再258）。調査結果は裁判所に報告しなければならない（民再125Ⅲ）。

　そのほか、裁判所による権限付与に基づいて否認権を行使し（民再56）、再生計画の履行の監督を行うという職責も負う（民再186Ⅱ・188Ⅱ）。

　監督委員には、弁護士が選任されるのが通常であるが、公認会計士が選任される例もあり、弁護士を監督委員としたときは、公認会計士を補助者として起用することもある。

4　債権者集会・債権者委員会

　従来から、倒産手続においては、裁判所の積極的・後見的な介入によって手続の適正が確保されてきたが、そもそもが倒産手続は債権者の債権の満足を図ることを重要な目的の一つとしているから、その意向は手続を進める上での重要な要素となるはずである。ところが、従来の破産手続ではその意向を反映させるための機関である債権者集会が形骸化していたので、民事再生法は債権者集会を任意化し、それとは別個に債権者委員会制度を採用した（その後の破産や会社更生手続においても同様の仕組みを採用している）。

　債権者集会は、裁判所が主宰して（民再116）、再生債務者の業務・財産管理に関する意見を聴取したり、再生計画案の決議を行ったりする任意的な機関であり、その主なものは、財産評定等が終わった段階で、再生債務者の財産状況について再生債権者に報告するための財産状況報告集会（民再126）と再生計画案決議のための債権者集会である（民再169Ⅱ①③）。しかし、債権

第6章　民事再生の申立て

者集会の招集、実施のためには大きな手間や費用（民再115・116参照）がかかるため、前者の債権者集会は実務上あまり開催されることはない。この債権者集会は、再生債務者等から、再生手続開始に至った事情、再生債務者の業務・財産に関する経過・現状、役員の財産に対する保全処分・査定の裁判を必要とする事情の有無等について報告がなされる（民再126Ⅰ・125Ⅰ）など、情報提供を主たる目的としているが、代わりに裁判所ではなく、再生債務者等が開催する債権者説明会（民再規61）が開催されるのが通例である（㉔㉕）。手続開始申立てをすると関係者間に不安が生じ、優良な取引先、顧客、従業員を失うおそれが発生するが、そうなっては、事業の価値は著しく劣化して事業の再生は困難となる。そこで、このような事態を回避するためには、再生の道筋を早期に示す必要があるので、再生手続の申立て直後・開始前の段階で債権者説明会を開催し、債権者に対して情報提供をするとともに、監督委員の出席も受け、債権者から監督委員に対する情報提供もなされる。以上に対し、再生計画案決議のための債権者集会は、実務上も開催されることが多い。

　他方、債権者委員会は、再生債権者をもって構成する委員会で、一定の要件を満たしたものに裁判所が承認を与え（民再117Ⅰ）、承認を得た債権者委員会は、一定の範囲内（民再117ⅡⅢ・42Ⅱ・114・154Ⅱ・118〜118の3）で手続に関与するというものであるが、期待に反して、実際上あまり活用されていない。

Ⅲ　本件事案について

　本件事案の再生債務者㈱A産業は、主として、電子電気機器類のプリント基盤作成の専用ドリルの研磨によって、当該ドリルのリサイクルを行っている株式会社である。㈱A産業は、同業他社である㈱F工業に振り出した530万円余の約束手形の決済資金の振込みをその会社から受けることができずに不渡りを出してしまい、これをきっかけに資金繰りが急激に悪化した。しかし、㈱A産業は、同種業者の中では中堅の業者であり、顧客本位のサービスと技術力の高さからシェアは拡大しており、また主要な取引先である㈱Hか

解説篇　第3部　民事再生

らの受注が継続しており、㈱Hは㈱A産業との取引を継続することを望んでいる等の事情がある。こういったことを背景に、㈱A産業から相談を受けた代理人弁護士C田C夫ら（委任状として③）は再生手続開始の申立てをすることを決意するに至った。

　本件の申立てを受けた甲地裁においても、標準スケジュールが策定・公表されている。これによると、申立てから開始決定まで4週間、再生計画案（草案）提出期限まで16週間、認否決定までは24週間とされているが、本件事案においても、再生計画案（草案）提出までは、ほぼスケジュールどおりに手続が進められている（⓵）。なお、東京地裁の標準スケジュールでは開始決定まで1週間、再生計画案（草案）提出期限まで2ヶ月、認否決定まで5ヶ月（破産・再生の実務（下）7頁〔西謙二＝小河原寧〕）、横浜地裁のそれではそれぞれ2週間、10週間、20週間となっているのに比べると、甲地裁ではやや進行が遅くなっている。このように、各地の裁判所で多少手続上の取扱いが異なることがあるし、同一の裁判所でも、時期によって取扱いが改定されることもある。

　申立て日は平成17年1月6日である。申立代理人は、申立て受理後直ちに、その旨などを告示する告示書を再生債務者の営業所に掲示して財産保全のための措置をとっている（⑲）。申立書（②）には、必要的記載事項として、①申立人の氏名または名称および住所並びに法定代理人の氏名および住所（申立書冒頭）、②再生債務者の氏名または名称および住所並びに法定代理人の氏名および住所（申立書冒頭）、③申立ての趣旨（申立書第1）、④再生手続開始の原因となる事実（申立書第2）、⑤再生計画案作成の方針についての申立人の意見を記載しなければならず（民再規12Ⅰ）、この記載は、できる限り、予想される再生債権者の権利の変更の内容および利害関係人の協力の見込みを明らかにしてしなければならない（同Ⅱ。申立書第9）。⑤の記載が要求されるのは、申立て段階で再生計画案を示すことを求めているのではなく、裁判所が事件の見通しを把握して申立てに対する審理の資料にするためである。また、申立書には任意的記載事項として、①再生債務者が法人であるときはその概要（申立書第3）、②事業を行っているときは事業内容（申立書

第6章　民事再生の申立て

第3)、③資産・負債その他の財産の状況（申立書第4)、④開始原因となる事実が生ずるに至った事情（申立書第2)、⑤財産に対してなされている他の手続（申立書第5)、⑥労働組合の状況（申立書第6)、⑦社債管理者があるときはその商号、⑧外国倒産手続があるときはその旨（申立書第7)、⑨再生債務者が法人であるときに法人の設立・事業に関する許可官庁（申立書第8)、⑩申立人または代理人の郵便番号・電話番号（申立書冒頭）の記載が求められる（民再規13 I）。さらに、添付書類として、①再生債務者が個人であるときは住民票の写し、②法人であるときは定款・寄付行為および登記事項証明書（甲第1号証・第12号証。記録篇では省略)、③債権者の住所・氏名、債権・担保権の内容や債権額等を記載した債権者一覧表（甲第3号証。4～9。別除権付債権者、リース債権者、租税等債権者、従業員関係、手形債権者、その他の一般債権者等に分けて記載するのが通常である)、④再生債務者の財産目録（甲第6号証。10～13。記録篇では一部省略)、⑤申立て日の前3年以内に法令の規定に基づいて作成された再生債務者の貸借対照表・損益計算書（甲第4号証。記録篇では省略)、⑥再生債務者が事業を行っているときは申立て日前1年間の資金繰り実績表（甲第8号証。14 15）および申立て日から6月間の資金繰り予定表（甲第9号証。16)、⑦それがあれば労働協約・就業規則の添付が要求され（民再規14 I)、必要であれば、⑧再生債務者財産に属する権利で登記・登録があるものについての登記事項証明書等の提出が要求されることがある（同Ⅱ)。本件事案においても、申立書にはそれぞれ所定の事項が記載され、あるいは所定の書類が添付されている。なお、甲第1号証は申立てがA産業の取締役会決議に基づくことを示すために、甲第5号証と第10号証はA産業の事業内容を具体的に示すために、甲第7号証は資産・負債その他の財産の状況を示すこととの関係で添付されているものである（いずれも記録篇では省略)。

　迅速な発令を得るために、弁済および担保提供禁止の保全処分の申立書も再生手続の申立書と同時に、その添付書類として提出されており（2 17)、実際、申立て日の翌日には当該保全処分は発令されている（20)。ただし、弁済等が禁止される債務のうちから一定のものを除いて、当面の事業の継続に支障のないようにしている。除かれている債務に対応した債権は、再生手

93

続開始後は共益債権、一般優先債権、少額債権等として再生計画によらずに弁済されることが予定されている債権である。申立代理人によって、手形の不渡りによる銀行取引停止処分を免れるためという弁済禁止保全処分の重要な目的を達成するための配慮もなされている（⑱㉒㉓）。A産業はドリル研磨加工のために必要な多数の機械・工具類や事務機器をリースによって調達している。そこで事業の継続・再生のためにはそれらの機械等のリースを継続することが不可欠であり、リース債権者の協力を得るためにリース料債権も弁済等の禁止から除外されており、後述の債権者説明会においてはそれらの債権者に対する特段の申入れもなされている（㉝）。

　本件事案も後見型の手続であり、弁済禁止等の保全処分と同時に監督命令が発令されている。そこにおいては、監督委員として弁護士K山K之が選任されており、その監督委員に、取引によって生じた相手方の請求権を共益債権とする旨の裁判所の許可に代わる承認の権限と、再生債務者が一定の行為をすることについての同意権限が付与されている（㉑）。

　申立てから2週間後、開始前の段階で再生債務者（申立代理人C田ら）によって債権者説明会が開催されている（㉔㉕）。この債権者説明会では、本件再生手続の進行見込みを含んだ手続の概要を示した民事再生手続についての説明書（㉖）、弁済禁止等の保全処分（写し。⑳）、監督命令（写し。㉑）、清算貸借対照表（㉗）、資金繰り実績表（㉘）、資金繰り予定表（㉙）、少額債権者への弁済についてと題する書面（㉚）、弁済依頼書（㉛）の各文書が配布されて、再生債務者代表者B野B一の挨拶の後、申立書記載内容と今後の手続等の見込みに関して申立代理人C田らから説明がなされ（㉕）、そのような債権者説明会の状況に関してC田らから裁判所に対して報告がなされている（㉜）。

　なお、再生債権については、手続開始決定後は、再生計画によらなければ弁済などをすることができないのが原則であるが（民再85 I）、その例外の一つとして、少額の再生債権を早期に弁済することにより再生手続を円滑に進行することができるときは、裁判所は再生債務者等の申立てによりその弁済を許可することができる（同V）。少額の再生債権者が多いと、債権者集会

第6章　民事再生の申立て

の期日への呼出し（民再 115 I 本文）等の手続上の負担が大きくなったり、再生計画案の立案その他の再生手続の円滑な進行にも妨げになったりすることも多いので、これらの手続上の負担を削減することを可能としたのである。「少額」の範囲は 10 万円以下とされるのが通常であるが、事件の規模や再生債務者の資力によってそれ以下のことも以上のこともある（以上については、第 7 章Ⅳ 1 も参照）。本件事案においても 10 万円以下を少額債権として、債権者説明会において、そのような債権に関しては（それ以上の債権でも 10 万円を超える部分を放棄すれば）再生計画によらずに弁済がなされる旨が説明され、弁済依頼書の書式が配布されている㉚㉛。また、滞納租税の一部のために、債権者説明会前日に㈱Hに対するドリル研磨請負代金債権が滞納処分によって差し押さえられている㉞。

第7章　再生手続開始決定と開始後の手続

I　再生手続開始決定

1　再生手続開始の手続

再生手続開始の積極的要件は、手続開始原因（民再21）の存在であり、消極的要件は、申立棄却事由（民再25）の不存在である。裁判所は、手続開始原因の証明があったときは、申立棄却事由が認められる場合を除いて（債権者申立ての場合にはその債権の存在の疎明も必要となる）、再生手続開始の決定をしなければならない（民再33 I。詳しくは、第6章 I 2参照。㊷）。裁判所は、開始決定と同時に、債権届出期間と債権調査期間を定め（民再34 I）、これを開始決定主文とともに公告し、さらに知れている再生債権者等に通知しなければならない（民再35。㊸。ただし、民再34 II）。

2　再生手続開始の効果
(1)　再生債権者に対する効果

再生手続が開始すると、法に特別の定めがある場合を除いて、再生計画によらなければ、弁済をしたり、弁済を受けたり、その他再生債権を消滅させる行為（免除を除く）をすることができなくなる（民再85 I）。再生手続開始の効果として、再生債権者は、個別的な権利行使が禁止されることになる（弁済禁止の例外については、本章IV参照）。

(2)　再生債務者に対する効果

再生債務者は、再生手続開始後も、事業を遂行し、財産を管理・処分することができるが、一定の重要な行為については、再生債権者等の利益を保護するために、裁判所の許可が必要となる。許可を要する行為であるかどうかは、裁判所の裁量に委ねられているが、実務上は、監督命令において監督委員の同意を要する行為として、これらの行為が定められることが多いようである（㉑。以上の点については、第6章 II 2・3も参照）。なお、裁判所の許可

を要する行為であるのに、許可を得ないでした再生債務者の行為は無効であるが、その無効をもって善意の第三者には対抗することができない（民再 41 Ⅱ）。

　財産の処分については、許可を要する行為か否かを裁判所の裁量にかからせているが（同Ⅰ①）、例外として、再生債務者の営業または事業の全部または重要な一部の譲渡については、必ず裁判所の許可が必要である（民再 42 Ⅰ。本章Ⅴ3参照）。

　許可（同意）を得れば、再生手続が DIP 型の手続であることを反映し、再生債務者自身の法律行為は有効である。再生債務者に対して債務を負担する者も、再生債務者自身に有効に弁済をすることができる。再生債務者の法律行為や弁済が再生手続との関係で無効となるのは、管理命令が発令されている場合に限る（民再 76）。再生手続開始自体によって対抗関係が生ずるかについては議論がある。もっとも、実務上は、第三者に不動産を売却し、移転登記未了の間に手続開始決定を受けた再生債務者が買主に対して登記の欠缺を主張したような事例は皆無といってよいと言われている（破産・民再の実務（下）120 頁〔小河原寧〕）。

(3)　他の手続に対する効果

　再生手続開始決定があったときは、破産手続や、再生債務者の財産に対する再生債権に基づく強制執行手続は中止され、特別清算手続はその効力を失う（民再 39 Ⅰ）。また、再生手続開始決定があると、再生債務者の財産関係の訴訟手続のうち、再生債権に関するものは中断する（民再 40）。再生債権者が提起した債権者代位訴訟、債権者取消訴訟、破産法による否認訴訟も中断する（民再 40 の 2）。再生債権に関する訴訟手続以外の再生債務者の財産関係の訴訟手続で再生債務者を当事者とするものは、管理命令が発せられて初めて中断する（民再 67 Ⅱ）。再生手続が DIP 型の手続であることによる。

II 再生債務者をめぐる債権の種類

1 再生債権
(1) 意　義

　再生債権とは、再生手続に参加し（民再86 I）、再生計画による権利変更の対象となり（民再154・155・178・179等）、再生計画の遂行（民再186 I）によって、満足を受ける地位を意味する。破産手続における破産債権に該当するものであるが、一般の優先権がある債権が再生債権とならないこと、劣後的破産債権に相当する劣後的再生債権というものが認められず、その一部が開始後債権となること、債権の現在化や金銭化の効力が生じないなどという点で、破産債権とは異なる。また、手続外で満足を受けることが禁止され（民再85 I）、再生計画による権利変更の対象となる点で、共益債権・一般優先債権・開始後債権と区別される。

　再生債権とされるのは、原則として、再生債務者に対する再生手続開始前の原因に基づいて生じた財産上の請求権（民再84 I）である。その要件としては、①再生債務者に対する人的請求権であり、再生債務者の一般財産を引当てとし、②再生手続開始前の原因に基づくものであること、③財産上の請求権であること、④強制執行が可能な債権であることがあげられる。

　また、再生手続開始後の原因に基づいた債権であっても再生債権とされるものがある（同II）。具体的には、①再生手続開始決定後の利息の請求権、②再生手続開始決定後の不履行による損害賠償および違約金の請求権、③再生手続参加の費用の請求権である。これらが再生債権とされるのは、再生計画の内容および再生計画案についての決議の際の組分けを簡素化するという目的によるものである。もっとも、議決権が否定され（民再87 II）、計画における劣後的取扱いが許容されていること（民再155 Iただし書）に鑑みると、実質的には劣後的な地位に置かれているといえる。

　さらに、再生手続開始前の原因に基づく請求権ではないが、個別の規定によって、再生債権とされるものがある。たとえば、①為替手形の振出人について再生手続が開始した場合に、支払人などが善意で引受けまたは支払った

場合に生じる求償権（民再 46 Ⅰ）、②双務契約解除時の損害賠償請求権（民再 49 Ⅴ、破 54 Ⅰ）などである。

(2) 再生手続における地位

再生債権は、再生手続に参加できる地位であり、その反面として、再生債務者財産に対する強制執行の禁止や中止・失効（民再 39 Ⅰ Ⅱ）、および、弁済等によって再生債権を消滅させる行為の禁止（民再 85 Ⅰ）などといった規制が課されることになる。再生債権は、再生計画の定めに従った権利内容の変更を経て、弁済を受けることが原則であるが（民再 179 Ⅱ）、一定の場合には、再生計画によらない弁済が許容されている（本章Ⅳ参照）。再生債務者は、再生計画の定めまたは民事再生法の規定によって認められた権利を除いて、すべての再生債権について、その責任を免れることになる（民再 178）。この効果は、当該再生債権者が再生手続に参加したか否かに関係なく、生じることになる。

(3) 再生債権の順位

再生債権は、一般の再生債権と約定劣後再生債権に区別される。破産債権が、優先的破産債権、一般の破産債権、劣後的破産債権、約定劣後破産債権という4種類に区別されるのとは異なる。

再生債権は、議決権に関しては、金銭化された債権額に比例して平等に扱われ（民再 87 Ⅰ）、再生計画による権利変更に際しても平等に扱われるのが、原則である（民再 155 Ⅰ本文）。

約定劣後再生債権は、劣後債の取扱いに関する合理的な規律を定めることを目的として、平成 16 年の法改正によって新設されたものである（民再 35 Ⅳ括弧書）。約定劣後再生債権については、再生計画において、一般の再生債権との間に公正かつ衡平な差を設けなければならない。もっとも、再生債務者財産による分配に関与しうる地位であるため、議決権は認められるが、一般の再生債権とは別の組に分かれて、再生計画案の可否が問われることになる（民再 172 の 3 Ⅱ）。ただし、再生債務者財産が債務超過の状態にあるとき

は、約定劣後再生債権者は、議決権を有しない（民再87Ⅲ）。

2 共益債権

　共益債権とは、再生手続を遂行し、再生の目的を実現するために、再生債権者が共同で負担しなければならない費用としての性質を有する債権であり、破産手続における財団債権に対応するものである。
　ある債権が共益債権とされることの意義は、①再生債権に対する優先性（民再121Ⅱ）が認められること、②随時弁済（同Ⅰ）が認められることにある。また、破産手続とは異なり、再生手続開始決定の効力によって、共益債権に基づく強制執行などが禁止・中止されることはなく、裁判所の命令による中止や取消しの可能性があるのみである（同Ⅲ）。共益債権とされる実質的根拠は、共益債権の種類に応じて、①再生債権者全体の利益と②政策的判断に求められることになる。
　共益債権には民再法119条による一般の共益債権（52 56等）とそれ以外の条文を根拠とする特別の共益債権とがある。後者は、①相手方との公平の観点から共益債権とされたもの（民再49ⅣⅤ・50Ⅱ・51・120ⅢⅣ）と、②再生債務者の共同費用としての性質から共益債権とされたもの（民再39Ⅲ①〜③・67Ⅴ・40の2Ⅲ等）とに区別することができる。
　再生債務者が、再生手続開始申立て後手続開始前に、資金の借入れや原材料の購入その他再生債務者の事業の継続に欠くことができない行為をする場合にその行為から生ずる相手方の請求権は、裁判所の許可またはこれに代わる監督委員の承認を経て共益債権となる（民再120。65）。手続開始前の請求権ではあるが、再生債権としたのでは相手方から資金の借入れ等を受けるのは不可能ないし困難となってしまうので、借入れ等が事業価値の維持に貢献したことを考慮して共益債権とするものである（第6章Ⅰ5参照）。

3 一般優先債権

　一般優先債権とは、一般の先取特権その他の一般の優先権がある債権であって、共益債権以外の債権（民再122Ⅰ）であり、再生手続によらずに随

時弁済を受けるものである（同Ⅱ）。労働債権（民308。⑧59）と租税債権（税徴8。④）が代表例である。

4　開始後債権

開始後債権とは、再生手続開始後の原因に基づいて生じた財産上の請求権で、共益債権、一般優先債権、再生債権に該当しない債権（民再123Ⅰ）である。

開始後債権は、再生債務者財産を引当てとする債権でなく、また再生債権者全体の利益も観念できないため、再生計画による権利変更の対象とならない一方で、再生計画が定める弁済期間の満了までは弁済・強制執行は許されない（同ⅡⅢ）。弁済時期について、再生債権に劣後することになる。

Ⅲ　再生債権の届出・調査・確定

1　再生債権の届出

(1)　債権届出の必要性

再生債権者は、再生手続上認められている様々な権能（議決権、異議権や各種の申立権など）を行使するためには、再生債権者として、債権の届出をする必要がある（民再86Ⅰ）。再生債権の届出をすることによって、実体的側面としては、再生計画の定めに従って弁済を受けることができ、手続的側面として、再生計画案決議において議決権を行使することができることになる。

債権届出をしないと、再生債権として認められず、権利を喪失したり（民再178）、再生債権として認められても、弁済において劣後する（民再181Ⅰ③Ⅱ）などの不利益を受けることになる。また、議決権行使（民再170・171）や債権調査における異議申述（民再102Ⅰ）ができるのは、「届出」再生債権者のみである。

(2)　債権届出

債権届出期間は、裁判所によって、再生手続開始決定と同時に、定められ

解説篇　第3部　民事再生

る（民再34 I。㊷）。届出期間は、原則として、開始決定の日から2週間以上4月以下であり（民再規18 I①）、この期間は、裁判所によって公告されるとともに（民再35 I②）、原則として、再生債務者および知れている再生債権者等に対して通知される（民再35 Ⅲ①。㊸）。

再生債権の届出は、債権届出期間内にしなければならない（民再94 I）。債権届出期間経過に後れる提出は、責めに帰することができない事由によるものであり、かつ、その事由が消滅した後1ヶ月以内に限り、届出の追完が許容される（民再95 I）。もっとも、債権届出期間経過後に生じた再生債権（民再49 Ⅴ等）については、その権利の発生した後1月の不変期間に債権届出をすることができる（民再95 Ⅲ）。しかし、いずれの場合でも、再生計画案を決議に付する旨の決定（民再169 I）があった後は、届出の追完をすることはできない（民再95 Ⅳ）。

債権届出をする場合には、①民再法94条1項に規定されている届出事項と②民再規則31条1項に規定されている①の他に届出書に記載すべき事項を記載した届出書、および、③添付書類（民再規31 ⅢⅣ）を提出しなければならない（㊺㊻）。

また、別除権付債権については、別除権で回収できなかった部分のみが再生債権となる。そのため、債権届出にあたっては、別除権が実行されていない場合であっても、別除権の目的物件のほか、別除権で回収できない見込額（不足予定額）を記載して、更生債権額および議決権額を届け出なければならない（民再94 Ⅱ。不足額主義）。債権届出書における別除権の評価は、議決権額を定める方に重点がある。なお、東京高決平成14・3・15金法1679号34頁は、動産売買に基づく先取特権を有する別除権者が、民再法94条2項に規定する届出をせず、一般債権者としての届出をした場合であっても、別除権者として権利行使することができるとしている。

(3)　債権届出をしなかった債権者の地位

債権届出をしなかった場合に債権者は、異議権（民再102 I）および議決権（民再170 Ⅱ・171 I）を行使できないという手続的な不利益を被るととも

に、以下のような実体的な不利益も被ることになる。

債権届出をしなかったが、認否書に記載された場合（自認債権）には、異議がなければ確定し、再生債権者表に記載され、その記載は確定判決と同一の効力を有することになるが（民再180ⅡⅢ）、この場合にも議決権は認められない。

債権届出をせず、認否書にも記載されなかった場合で、債権者に帰責事由がないときには、再生計画における権利変更の一般的な基準に従って、権利変更され、再生計画に基づいて弁済を受けることができるが（民再181Ⅰ①）、再生債権者表に記載がないため、強制執行することはできない。もっとも、届出の追完をすることは認められる（民再95Ⅰ）。なお、債権届出をせず、認否書にも記載されなかった場合で、債権者に帰責事由があるときには、原則として、権利失効することになる（民再178。例外は民再181Ⅰ③参照）。

2　債権の調査
(1)　再生債権者表の記載事項に関する認否

届出を受けた裁判所の裁判所書記官は、届出があった再生債権および再生債務者等が自認する再生債権（民再101Ⅲ）について、再生債権者表を作成しなければならない（民再99Ⅰ）。再生債権者表の記載事項に関しては、届出債権について、財産の管理処分権の主体による認否と他の再生債権者による異議の申述の機会が保障される（民再100～103）。異議等がなければ、再生債権は確定することになる（民再104Ⅰ）。他方、異議等があった場合には、査定および査定結果に対する異議の訴え等を経て確定することになる（民再105～111）。

なお、確定された再生債権の実体的内容については、確定判決と同一の効力が発生する（民再104Ⅲ・111）。

再生債務者（管財人が選任されている場合には、管財人）は、再生債権者が裁判所に提出した債権届出に基づいて認否書を作成する(80)。認否書の記載事項は、届出の内容および認否（再生債権の内容についての認否と議決権の認否）の結果である。なお、届出のあった債権内容について不明の点がある

場合には、再生債務者等は、届出再生債権者に対して、証拠書類の送付を求めることができる（民再規37）。

再生債務者等は、再生債権者が届出しない再生債権についても、再生債権があることを知っている場合には、認否書に記載しなければならない（自認債権。民再101Ⅲ）。再生債務者等は、裁判所の定める期限までに、作成した認否書を裁判所に提出しなければならない（同Ⅴ）。認否書を提出しないと、再生手続廃止の決定がなされることがある（民再193Ⅰ③）。

(2) 債権調査期間

(ア) 一般調査期間　　再生手続における債権調査は、期日を開いて行われるのではなく、一般調査期間が設けられ（民再34、民再規18Ⅰ②、42）、この期間内に、裁判所に対して、認否書に記載された再生債権の内容や議決権について、書面で異議を述べるという方法で実施される（民再102）。再生債権者は、裁判所で、認否書の閲覧謄写をすることができる（民再16ⅠⅡ）。

(イ) 特別調査期間　　追完により届出があった再生債権や届出事項に変更のあった再生債権については、特別調査期間が設けられる（民再103Ⅰ）。特別調査に関する費用は、当該債権を有する債権者の負担となる（同Ⅱ）。

(ウ) 債権調査の結果　　再生債務者等が認め、かつ、他の再生債権者から異議がなければ、再生債権の内容と議決権額は、届出内容のとおりに確定する（民再104Ⅰ）。裁判所書記官は、調査結果を、再生債権者表に記載する。確認した再生債権については、この記載は、再生債権者の全員に対して確定判決と同様の効力を有することになる（同ⅡⅢ）。

(3) 異議の手続

(ア) 届出再生債権者からの異議　　届出債権者は、一般調査期間内に、裁判所に対して、書面で異議を述べることができる（民再102Ⅰ）。また、特別調査期間でも、特別調査期間に係る再生債権として認否書に記載された再生債権の内容と議決権について、裁判所に対して、書面で異議を述べることができる（民再103Ⅳ）。その書面には、「異議を述べる事項」と「異議の理由」と

が記載される（民再規39 I）。

　(イ)　異議の効果　　(a)　再生債権の内容　　異議の対象となった再生債権は、異議を述べられた範囲の事項について、債権調査では確定しないことになる。異議のある再生債権を有する再生債権者は、当該再生債権に係る調査期間の末日から1ヶ月の期間内に査定の申立てを行うか（民再105 I II）、当該再生債権に関する訴訟が係属していた場合にはその訴訟の受継の申立てをしなければならない（民再107）。これらの手続を取らなければ、場合によっては、実体的にも権利を失うことになる（民再178）。

　異議のある再生債権に債務名義や終局判決がある場合（有名義債権）は、異議を述べた再生債権者が、調査期間の末日から1ヶ月の期間内に、再生債務者の行うことができる訴訟手続を取らなければ、異議はなかったものとみなされる（民再109 III IV）。

　(b)　議決権の額　　債権調査では確定しなかった議決権に係る届出再生債権者は、債権者集会の期日に議決権につき異議を述べられなかったときは、その届出議決権額で議決権を行使することができるが（民再170 II ②）、異議を述べられたときは、裁判所が議決権の行使をさせない旨を定めた場合を除き、裁判所が定める金額で議決権を行使することになる（同③）。

　(ウ)　再生債務者からの異議　　管財人が選任されている場合、再生債務者は、債権調査期間内に、裁判所に対して、書面で再生債権の内容について異議を述べることができる（民再102 II・103 IV）。ただし、議決権の額については、異議を述べることができない。再生債務者の異議は確定に影響を及ぼさないが（民再104 I）、異議があれば、再生計画不認可、再生計画取消し、手続廃止等の場合には、再生債権者表に再生債務者に対する確定判決と同一の効力が認められない（民再185 I・189 VIII・190 II・195 VII）。

3　再生債権確定手続

(1)　査定の申立て

　査定手続は、債権の実体的な権利内容を訴訟で確定する前段階として、決定手続によって裁判所が判断を示す手続である。

再生債務者等が認めず、または、債権調査期間内に他の再生債権者の異議があった再生債権を有する再生債権者は、当該再生債務者等および異議を述べた届出再生債権者の全員を相手方として、裁判所に対して、査定の申立てをすることができる（民再 105 Ⅰ。なお、民再規 45 Ⅳ）。査定期間（債権調査期間の末日より1月。民再 105 Ⅱ）を徒過した場合には、当該再生手続において再生債権の確定を求める手段がなくなる。

(2) 査定の裁判
裁判所は、再生債務者等や異議を述べた届出再生債権者を審尋しなければならない（同Ⅴ）。査定の裁判では、再生債権者は、異議等のある再生債権の内容および原因について、再生債権者表に記載されている事項のみを主張することができる（民再 108）。査定の裁判の内容は、査定の裁判に対する異議の訴えが提起されず、所定の期間を経過した場合、または、異議の訴えが却下された場合に、裁判所書記官によって再生債権者表に記載され、再生債権者全員に対して、確定判決と同一の効力を有する（民再 111 Ⅱ）。

(3) 査定の裁判に対する異議の訴え
再生債権に関する査定の裁判の送達を受けた日から1ヶ月以内に、裁定の裁判における相手方全員を被告とする訴えを提起する（民再 106 Ⅰ Ⅳ）。異議の訴えにおける口頭弁論は、査定の裁判の当事者全員について出訴期間を経過した後でなければ開始することができない（同Ⅴ）。同一債権に関する異議の訴えが複数同時に係属するときは、弁論および裁判は併合してなされなければならない（同Ⅵ）。異議の訴えにおける審理の対象は、再生債権者表に記載された事項に限られる（民再 108）。

異議の訴えに対する判決は、訴えを不適法として却下する場合を除き、査定の裁判を認可し、または、変更するものとなる（民再 106 Ⅶ）。このような判決に対しては、控訴・上告（上告受理申立て）をすることができ、当該判決が確定したときは、それは、再生債権者全員に対して効力を有する（民再 111 Ⅰ）。

第7章　再生手続開始決定と開始後の手続

(4)　議決権額の確定手続

　裁判所が再生計画案を決議に付する旨の決定（民再169 I）によって債権者集会を開催することを決めた場合において（民再169 II①③）、債権調査で確定しなかった議決権について異議がないときには、届出議決権額に応じて議決権が行使され（民再170 II②）、異議があるときには、裁判所が定める金額での議決権が行使される（同③）。また、債権者集会を開催しないこととした場合には、裁判所の定める金額での議決権を行使することになる（民再171 I②）。なお、裁判所は、利害関係人の申立てまたは職権によって、いつでも、裁判所の定めた議決権の額を変更することができる（民再170 III・171 II）。

4　再生債権者表の作成と再生債権の確定
(1)　再生債権者表の意義・記載事項

　再生債権者表作成の目的は、債権調査の対象や調査の結果を明らかにし（民再104 II）、議決権の行使や再生計画立案作成の資料とすること、確定債権について再生債権者に確定力（同III）を付与すること、および、再生債務者等に対する執行力を付与することにある（民再180 II III）。

　再生債権者表には、各再生債権に関する記載事項（民再99 II、民再規36 II）として、次の事項が記載される。①再生債権者の氏名または名称および住所、②各債権の内容および原因、③議決権の額、④別除権の行使によって弁済を受けることができないと見込まれる債権の額、⑤届け出られた再生債権に、再生手続開始決定後の利息、損害金もしくは違約金または再生手続参加の費用の請求権を含むときはその旨、⑥執行力のある債務名義または終局判決のある債権であるときはその旨である。

　また、再生手続の進行に伴い、裁判所書記官によって記載される事項としては、次の事項がある。⑦再生債権の調査の結果（民再104 II）、⑧再生債権の確定に関する訴訟の結果（民再110）、⑨再生計画認可決定確定後の再生計画の条項（民再180 I）である。

(2) 再生債権の確定と再生債権者表への記載

債権調査によって確定した再生債権（民再104 I）については、裁判所書記官が再生債権者表へ記載すると（同II）、その記載は、再生債権者全員に対して確定判決と同一の効力を有する（同III）。なお、債権調査の結果、確定しなかった再生債権については、未確定の旨の記載がなされる。

再生債権の査定の申立てについての裁判に対する異議の訴え（民再106 I）に対する判決がなされた場合などは、その判決の内容に従って再生債権の内容が確定される。この判決は、再生手続上では、再生債権者全員に対して、確定判決と同一の効力を有する（民再111）。なお、再生債権の確定に関する訴訟の結果は、裁判所書記官によって再生債権者表に記載されることになるが（民再110）、この記載自体に確定判決と同一の効力が認められるのではない。

(3) 再生債務者に対する効力

再生計画の定めによって認められた権利が再生債権者表に記載されることで、再生債権者表の記載は、再生債務者を含めて、再生債権者および再生のために債務を負担し、または担保を提供する者に対して、確定判決と同一の効力を有することになる（民再180 II。なお、本章III 2(3)(ウ)参照）。

5　簡易再生・同意再生

以上のように、再生手続でも、破産手続と同様に、個々の再生債権の内容を実体的に確定するシステムを採用している。しかし、これによると手続の簡易迅速性が犠牲になるので、事件によっては手続内における確定にとどめる簡易再生・同意再生の制度も認められている。

簡易再生とは、債権調査・確定の手続を省略し、簡易迅速な手続追行を図るものである。そのためにはまず、法定多数の届出再生債権者の同意を得た再生債務者等の申立てにより、裁判所が簡易再生の決定をする（民再211 I）。この決定があると、債権調査の手続はなされず（民再212 I参照）、直ちに再生計画案決議のための債権者集会が招集される（同II）。債権者集会では、同意の対象となった再生計画案のみが決議の対象となり、同意をした再

生債権者が欠席した場合も、計画案に同意したものとみなされる（民再214ⅠⅢ）。再生計画認可の決定が確定したときは、権利変更の一般的基準が定められ、それに従った変更がされるだけであり（民再215）、届け出られなかった再生債権の免責や再生債権者表の執行力等も生じない（民再216。ただし、民再215Ⅰ括弧書Ⅲ）。

これに対し、同意再生とは、すべての届出再生債権者の同意がある場合に、債権調査・確定に加えて、再生計画案の決議も省略する手続である。この場合には、すべての届出再生債権者の再生計画案および債権調査・確定手続の省略に対する同意を得た再生債務者等の申立てにより、裁判所が同意再生の決定をする（民再217Ⅰ）。ただし、申立てを受けた裁判所は、再生計画案に不認可事由がないかチェックし、不認可事由があるときはそれを却下する（同Ⅲ）。それ故、同意再生の決定がされたときは不認可事由はないことになるので、当該決定の確定により再生計画認可決定は確定したものとみなされ（民再219Ⅰ）、簡易再生に準じた計画認可の効力が生ずる（民再219Ⅱ・220）。

簡易再生については、立法時は活用が予想されたが、通常の再生手続が想像以上に迅速に処理されているために利用は少ないといわれる。

Ⅳ 弁済禁止の例外

1 少額債権の弁済

(ア) **趣　旨**　少額の再生債権を早期に弁済することにより、①再生手続を円滑に進行させることができるとき、または、②早期に弁済しなければ再生債務者の事業の継続に著しい支障を来すときは、裁判所は、再生債務者等の申立てによって、その弁済を許可することができる（民再85Ⅴ）。この制度の趣旨は、上記①については、①再生手続の円滑な進行（手続コストの軽減）、上記②については、再生債務者の事業継続の確保という点にある[70]。

(イ) **判断基準**　「少額」である否かは、上記の①ないし②の趣旨に該当するか否かの判断と総合して、再生債務者の事業の規模、負債総額、弁済能

力等を考慮要素として、個別具体的に判断されることになる。なお、②の場合の「少額」は、①の場合と比べて、高額になることもありうる。

2 中小企業者への弁済

(ア) 趣 旨　中小企業者が有する再生債権の弁済（民再85Ⅱ〜Ⅳ）は、再生債務者を主要な取引先とする中小企業者が弁済を受けなければ事業の継続に著しい支障を来すおそれがある場合に、裁判所はこれを許可することができるという規律であり、その趣旨は、中小企業者が窮境に陥って連鎖倒産することを防止することにある（47〜50）。

(イ) 判断基準　「中小企業者」に該当するか否か、および、「主要な」取引先であるかどうかについては、当該企業者と再生債務者のそれぞれの規模の大きさや当該企業者の取引高に占める再生債務者との取引高等を考慮して、個別具体的に判断されることになる。

Ｖ　再生債務者財産の調査・確保と事業

1 財産評定・裁判所への報告

(1) 財 産 評 定

再生手続においては、再生計画の実現を担保する前提として、また債権者や裁判所が再生計画案の合理性・遂行可能性を判断する前提としても、再生債務者の財産に関して適切な調査を行い、かつ、それを確保するための措置が必要になる。そのための第一歩として、再生債務者等は、まず再生手続開始後（管財人は就職後）遅滞なく、再生債務者財産を手続開始時を基準時として評定しなければならない（民再124Ⅰ）。これは処分価額によるのが原則とされている（民再規56Ⅰ本文）。

財産評定の目的は、破産配当と再生計画における弁済との比較により再生債権者の再生計画案に対する意思決定の参考とし、他方で、裁判所が再生計画認可の際の判断資料とするという点にある。ただし、営業譲渡等により再生が図られる場合には、譲渡等の適否の判断をするため、処分価額による評定と併せて、再生債務者の事業を継続するものとしての評定をすることもで

きる（同ただし書）。財産評定に際しては、裁判所は、必要があると認めれば評価人を選任することもできるが（民再124Ⅲ）、再生債務者等が自己の責任で公認会計士等の補助者を選任するのが通常である。

(2) 裁判所への報告

　財産評定がなされたときは、再生債務者等は直ちに財産目録と貸借対照表を作成して、裁判所に提出する（同Ⅱ。85 86）。再生債務者の資産状況を明らかにし、利害関係人に情報を開示するためである（民再規56Ⅲ・62・64参照）。

　他方、再生債務者等は、手続開始後遅滞なく、裁判所に報告書を提出しなければならない（民再125Ⅰ。84）。報告書には、再生手続開始に至った事情、再生債務者の業務・財産に関する経過・現状、法人の役員の財産に関する保全処分または損害賠償請求権の査定の裁判を必要とする事情の有無、その他再生手続に関し必要な事項を記載する。これは、裁判所が正しく債務者の状況を把握し、適切に手続を運営することに加え、債権者等利害関係人に対する情報開示の趣旨を含むものである（民再規62・64参照）。

　さらに、再生手続中も、再生債務者等は裁判所の定めに従い、業務・財産の管理状況その他裁判所の命ずる事項を裁判所に報告しなければならず（66等）、監督委員も同様とされている（民再125ⅡⅢ）。

　そして、再生債務者等から裁判所へ手続開始後遅滞なく提出された報告書に基づき財産状況報告集会が行われるが（民再126）、これは任意的であって（民再114参照）、実際にはほとんど開かれることはなく（その際の措置につき、民再規57・63）、代わりに債権者説明会（民再規61）が開催されるのが通常である（24 25）。

2　再生債務者をめぐる法律関係の処理と再生債務者財産

(1) 契約関係等

　双方未履行の双務契約の処理については破産法（破53）の場合と同趣旨の規定がある（民再49）。ただし、再建（再生）型の手続である再生手続におい

ては、確答の催告に応じないときは、破産の場合とは逆に解除権を放棄したものとみなすことになっている（同Ⅱ）。そのほか幾つかの双務契約に関する破産法の規定が準用されたり（民再51）、破産と同趣旨の規定が置かれている。たとえば、賃貸人破産に関する破産法56条が準用されているが、敷金返還請求権に関しては、破産の場合とは異なった規律がなされている。すなわち、賃貸目的財産の収益の確保は、再生債務者の事業の再生の実現にとり極めて重要となりうることに鑑みて、賃料債権を受動債権とする相殺を広く認める破産の場合（第3章Ⅰ3(1)(イ)参照）とは異なって、それに制限を課しつつ、敷金の返還請求権があることにも一定の配慮を払うこととしている。具体的には、賃借人である再生債権者は、再生手続開始後に弁済期が到来する賃料債務について、再生手続開始の時における賃料の6ヶ月分に相当する額を限度として相殺することができるとされている。賃料債務は弁済期が債権届出期間満了後に到来するものでも構わないが、相殺の意思表示は債権届出期間内にする必要がある（民再92Ⅱ）。また、再生手続開始後も賃貸借契約が継続し、敷金返還請求権を有する賃借人が、手続開始後に弁済期の到来する賃料債務について、その弁済期に弁済をしたときは、元来、再生債権であるはずの敷金返還請求権が、手続開始の時における賃料の6ヶ月分に相当する額を限度として、その弁済額の範囲で共益債権とされる（同Ⅲ）。これは、手続の早期の段階におけるキャッシュ・フローの確保による再生債務者の事業等の再生にもたらされる利点を考慮して、そのような利点をもたらした賃借人を保護したものである。

　取戻権（民再52）と相殺権（民再92〜93の2）についても破産とほぼ同様の規律がなされているが、後者に関しては、債権届出期間の満了前に相殺適状に達している必要があり、かつ、債権届出期間内に限り相殺することができる（民再92Ⅰ）。債務が期限付きであっても相殺可能という点を除いて、破産法67条2項に相当する規定はない。

(2) 否 認 権 等

　否認の要件や効果、行使方法に関しては破産の場合とほぼ同趣旨の規定が

置かれている（民再127以下）。これに対し、再生手続では管財人が選任されないことも多いことから行使権者については独自の規律がなされている。

まず、管理命令が発令されて管財人が選任されているときは、管財人が否認権を行使する（民再135 I）。管財人が選任されていない場合にどうするかは、立法過程で問題とされた。この点、再生債務者とすることも考えられないではないが、自ら取引をした債務者自身がある日突然自己の行為の結果を覆すことを認めるのは社会的に認め難いと思われる。債権者取消権と同様の発想によって各再生債権者とすることも考えられるが、濫用的な申立てのおそれや多数の債権者が申し立てた場合の手続の調整の困難に鑑みれば相当ではない。そこで結局、中立の第三者である監督委員に否認権の行使を認めることとされている。

すなわち、再生手続開始の決定があった場合には、裁判所は、利害関係人の申立てまたは職権により、監督委員に対して、特定の行為について否認権を行使する権限を付与することができる（民再56 I）。そして、権限を付与された監督委員は、その権限の行使に必要な範囲内で、再生債務者のために金銭の収支その他の財産の管理・処分をすることができる（同II）。たとえば、不動産の贈与を否認した場合、監督委員に管理処分権がなければ、再生債務者に対する不動産の返還しか求めることができず、再生債務者が受け取らない場合に対処することができないため、このような規律がなされているのである。もっとも、他方で一般的には再生債務者に管理処分権が残されている。そこで、特定財産に関して監督委員と再生債務者とが別個に当事者適格を有する場合が生じうるので（たとえば、ある不動産の所有名義が手続開始前に再生債務者から第三者に移転している場合、再生債務者がその所有名義の移転は虚偽表示であるとして移転登記の抹消を求め、監督委員は所有権移転は詐害行為であるとして否認権を行使し、否認の登記を求める場合等である）、それぞれが当事者となる事件を統一的に解決するための規定が設けられている（民再138）。

法人の役員の責任追及のための査定手続についても、破産と同趣旨の規定（民再142～147）が置かれている。

(3) 担保権者の取扱い

(ア) 総説　再生債務者の財産上に特別の先取特権、質権、抵当権、商事留置権を有する者は別除権者とされ、再生手続によらないで権利行使をなしうる（民再 53）。担保権者のこのような取扱いは、担保目的物の評価や組分けに基づく決議等の制度を仕組むことはあまりに手続を重くし、簡易迅速な中小企業向けの再建型手続という民事再生手続の制度目的に反すると考えられたからである。しかし、事業の再生に不可欠であるが、担保割れとなっている財産について別除権の自由な行使を認めることには問題がある。被担保債権額全額を支払わなければならない担保目的物の受戻し（民再 41 Ⅰ ⑨ 参照）ではこれに十分に対処しえない。そこで、再生手続では、担保権実行の中止命令や担保権消滅の許可という担保権の行使に一定程度の制約を加える制度が採用される。

(イ) 担保権実行の中止命令　裁判所は、再生手続開始の申立てがあった場合において、再生債務者の一般の利益に適合し、競売申立人に不当な損害を及ぼすおそれのないときは、相当の期間を定めて、担保権の実行としての競売手続の中止を命ずることができる（民再 31）。これに対応する制度は破産手続には存在しない。ここでいう「一般の利益に適合」する場合とは、競売を中止して、その財産に基づく事業を継続することにより利益が生じ、一般債権者への弁済が増加する場合が典型例である。また、「不当な損害」が生じる場合とは、中止によって担保権者が倒産してしまう場合が典型例である。

中止に際しては、競売申立人の意見を聴く必要がある（民再 31 Ⅱ）。上記の要件の具備について競売申立人に攻撃防御の機会を保障する趣旨である。

中止の期間は、「相当の期間」に限定される。中止命令のねらいは、再生債務者が担保権者と交渉し、合理的な金額の支払により担保権を消滅させることや担保権消滅の許可の申立てにより担保権を消滅させることを支援することにあり、あくまでも繋ぎの措置である点に鑑みて、このような限定が課せられているのである。ともあれ、「相当の期間」とは交渉や担保権消滅の許可の申立てに必要な期間を意味し、担保権者が別除権を有すること（民再

53）を無視するような運用はなされるべきではない。

　(ウ)　担保権消滅の許可　　再生債務者等のイニシアティブで担保目的物の価額の支払により担保権を強制的に消滅させる制度である。民法の規定する担保権の不可分性（民 296）の例外をなす。具体的には、再生債務者の事業の継続に不可欠となる財産に別除権となる担保権が存するときに、再生債務者等は、一定の財産価額を提示して、その担保権を消滅させることの許可を裁判所に申し立てることができる（民再 148 Ⅰ）。裁判所の担保権消滅の許可決定に対して、担保権者は、即時抗告ができるとともに（同Ⅳ）、提示された財産価額を争う場合には、価額決定の請求をすることができる（民再 149 Ⅰ）。価額決定請求は決定手続で審理され、評価人の評価に基づいて判断されることになる（民再 150）。なお、担保権者は価額決定手続の費用を予納しなければならない（民再 149 Ⅳ）。

　再生債務者等は、裁判所の定める期限までに、確定した価額に相当する金銭を裁判所に納付しなければならない（民再 152 Ⅰ）。納付があればその時に、担保権者の有する担保権は消滅する（同Ⅱ）。納付がなされない場合には、担保権消滅許可決定は取り消されることになる（同Ⅳ）。

　担保権消滅の許可の申立ての件数は多くはないが、実質的には、この手続は、再生債務者と担保権者との交渉を促進する機能を有しているとされる（担保権者との間で担保権の実行をしない旨の合意が成立することが多いようである）。

3　営業譲渡

再生債務者の事業再生の手法としては、次の3つの方法が考えられうる。
① 事業の収益力を向上させ、向上させた収益力に見合う程度に債務を圧縮する方法
② ①の枠組みの中で、非採算部門や本業と関連の薄い部門を切り離して売却する方法
③ 再生債務者の営業を譲渡し、その対価を再生債権者間で分配し、法人であれば再生債務者を消滅させる方法

上記②③の方法は、再生債務者から見ると、資産の売却であり、実質的には清算であるが、事業自体から見ると、その継続が図られる点で再生であり、継続企業価値の劣化を避けるために、営業譲渡（事業譲渡）が迅速に行われる必要がある。法的には再生計画によってもそれは可能ではあるが、実際上それを待っていたのでは遅すぎる。そこで、再生手続開始後、再生債務者等は再生計画によらずに営業または事業の全部または重要な一部を譲渡することができるとされており、この制度は、実際にも、かなり利用されているといわれる。

要件としては、第1に、裁判所の許可が必要である（民再42 I 前段）。この許可は、当該営業譲渡が事業の再生のために必要である場合に限り与えられる（同後段）。手続的には、知れている再生債権者、債権者委員会、労働組合等の意見を聴く必要があるが、約定劣後再生債権者については、意見を聴く必要がない場合がある（民再42 III）。

第2に、再生債務者が株式会社である場合には、債務超過であれば裁判所は株主総会の決議（会社467 I）に代わる許可を与えることもできる（民再43 I 本文）。これは、会社更生とは異なり、会社の組織的事項には変更を加えないという民事再生の原則の例外である。会社が債務超過のときには、株主の実質的な持分権は失われているため、株主に営業譲渡に対する拒否権を与える必要はなく、また、株主は会社の経営に興味を失っているため、特別決議の成立が困難になることもあるということに鑑みて、裁判所の代替許可で足りるとされているのである。この許可は、営業譲渡が事業の継続のために必要である場合に限り与えられる（同ただし書）。許可決定に対しては、株主は即時抗告をなしうる（民再43 VI）。

VI 本件事案について

平成17年1月20日開催の債権者説明会の席上で再生債権の10万円以上の部分を放棄すれば10万円を支払う旨の弁済依頼書の書式（㉛）が配布されていたが、さっそく1月21日と25日に2社から（少額債権の）弁済依頼書が提出されている（㉟㊱）。また、民事再生手続開始の申立て日である平

成 17 年１月６日から１月 31 日までの月間報告書 ㊳ によると、申立人㈱Ａ産業の設計部門について営業譲渡が計画されたが、設計部門の社員の同意を得られずに、実現しなかったようである。公租公課の債権者とその額（総額 24,255,920 円）は、報告書に添付された債権者一覧表（公租公課）Ⅱ ㊶によって明らかにされている。財務状況については、実際の資金繰表 ㊴の残高は約 584 万円であり、平成 17 年２月 10 日現在の社員数は 30 名とのことである。２月度についての資金繰表（予定）も添付されている ㊵。

債権者説明会後の監督委員の意見書の提出、それを受けての第１回打合せ期日（平成 17 年２月４日）を経て ①、申立人Ａ産業について、平成 17 年２月７日午前 10 時に、民事再生手続が開始された。再生手続開始決定書㊷ には、再生債権の届出期間、認否書の提出期限、債権の一般調査期間、報告書等の提出期限、再生計画案の提出期限が記載されている。再生債権者等にＡ産業についての再生手続の開始が通知され ㊸、再生債権者には併せて再生債権届出に関する説明書 ㊹、再生債権届出書〈裁判所用〉㊺・〈債務者用〉㊻ の書式が同封されている。再生債権届出に関する説明書には、再生債権届出書の作成要領に加えて、届出をしなかった場合に被る不利益や担保権を有する場合の注意事項などが記載されている。

再生手続の開始日と同じ日に、連鎖倒産のおそれ等を理由としてＡ産業の下請企業であるＢＣに対する再生債権全額の即時弁済の許可の申請がなされ㊼～㊾、平成 17 年２月 17 日に許可されている ㊿。わずかの期間に多くの債権届出がなされているが、２月 10 日に作成・提出された㈱ＢＡの再生債権届出書 (51) を見てみると、その債権届出額は 4,746,338 円であり、その内訳は、売掛金が 2,818,200 円で、手形金が 1,929,138 円であることが分かる。なお、当該債権者は、抵当権などの担保権や執行力のある債務名義は有していないようである。

Ａ産業の資金繰りが苦しくなった理由の１つとして税務対策が不十分であったことがあるようであり、今後税金の支払管理を十全にするために、Ａ産業は税理士Ｒ井Ｒ樹との間に顧問契約を締結した (53)。そこで、平成 17 年２月 14 日に、税理士に支払う顧問契約料（月額 75,000 円）について、共

益債権としての弁済を求める承認が申請され、同日に監督委員によって承認された（52）。なお、顧問契約は再生手続開始後に締結されているから、顧問料債権は民再法119条1項5号によって当然に共益債権となる。そして、共益債権についてはその承認を裁判所の許可事項とすることができ（民再41Ⅰ⑧)、監督委員の同意事項とすることもできる（民再54Ⅱ)。しかし、東京地裁では共益債権の承認を許可事項や同意事項とする取扱いはしておらず（破産・再生の実務（下）218頁〔松井洋〕)、本件再生事件の係属している甲地裁においても同様のようである（21の同意事項にはそのようなものはあげられていない)。したがって、ここで共益債権として弁済することの承認を求めたのは念の為の措置と思われる。また、2月23日には、再生債務者のドリル研磨加工業を継続するのに欠かせない取引先ＧＢ㈱に対する債権（546,483円）についても、共益債権としての弁済承認申請が提出され、24日に監督委員によって承認された（56）。さらに、24日には、ＩＢ生命㈱を保険者とする生命保険契約を解約することの承認申請（財産の処分の承認申請）がなされ、同日に監督委員によって承認された（57 21の4(1))。少額債権者としての弁済を希望する再生債権者（弁済依頼書は37等、35 36以降も届いており、58はそれをまとめたものである）への弁済や公租公課の支払の原資を捻出することを理由とする。労働債権（8。この一覧表の後、1人増えている）については、一般優先債権としての弁済の承認申請がなされ、承認されている（59）。これについても、共益債権としての承認に関してと同様のことが言えよう。

Ａ産業は、先に、滞納租税のために㈱Ｈに対する請負代金債権の差押えを受けていたが（34)、税務当局との話し合いによって、Ａ産業のＩＡ生命保険㈱に対する生命保険の解約返戻金に差押えの対象を変更する（54）ことを条件に請負代金債権差押えを解除してもらった。そして、その後、解約返戻金は滞納租税に充当された（66の(3)ア))。

ファイナンス・リースの取扱いについては様々な議論があるが、本件事案においては、Ａ産業の業務活動に必要なＤＢリースとのリングセッテイングマシーン等に関するリースにつき、これを別除権と扱うことを前提として受

第 7 章　再生手続開始決定と開始後の手続

戻しをすることとし、その具体的な方法に関する和解を行っている（61 62）。そして、それに基づくリース債権の支払について監督委員への承認申請がなされ、それが認められている（60。なお、21の 4 (7) 参照）。また、ＤＫ㈱との間のコピー機のリースに関しては、購入してしまうこととし、リース契約を解除して締結した売買契約に起因する代金債務を共益債権として弁済することについて監督委員への承認申請がなされて認められている（63 64）。申立て後開始決定前の事業活動によってＢＣが取得した債権につき共益債権とする旨の監督委員の承認申請（65。なお、21の 3 参照）がなされ、これも認められている。

　再生債務者等は、再生手続中、裁判所の定めるところにより、再生債務者の業務や財産の管理状況等について裁判所に対して報告をしなければならないが、毎月提出されている月間報告書はこの報告のためのものである。平成 17 年 2 月 1 日から 2 月 28 日までの分についても、各種の添付資料とともに、3 月 9 日付けで裁判所に提出されている（66）。

　労働保険料未払いに関する交渉を行ったところ、平成 17 年 3 月 18 日には、保険料の返済について、分割支払の計画が提案され、合意をみたようである（67）。また、先に、ＤＧリース㈱との間にはドリル自動刃付研削盤のリース契約に係る和解で月々 500,325 円のリース料を支払う旨の和解が成立しており（60第 1 の 5）、これとの関連でＡ産業から手形が振り出されているが、リース料が支払われたので手形は返却されている（68）。

　また、関連会社㈲ＣＯから借りていた工作機械 2 台およびその付属品等を、平成 17 年 3 月 23 日付けで代金計 300 万円にて購入している（69）。さらに、既に提出されていた少額債権者からの弁済依頼書を受けて、監督委員の同意の下に、少額債権の弁済許可申請がなされ（70 71）、それが認められて随時弁済がなされている（72の 3 (4)）。許可の理由は、「弁済を行えば、債権者数は減少し、手続の簡素化を図ることが可能となる。他方で、開始決定後、申請人の事業の継続に大きな混乱もなく、資金繰り上も、支払に支障はない見込みである」ということである。

　平成 17 年 3 月 1 日から 3 月 31 日までの分の月間報告書（73 74）が 3 月

119

度資金繰表 ㊄ や資金繰予定表とともに裁判所に提出されている。

　リース物件の物件明細書 ㊅ によると、Ａ産業は、ＤＤ㈱との間に計 9 種の品目について、リース契約を締結しており、そのうち 4 種については返却が希望され、その他については、リース契約に基づく売渡しの申込みがなされている。小径ドリルポインター BCD-20 と小径先端研削盤用顕微鏡 MX-101 については、Ａ産業の評価額で売渡申込書（前者のそれとして㊈）が提出され、その他 3 種については、評価額が異なったため、Ａ産業の評価額を上回る金額でＤＤ㈱との間で和解が締結されてその金額で売渡申込書が提出された。なお、返却を希望したリング挿入機 KLM-W については、5000 円で売渡申込書が提出されたようである。また、超硬極細全自動ドイル刃先研磨装置に関しては、返却となるまでにＡ産業とＤＤ㈱との間で対象物件の瑕疵の有無につき紛争があったようである（㊆㊇）。

　再生債権認否一覧（㊇⓪。破産の場合〔第 4 章Ⅴ参照〕と同様に、再生債権者表としても活用される）をみると、本件における届出債権の種類、債権額、議決権額、別除権の有無、予定不足額などの再生債権の内容に関する情報と、届出債権に対する認否の結果と認めない場合の理由の要旨などの情報を得ることができる。本件では、別除権は存在しないようである。また、届出債権を認めない理由として多いのは、「民再法 85 条 5 項の許可を得て支払済み」、「監督員の同意を得て和解済み」という理由であり、届出債権の存在そのものを認めないという理由ではない。もっとも、進行番号 16 の売掛金 379,000 円については「債権の不存在」、また、進行番号 9（規定損害金）・18（リース料）については「解除による契約の遡及的消滅」が理由となっており、このような理由に基づく場合には、届出債権者との間で、最終的には、再生債権査定の裁判に対する異議の訴えの提起に至る場合もある。自認債権に関する情報（再生債権の原因や債権額など）は、自認債権一覧（㊇①）から得ることができる。本件事案における自認債権の合計額は 8,524,546 円である。

　平成 17 年 4 月 1 日から 4 月 30 日までの分の月間報告書（㊇②）によると、大口取引先である㈱Ｈとの業務提携関係に関する協議が進行しており、㈱Ｈ

の韓国に存在する工場の建設に協力しているとのことである。

解説篇　第3部　民事再生

第8章　再生計画案の提出と債権者集会

I　再生計画案の提出

1　再生計画案提出の意義

　再生債務者等は、債権届出期間の満了後裁判所の定める期間内に、再生計画案を作成して裁判所に提出しなければならない（民再163 I。㊷）。届出再生債権者や管財人がいる場合の再生債務者も、再生計画案を提出することができる（同II）。ただし、再生債務者等は、再生手続申立て後債権届出期間満了前であっても、再生計画案を提出することができる（民再164 I。ただし、同II参照）。申立て前に再生債務者と債権者との間で再建についての話し合いがある程度進んでいた場合に、申立てと同時に再生計画案を提出して（さらには簡易再生などを利用しながら）、迅速な手続の進行を図る趣旨である。

　再生手続は、経済的に窮境にある債務者について再生計画を定め、これに債権者の多数の同意と、裁判所の認可を受けることによって、当該債務者とその債権者との間の権利関係を適切に調整し、最終的に当該債務者の事業または経済生活の再生を図ることを目的としている（民再1）。

　再生計画は、いわゆる債権カットなど、再生債権者の権利の全部または一部を変更するための利害調整に関する条項や、スポンサー企業による資本引受け（出資）による株主構成の変更など、会社の組織的な変更に関する条項等、今後の再生債務者が再生するための基本的事項を定めるものである。再生債務者にとって、再生計画案の提出は、再生手続において、まさに生きるか死ぬかの分かれ道につながる最重要課題となる。

　再生手続を申し立てて、開始決定がなされたものの、その後の債権者の協力が得られなかったり、運転資金が底をついて事業の継続ができなくなったり、スポンサー企業が見つからなかったりして、再生計画案の提出期間内に、債権者集会の決議に付するに足りる再生計画案の作成の見込みがないことが明らかになった場合には、裁判所の職権によって、再生手続は廃止される（民再191 ①）。

2　再生計画案の提出期限

⑴　最終的な再生計画案の提出期限

再生計画案の提出期限は、通常、再生手続開始決定と同時に定められ㊷、各債権者に通知される（㊸）。最終的な再生計画案の提出期限は、一定の法の定めがあるが（民再規 84 Ⅰ）、一般的に、再生手続開始決定日から概ね３～４ヶ月先に指定される。

⑵　再生計画案（草案）の提出

実務上は、ほぼ例外なく、再生債務者等に、最終的な再生計画案の提出の２週間前くらいまでに、いわゆる「草案」を提出させ、その内容について、再生債務者等と、裁判所、監督委員の三者でチェックし、その上で、最終的な再生計画案を提出する扱いとなっている（(83)）。

これは、最終的な再生計画案が提出されると、これに対して、監督委員がその妥当性について意見書を提出すること、裁判所は、当該再生計画案の内容について一定の要件がある場合には決議に付する旨の決定ができないこと（民再 169 Ⅰ③・174 Ⅱ①②）等との関係で、不適切な計画内容（たとえば履行可能性に疑問がある弁済条件など）が盛り込まれている場合に、再生債務者等に対し、予め、再考させる機会を与え、適宜内容を修正させて最終的な再生計画案を提出することを可能にし、その後の手続を混乱なく円滑に進めるためである。

⑶　再生計画案の提出期間の伸長

裁判所は、申立てにより、または職権で、再生計画案の提出期間を伸長することができる（民再 163 Ⅲ。(96)(97)）。ただし、期間の伸長は、特別の事情がある場合を除いて、２回を超えてすることができない（民再規 84 Ⅲ）。

期間の伸長の申請は往々にしてなされるが、理由は様々である。たとえば、再生計画案などの作成にあたって前提となるような問題、特に弁済率などに影響を及ぼす事項（たとえば別除権者との協定や、課税の問題）の処理が間に合わなかったり、スポンサー企業が見つからなかったりしたために、最

終的な再生計画案の立案が提出期間内にできない場合などである。

(4) 再生計画案の立案時期について

実務上は、少なくとも再生計画案の骨子は、再生手続を申し立てる時点において、既に作成されているのが一般的である。そうでなければ、申立て後も取引の継続など協力を求める債権者の理解を得ることが難しく、また、申立てを受理した裁判所としても、開始決定をしてもよいかどうかの判断が困難だからである。

したがって、もちろん、その後の状況や債権者の反応等によってその内容は変更されることは当然であるが、再生手続を申し立てる以上は、申立て時点おいて、再生計画案の骨子程度は定まっている必要がある。

3 再生計画案の内容
(1) 再生計画案に必ず記載するべき事項

再生計画案には、全部または一部の再生債権者の権利の変更（民再154 I ①）、共益債権および一般優先債権の弁済（同②）、知れている開始後債権があるときは、その内容（同③）に関する条項を定めなければならないとされている。これらの条項は絶対的（必要的）記載条項（この記載を欠いた場合には再生計画が不適法なものとして不認可の事由となる）といわれる。

なお、実務的には、再生計画案の冒頭部分において、再生債務者が再生手続開始申立てに至った経緯や、申立て後の事業の状況、当該再生計画案を策定するまでの経緯、今後の再生に向けての基本方針などの概略が総括的に記述されることが多い（⑽第1）。

(ア) 全部または一部の再生債権者の権利の変更に関する条項　再生債権の全部または一部の免除、期限の猶予、弁済方法の変更などを定める条項であり、再生計画の中核的な条項といえる。その際、「債務の減免、期限の猶予その他の権利変更の一般的基準を定め（民再156。⑽第2）、次いで、個々の届出再生債権者および自認債権について一般的基準に従って変更した後の権利の内容を定める（民再157 I。⑾）。

(a) 再生計画による権利の変更の内容は、原則として、再生債権者の間では平等でなければならないから（民再155Ⅰ本文）、弁済率、弁済時期等において、一部の債権者にだけ有利な内容を定めた計画は平等原則違反となり許されない。ただし、一部例外が認められている（同ただし書）。

(b) また、約定劣後再生債権（再生債権者と再生債務者との合意によって、当該債権を他の債権よりも劣後させることが定められているもの。民再35Ⅳ括弧書）については、逆に、その他の債権よりも公正かつ衡平な差を設けなければならないとされている（民再155Ⅱ）。

(c) 再生計画によって債務が負担され、または債務の期限が猶予されるときは、特別の事情がある場合を除き、再生計画認可の決定の確定から10年を超えない範囲で、その債務の期限を定めなければならない（同Ⅲ）。

(d) 再生手続開始前の罰金等については、再生計画において減免その他権利に影響を及ぼす定めをすることができない（同Ⅳ）。

(ｲ) **異議等のある再生債権等に関する定め**　異議等のある再生債権で、その確定手続が再生計画作成の時点で終了していないものについては、これに対する適確な措置を定めなければならない（民再159）。別除権者の権利行使には不足額の原則が妥当するが（第7章Ⅲ1(2)）、再生計画作成時に、担保権の実行未了等によって不足額が確定していなければ、不足額が確定した場合における再生債権者としての権利行使に関する適確な措置を定めなければならない（民再160Ⅰ）。さらに、根抵当権者については、被担保債権である再生債権のうち極度額を超える部分は不足額となる公算が高いので、根抵当権の元本が確定していれば、不足額が確定していなくとも、極度額を超える部分について、一般的基準に従って仮払いに関する定めをすることができ、その場合、併せて不足額確定の時点での精算に関する措置をも定めなければならない（同Ⅱ）。

(ｳ) **共益債権および一般優先債権の弁済**　これらの債権は、もともと再生手続によらずに随時弁済することができるが（民再121Ⅰ・122Ⅱ）、再生債務者が、今後、どのくらいの共益債権あるいは一般優先債権を支払わなければならないのかは、債権者にとっては、再生計画の履行可能性等を考える上

で無視できない情報であることから、再生計画案に必ず盛り込むべき事項とされている。

ただ、実務上は、再生計画案の記載としては、単に「共益債権及び一般優先債権は随時支払う。」などと記載される例が多く、この場合は内容・金額が明示されない（⑩第3・第4）。

(エ) 知れている開始後債権の内容　知れている開始後債権があるときは、その内容に関する事項を定めなければならない。開始後債権とは、再生手続開始後の原因に基づく債権であって、共益債権、一般優先債権以外のもので、法律で劣後的な取扱いをすることが定められている債権であるが（民再123）、実際にこのような債権があることは稀である（これに関しては、第7章Ⅱ4も参照）。

(2) その他の記載事項
① 債権者委員会の費用負担に関する事項（民再154Ⅱ）
② 債務の負担および担保の提供に関する定め（民再158Ⅰ）
③ 株式の取得、株式の併合、資本金の額の減少、定款変更に関する事項（民再154Ⅲ）
④ 募集株式を引き受ける者の募集に関する条項（同Ⅳ）

③に掲記された事項に関する定めは、再生債務者が、事業再生を行うために、従来の株主に代わって、新たにスポンサー企業に出資してもらう必要があるなどの場合にする必要がある。それらは、そのために利用される条項であり、実務的には重要である。具体的には、たとえば以下のような再生計画案の記載となる（民再161）。

「第5　募集株式を引き受ける者の募集及び再生債務者の株式取得に関する定め
　　1　再生債務者の株式取得に関する定め
　　　ⅰ　再生債務者が取得する株式の数
　　　　　発行済株式総数5万株
　　　ⅱ　再生債務者が上記ⅰ記載の株式を取得する日

募集株式と引換えに金銭の払込み期間において募集株式の引受人が出資の履行をした日
2 資本金の額の減少に関する条項
　ⅰ 減少する資本金の額
　　15億円
　ⅱ 資本金の額の減少がその効力を生ずる日
　　募集株式と引換にする金銭の払込み期間内において募集株式引受人が出資の履行をした日
3 募集株式を引き受ける者の募集に関する定め
　ⅰ 募集株式の数
　　5万5000株全部
　ⅱ 募集株式の払込金額
　　1株につき6000円
　ⅲ 払込株式と引換えにする金銭の払込みの期日
　　本再生計画の認可決定が確定した日から3ヶ月後の応当日までの間
　ⅳ 増加する資本金及び資本準備金
　　資本金　1億6500万円
　　資本準備金　1億6500万円
4 裁判所による許可
　上記1ないし3の定めに関し、平成〇〇年〇月〇日付けにて、民事再生法第166条第1項及び第166条の2第2項の規定による裁判所の許可を得ている。」

　新たなスポンサーに出資を引き受けてもらおうとする場合、既存の株主の権利を消滅（場合によっては希釈化）させる必要性があるが、このためには再生債務者たる会社が、既存の株主から強制的に株式を取得し、これを消却する手続が必要となる。会社法には、このような場合の自己株式の強制取得は規定されておらず、民再法183条1項によって特別に認められたものである。

次に、旧株主から受け入れた資本を減少させる場合には、減資を行う必要があるが、この点も会社法447条1項、309条2項9号によれば、本来は株主総会の特別決議が必要となるところ、裁判所の許可を得て、再生計画に盛り込んだ場合には、当該手続は不要とされる。

そして、新たなスポンサーに出資を引き受けてもらおうとする場合、すなわち、当該スポンサーに割り当てて新株を発行しようとする場合に、再生債務者が譲渡制限株式の発行会社であるとき、あるいは譲渡制限株式の発行会社ではないが、払込金額が特に有利な金額であるときには、会社法によれば株主総会の特別決議が必要となる（会社 199 Ⅱ・309 Ⅱ⑤）。しかし、自らの権利が零とされるような状況において、既存の株主が協力することは想定できない。そこで、裁判所の許可を得た上で（民再 166 Ⅰ・166 の 2 Ⅱ）再生計画に盛り込んだ場合には、会社法が必要とする手続を経ずに新株発行の効力を認めようとするものである。

なお、上記③の事項を含む再生計画案の提出権者には制限がなく、したがって再生債権者も提出できるが（民再 163 Ⅱ）、④の事項を含む再生計画案の提出は再生債務者のみが行うことができる（民再 166 の 2 Ⅰ。管理命令が発令されていても、管財人にも提出権はない）。株式会社である再生債務者の資本構成の変更には③と④の双方の条項が必要であるから、結局、再生債務者の自発的意思によらなければそれは不可能ということになる。

Ⅱ 再生計画案の決議

1 監督委員の意見書提出

再生債務者から正式な再生計画案の提出がなされると、監督委員は、当該再生計画案に対する意見を書面で、裁判所宛てに提出する。提出期限は、再生計画案の提出から、概ね2週間〜3週間後である。

監督委員は、再生債務者から提出された再生計画案について、民再法174条2項1号、3号、4号所定の再生計画不認可事由がないかどうか、さらに履行可能性（計画遂行可能性）の有無（民再 174 Ⅱ②）等について意見書を作成し、裁判所に提出する。当該意見書は、再生債権者に送付され、当該再生

計画案に賛成するかどうかの判断材料とされる。

　また、監督委員の補助者に選任されている公認会計士の意見書も、監督委員の意見書に添付される形で裁判所に提出され、再生債権者に送付されるのが一般的である。

　実務的には再生計画案が正式に提出される以前の段階で、裁判所と監督委員によってその内容は十分チェックされているのが通常であり、監督委員において、この意見書の段階で再生計画不認可事由の存在を指摘したり、履行可能性がないというような意見が述べられたりすることは少ない。ただ、再生債務者と、裁判所ないし監督委員との間に見解の相違や対立があるようなケースでは、稀に否定的な意見が述べられる場合もある。その場合には、最終的には決議を通じて債権者が可とするか不可とするかを決するほかない。

2　決　　議
(1) 付議決定

　再生計画案が提出されると（正確に言えば、再生計画案が提出され、かつ、監督委員の意見書が提出された後）、当該再生計画案を決議に付する旨の決定をする（民再169Ⅰ柱書。106）。その際、一般調査期間の終了が要件とされているのは、議決権者と議決権額を可能な限り確定させる趣旨である。財産状況報告集会（民再126）における再生債務者等による報告または民再法125条の報告書の提出を要件とするのは、決議の前提となる情報開示を求めたものである。また、不認可要件がないことを求めるのは、可決されても不認可となる再生計画案について決議をするのは無駄であるため、決議に付するに足りない再生計画案を決議に付さないのは当然である。

　裁判所は付議決定において議決権行使の方法を定める（民再169Ⅱ柱書）。議決権行使の方法は、①債権者集会の期日において議決権を行使する方法（同①）、②書面等投票により裁判所の定める期間内に議決権を行使する方法（同②）、③①または②の方法のうち議決権者が選択するものにより議決権を行使する方法（同③前段）のいずれかである。

　議決権を行使できるのは、自己の債権を届け出た再生債権者に限られ、自

認債権を有する債権者は含まれない。議決権額は、確定再生債権についてはその確定額、未確定であれば裁判所の定める額である（民再170Ⅱ・171Ⅰ。第7章Ⅲ3(4)参照）。

(2) 可決要件

再生計画案を可決するには、①議決権者（債権者集会に出席し、または書面等投票をしたものに限る）の過半数の同意（頭数要件）（民再172の3Ⅰ①）および②議決権者の議決権総額の2分の1以上の議決権を有する者の同意（議決権額要件）（同②）が必要である（同柱書）。再生計画案を提出した者は、これらの要件が満たされるように議決権者を説得することになる（104）。

なお、債権者集会期日が開催される場合は、再生計画案の提出者は、再生債権者に不利な影響を与えないときに限り、債権者集会において、裁判所の許可を得て、再生計画案を変更することができる（民再172の4）。また、その場合には、決議が行われた結果、再生計画案が可決されるに至らなかったときでも、一定の要件があるときは、裁判所は、再生計画案の提出者の申立て、または職権で続行期日を定めて、もう一度決議を行うことができる（民再172の5Ⅰ柱書本文）。

Ⅲ 再生計画の認可と確定

1 認可または不認可の決定

再生計画案が可決された場合には、裁判所は、一定の不認可事由がある場合を除き、再生計画認可の決定をする（民再174Ⅰ）。積極的に不認可事由が認められない限り、債権者の多数の意向を尊重して再生計画を成立させる趣旨である。裁判所による不認可事由のチェックを求めるのは、多数決では決定しえない事項の確認のためであり、少数債権者の最低限度の保護と手続的適正さの確保を図ることを目的とする。

民事再生法が定める不認可事由は以下のとおりである。
① 再生手続または再生計画が法律の規定に違反し、かつ、その不備を補正することができないものであるとき（民再174Ⅱ①）

② 再生計画が遂行される見込みがないとき（同②）
③ 再生計画の決議が不正の方法によって成立するに至ったとき（同③）
④ 再生計画の決議が再生債権者の一般の利益に反するとき（同④）

「一般の利益に反するとき」とは、清算価値保障原則に反する場合（破産を選択した場合に配当される見込みよりも不利な条件での配当しかなされないような再生計画案）をさす。

認可または不認可の決定は、通常、債権者集会期日の決議後、直ちになされる（115）。

2　再生計画認可の決定の確定とその効力

(1) 再生計画認可決定の確定

再生計画は、認可の決定の確定によって、効力を生じる（民再176）。認可決定は、1週間の即時抗告期間の満了をもって確定する。もちろん即時抗告がなされた場合は即時抗告の裁判が確定するまで認可決定は確定しないことになる。

(2) 再生計画の効力

再生計画の効力は、再生債務者、すべての再生債権者（届出をしていない者を含む）、再生のために債務を負担し、または担保を提供する者に及ぶ（民再177Ⅰ）。これに対し、別除権者の有する担保権、保証人等再生債務者とともに債務を負担する者に対する権利、第三者が提供した担保権には影響を及ぼさない（同Ⅱ）。

再生計画の認可決定が確定すると、届出再生債権・自認債権の権利内容は計画に従って変更され（民再179。101）、再生債権者表に再生計画の条項が記載される（民再180Ⅰ）。そして、再生計画の定めによって認められた権利を除いて、再生債務者は、すべての再生債権について、原則としてその責任を免れる（民再178。免責的効力）。その結果、自認債権を除いて未届出再生債権は失権することになる。ただし、例外として、以下の債権は届出がなくとも失権しないとされている（民再181Ⅰ。届出がない約定劣後再生債権は、原則どおり

失権する)。

① 再生債権者が責めに帰することができない事由により債権届出期間内に届出をすることができなかった再生債権で、その事由が再生計画案を決議に付する旨の決定がされる前に消滅しなかったもの
② 再生計画案を決議に付する旨の決定の後に生じた再生債権
③ 再生債務者等が知りながら認否書に記載しなかった再生債権

このうち①②は、届出再生債権と同様に計画弁済を受けるが、③は、再生計画による弁済完了までは弁済を受けられない（民再181Ⅱ）。

また、再生計画が効力を生ずると、再生計画に定められた条項を実現するために様々な措置がとられる。たとえば、合併等会社法上の組織変更が必要とされる場合には、株主総会決議等会社法上の措置がとられる（ただし、減資と新株発行については、民再183・183の2。本章Ⅰ3(2)参照）。

さらに、再生計画認可決定が確定したときは、裁判所書記官は、再生計画の条項を再生債権者表に記載しなければならない（民再180Ⅰ）。そして、この記載は、再生債務者、再生債権者、再生のために債務を負担しまたは担保を提供する者に対して、確定判決と同一の効力を有する（同Ⅱ）。その上、再生計画による変更後の権利が金銭の支払等給付請求を内容とするときは、再生債務者や再生のため債務を負担する者に対し、再生債権者表の記載に基づいて強制執行することができる（同Ⅲ）。すなわち、これによって、再生計画による変更後の権利で履行期が到来した部分に限り強制執行が可能となる。このことは、再生債務者に対する履行確保のプレッシャーとなりうる。

なお、再生計画認可の決定が確定すると、中止されていた破産手続、強制執行等の手続、財産開示手続は失効する（民再184）。

3　再生計画不認可の決定の確定

再生計画不認可の決定が確定した場合には、再生手続は終了する。一般的には、裁判所が職権で破産手続開始の決定をすることが多いと思われる（民再250Ⅰ。牽連破産）。

第8章　再生計画案の提出と債権者集会

IV　再生計画認可決定確定後の手続

1　再生計画の遂行

　再生債務者は、再生計画認可の決定が確定したときは、速やかに、再生計画を遂行しなければならない（民再186 I）。

　再生債務者が再生計画を適正に遂行しているかどうかは、監督委員が選任されているときは監督委員が監督する（同 II）。監督委員は、再生債務者の再生計画の遂行全般につき、監督を行い、適宜、再生債務者に報告を求め、裁判所に報告を行う（118 120）。

　監督委員による監督は、再生計画認可決定の確定後3年を経過して再生手続終結決定がなされるまで（あるいは3年を経過せずに終結決定がなされる場合にはそのときまで）継続される（民再188 II）。

　これに対し、管財人がいるときは、再生計画が遂行されたか遂行されることが確実と認められるに至った時点で初めて、再生債務者もしくは管財人の申立てにより、または職権で、再生手続終結の決定をする（同 III）。管財人も監督委員も選任されていなければ、認可決定確定に伴い再生手続の終結決定を行う（同 I）。また、債権者委員会も再生計画の履行確保のために監督その他の関与を行うことができ、この場合において再生債務者がその費用の全部または一部を負担するときは、再生計画中にその負担に関する条項を定めなければならない（民再154 II）。

2　再生計画の変更

　再生計画認可の決定があった後やむを得ない事由で再生計画に定める事項を変更する必要が生じたときは、裁判所は再生手続終了前に限り、再生債務者、管財人、監督委員または届出再生債権者の申立てにより、再生計画を変更することができる（民再187 I）。

　この場合、再生債権者に不利な影響を及ぼすものと認められる再生計画の変更の申立てがあった場合には、再生計画案の提出があった場合の手続が準用される（同 II 本文）。すなわち、再度、再生計画案を提出し、債権者集会期

日等における決議によって可決後、認可決定を受ける必要がある。
　再生債権者に不利な影響を及ぼすものとは認められない再生計画の変更の場合には、裁判所の変更決定のみによって変更計画の効力が生じる。

3　再生計画の取消し

　再生計画の取消しとは、再生計画認可の決定が確定した後に、再生債権の減免等による再生債権者の不利益を正当化しえない事情が判明し、または生じた場合に、再生債権者の保護のために、再生計画による権利変更を覆滅して再生債権を原状回復させる制度である（民再189Ⅶ本文。ただし、同ただし書）。取消しがあった場合には、原状回復した再生債権のうち債権調査を経て確定しているものについて再生債権者表の記載に基づいて強制執行をすることができる（民再189Ⅷ・185Ⅱ）。

　取消事由としては、再生計画が不正の手段により成立したこと、再生債務者が要許可事項を許可を得ずに行ったというような手続的な事由もあるが（民再189Ⅰ①③）、重要なのは再生計画の不履行である（同②）。この場合、再生債権者表に基づく強制執行も可能ではあるが、取消しがなければ再生計画による変更後の権利についてなされうるに過ぎない。そこで、計画を履行しない不誠実な再生債務者との関係で、再生計画の効力を全面的に消滅させてしまう再生計画の取消しの制度が認められた。手続が取り消されると破産手続に移行しうることになり（民再250。牽連破産）、これがあることにより、再生計画履行のプレッシャーとなる。

　もっとも、後者の場合、ごくわずかな不履行により再生計画を取り消すことは相当ではないので、一定の要件が課されている。すなわち、再生計画によって認められた権利の全部（履行された部分を除く）について裁判所が評価した額の10分の1以上に当たる権利を有する再生債権者であって、かつ、自己の権利の全部または一部が不履行に陥っている債権者のみが再生計画取消しの申立てをなしうるとされている（民再189Ⅲ）。

　再生計画の取消しは、監督委員の選任がない場合や、あっても計画認可後3年以上たっている場合には、最後の履行確保の手段となる。

第8章　再生計画案の提出と債権者集会

V　再生手続の廃止

　再生手続開始後に、その目的を達することなく、再生手続が終了することを再生手続の廃止という。廃止事由としては、以下のものがある。
　まず、再生計画認可前の廃止事由は、①決議に付するに足りる再生計画案の作成の見込みがないことが明らかとなったとき、②所定の期間内に再生計画案の提出がないとき、または提出されたすべての再生計画案が決議に付するに足りないものであるとき、③再生計画案が否決されたとき、または所定の期間内に再生計画案が可決されないときである（民再191）。この場合は職権によって廃止決定がなされる。また、債権届出期間経過後再生計画認可決定確定前に、手続開始原因の不存在が明らかとなったときにも、再生債務者、管財人または届出再生債権者の申立てにより、再生手続認可前の段階で手続が廃止されることとなる（民再192）。
　次に、再生債務者の義務違反による廃止事由は、①手続開始前の保全処分違反、②要許可事項を許可を得ずに行ったこと、③所定の期間内における認否書の不提出である（民再193）。この場合は、監督委員もしくは管財人の申立て、または職権によって廃止決定がなされる。
　最後に、再生計画認可後に手続が廃止されるのは、再生計画が遂行される見込みがないことが明らかとなったときである（民再194）。再生債務者等もしくは監督委員の申立て、または職権による。再生計画を履行しないとこの事由に該当しうることになるであろうから、これもその履行のプレッシャーとなる。
　いずれにしても、手続が廃止になると破産に移行しうる（民再250。牽連破産）。

VI　本件事案について

　先に述べたように、再生計画案の提出期限は再生手続開始決定日から概ね3～4月先に指定されるのが通例であるが、本件事案においても、平成17年2月7日の開始決定日から3月半後である5月23日と指定されている

135

㊷)。また、これも先に指摘したところであるが、再生計画案については、実務上、再生債務者等に、最終的な再生計画案の提出の２週間前くらいまでに、いわゆる「草案」を提出させ、その内容について、再生債務者等と、裁判所、監督委員の三者でチェックし、その上で、最終的な再生計画案を提出する扱いとなっている。本件事案においても、平成17年5月9日が草案の提出期限と定められ ①、同日、再生債務者から草案が提出されている ㊴)。また、再生計画案を決議に付するためには一般の債権調査期間の終了と財産状況報告書の提出が要件となるが（債権調査期間は4月25日に満了している。㊷)、やはり5月9日に財産状況報告書 ㊴ が財産目録（再生手続開始決定日である平成17年2月7日現在）、貸借対照表（再生手続開始決定日である平成17年2月7日現在のもの、平成16年・15年・14年の各年度のもの）、損益計算書（平成17年1月6日から2月7日までのもの、平成16年・15年・14年の各年度のもの）を添付書類 ㊾〜㊾ として提出されている（なお、財産状況報告書は貸借対照表・財産目録を添付書類として開始決定から2月以内に提出されるべきものであり〔民再規57・58〕、実際、東京地裁〔破産・再生の実務（下）7頁〔西謙二＝小河原寧〕〕や横浜地裁ではそのとおり運用されているが、甲地裁では標準スケジュールがやや遅れ気味であるところから〔第6章Ⅲ参照〕、開始決定から13週目の提出となっている。このような取扱いも、民再規57・58は訓示規定と解され、民再規60Ⅰに「特別の事情がある場合を除き」とある点を考慮すれば許容されようか）。財産状況報告書には、再生手続開始申立書に記載された「再生手続開始の原因たる事実が生ずるに至った事情」の要点が記載されているほか、不採算部門である機械設計部門から撤廃し、ドリルの研磨に特化することによって財務体質の改善を図っていること、主要取引先である㈱Hから再生手続開始申立て後も順調に受注していることなどが述べられている。その際、再生計画案草案のような弁済計画を立てるに至った根拠を説明するために資金繰り説明書が作成されているが ㊾、そこでは、研磨売上の見込み額とその算定の根拠などが示されるとともに、「債務額（租税公課）＆毎月分支払明細平成17年3月〜」㊾ を引用しつつ、法人税、所得税滞納分、住民税滞納分について支払必要見込み額も示されている。-た

第8章　再生計画案の提出と債権者集会

だ、この草案は、法人税について債務免除益課税の見込みが立たないまま立案されたものであったが、その後、再生計画案が認可された後の債務免除益課税の金額を考慮しなければならなくなったために、当初予定していた再生計画案草案の修正の必要が判明し、そのために当初5月23日までとされていた最終的な再生計画案の提出期限の6月23日までの1ヶ月の伸長を申し立て(96)、許可されている(97)。

　届出をした再生債権を取得した者は、債権届出期間が経過した後でも、届出名義の変更を受けることができる(民再96)。甲市信用保証協会は、㈱A産業がＡＡ銀行に対して負担する債務(80の進行番号35中の1～6の債務)を平成17年4月8日に代位弁済したことによって取得したそれに対応した再生債権につき、5月12日付けで債権者名義届出変更書を提出している(98)。代位弁済に関しては証拠書類が必要であるが〔民再規35Ⅱ〕、事件記録では省略してある)。平成17年5月1日から5月31日までの月間報告書によると、ドリル研磨売上は1793万円にのぼり、㈱Hとの事業協力も順調に推移していることなど、A産業の事業の再建は支障なく進んでいることが窺われる(99)。

　その後、A産業から、伸長された再生計画案提出期間の末日である平成16年6月24日に最終的な再生計画案(100)が再生債権弁済計画表(101)、資金繰り表(102)を添付資料として提出された。先に指摘したように、実務的には、それを理解しやすくするために、説明的記載事項として、再生計画案の冒頭部分において、再生債務者が再生申立てに至った経緯や、申立て後の事業の状況、当該再生計画案を策定するまでの経緯、今後の再生に向けての基本方針などの概略が総括的に記述されることが多い。本件事案でも冒頭「第1」の章立てにより、そのような内容が記載されている。また、本件事案では、絶対的必要的記載事項の1つの「再生債権の権利変更条項」として、「第2　再生債務に対する権利の変更及び弁済方法　2　一般条項(1)　権利の変更」の項目で、「再生債権については、元本及び開始決定日以前の利息損害金について、72％の免除を受ける。なお、開始決定日以後の利息、損害金については全額免除を受ける。」とされている。要するに、再

生債権（元本と開始前の利息損害金）のうち、72％をカットし、残り28％を支払うという意味である。弁済の方法は、毎年1回、10年間の分割払いとなっている（再生債権弁済計画表⑩参照。この表の記載は届出再生債権者等の権利に関する定め〔民再157〕となっている）。また、平等原則の例外として、再生債権額が20万円に満たない少額債権については、一括で支払うという条項が定められている。共益債権および一般優先債権の弁済に関しては、実務の慣例に従い、本件事案の再生計画案でも、「随時支払う。」とされているのみである。

また、開始後債権が生ずることは実際上稀であり、本件事案でも、再生計画案にそのような債権の記載はない。

平成17年6月1日から6月30日までの月間報告書によっても、この間のＡ産業の事業の再建は順調に推移しているように思われる（⑬）。また、再生計画案提出後、その可決に向けて、票読み、説得工作がＡ産業の申立代理人によって進められている（⑭）。㈱ＢＱに対しては、再生計画案から欠落した再生債権について再生計画案と同等の条件で支払をすることを約して（このような債権は再生計画の認可決定の確定に伴い失権するか、他の再生債権者の再生計画による弁済完了までは弁済を受けられないはずである）、再生計画案への同意の確約を取り付けている（⑮）。

再生計画案の提出を受けて、監督委員の意見書が提出される。この当初の提出期限は平成17年6月6日であったから（①）、再生計画案の提出期間の伸長を受けて、これも1ヶ月先に延期されたが、その期限までには監督委員の意見書も提出された。決議の方法には債権者集会の期日において議決権を行使する方法と書面等投票による方法、両者を組み合わせる方法の3つがあるが、本件事案においては、裁判所は、平成17年8月2日付けで、最初の方法による決議を行うための債権者集会の期日を平成17年9月9日午後4時、場所を甲地裁と指定した（⑯）。なお、平成17年8月5日付けで、平成17年6月10日に本店所在地を変更した旨が裁判所に上申されているが（⑰）、これは形式的な登記簿上の本店所在地から元々の実質的な本店所在地（②第3の7）に変更しただけであり、実質的な意味はない。

第8章　再生計画案の提出と債権者集会

　その後の平成17年7月1日から7月31日までの月間報告書（⑱）、平成17年8月1日から8月31日までの月間報告書（⑲）でも、Ａ産業の再建は順調に進んでいるように見える。とりわけ、後者に関しては、記録篇に添付書類である平成17年8月度の（実績）資金繰表、8月31日現在の貸借対照表、損益計算書、外注加工費・主要材料費を示した表をも省略せずに掲げてあるが（⑩〜⑭）、これらによると、資産が負債を上回り（15,731,703円）、営業損益（457,504円）、当期純損益（427,540円）も黒字となっている。そこで、後者の月間報告書提出日と同日の9月9日に開催された債権者集会で再生計画案は可決され、その後9月12日に認可決定がなされた（⑮）。このように債権者集会における可決後、あまり間を置かずに認可・不認可の決定がなされるのが実務の通例である。

　再生計画の認可決定の確定後、平成17年10月24日にはＡ産業の取締役会が開催され、再生計画に沿って債権債務を処理するための措置が取り決められた（⑯）。また、再生計画によると、㈱ＣＦは再生債権者として、計269,013円の弁済を初年度の平成17年から平成27年7月までの間に受けることになっていたが（⑩）、20万円のみの弁済を一括して受けることで平成17年11月7日付けの和解が成立した（⑰）。

　本件事案においては監督委員が選任されているので、再生計画の履行の監督は監督委員によって行われるが、平成17年12月6日付けの履行状況報告書によって、再生債務者（代理人Ｃ田ら）から初年度の弁済（通常の第1回の弁済と少額債権の弁済）が平成17年度11月末日をもって終了したことが監督委員（と裁判所）に報告されている（⑱）。「代位関係の整理」と題する書面は、甲市信用保証協会と甲県信用保証協会がＡ産業のＡＡ銀行、ＡＢ銀行、ＡＣ銀行に対する債務を弁済したことによって代位取得した債権を整理したものである（⑲）。これらの債権に対する再生計画による弁済は、各信用保証協会が受け取ることになる。さらに、平成18年3月29日付けの報告書によって、平成17年9月1日から平成18年2月28日までのＡ産業の業務および財産状況について報告がなされている（⑳）。これによると、Ａ産業は堅調な売上を計上しており、再生計画どおりの弁済を行ってもなお黒

字が見込まれるとのことである。もっとも、その後の平成18年4月1日から5月31日までの月次損益計算書（121）と同時期の月別三期比較図表〔売上高〕（122）によると、4月と5月に関しては売上実績が落ちてきて（4月は15,534,000円、5月は14,921,000円）、前年実績と目標（月1645万円。94の1）を下回っているようであり、若干気にならないでない。もっとも、これをもって直ちに問題とするには足らないであろうが、推移を慎重に見守る必要があろう。

第4部　個人債務者の倒産処理手続

第9章　消費者破産

I　本章の概要

　前章までは、主として法人の倒産を前提に破産法および民事再生法の諸論点と手続を検討してきた。しなしながら、消費者を中心とする自然人が経済的に破綻した場合、たとえば免責手続や個人再生手続など法人の倒産には予定されていない規定が適用されたり、実務上も法人とは異なった取扱いがなされることがある。そこで、本章では消費者の破産手続について、次章では個人再生について、検討する。

II　自然人が経済的に破綻した場合の手続について

1　手続の種類について

　自然人が経済的に破綻した場合に利用される手続の種類は、大別すると、一般に任意整理と呼ばれる私的整理手続と破産および個人再生と呼ばれる法的整理手続とがある。また、私的整理手続の一環として、裁判所の調停手続を利用した特定調停手続がある。

2　任意整理手続について

　債権者と債務者が法的手続によらずに任意に話し合って、裁判外の和解によって処理をする手続である。

　従前、消費者金融業者による貸付けのほとんどは、利息制限法所定の利率を超過した利率で行なわれていた（なお、利息制限法超過利率が有効となる要件を厳しく認定した最高裁判所の判決が出されたり、その後貸金業法が改正されたこともあり、多くの消費者金融の金利は利息制限法所定の利率内に改定された）。そこで、利息制限法所定の利率に利息金を引き直して計算して、引き

直し計算後の残元金を3年ないし5年程度の分割払いで支払う実務上の運用がなされている。

なお、任意整理手続では、債権者と債務者が、電話および書面による交渉で合意に至るのが一般であるものの、債務者が、必要に応じて、特定債務等の調整の促進のための特定調停に関する法律に基づき、簡易裁判所の調停手続を利用することがある。

3　個人破産手続について

債務者が、裁判所に自己破産の申立てを行い、債務全額（非免責債権を除く）について免責を受ける手続である。債務者に一定の収入がなく、借入金返済の資力がない場合に利用される。

4　個人再生手続について

債務者に一定の収入があるものの、利息制限法引き直し計算後の残元金全額を支払うほどの資金的余裕がない場合に利用されることが多い。

自己破産手続の場合には、自宅が換価されてしまうことが多いが、個人再生手続の場合には、住宅資金特別条項を利用することによって、自宅を確保できる点に大きな利用価値がある。

5　ま　と　め

以上の3つの手続をまとめると、次の表のとおりとなる。

	任意整理	個人再生	自己破産
利用の前提	収入があること	収入があること	特になし
負債の上限	無制限	住宅ローンを除く負債の総額が5,000万円まで	無制限
債務者の経済的負担	原則として元金全額を支払う	一定割合の免除を受けて免除後の金額を支払う	支払はない
弁済期間の制限	無制限、ただし3～5年が一般か	原則3年、例外5年	―

弁済総額の規定	無制限	最低弁済額が規定されている	―
居住用住宅	一般的には守れる	住宅資金特別条項を利用することによって守れる	一般には守れない
債権者間の平等	厳格ではない	厳格だが住宅資金特別条項あり	厳格
手続の煩雑さや迅速さ	一般に、簡易かつ和解まで迅速	煩雑かつ長期間を要する	煩雑だが長時間は要しない
手続選択視点 一般論	負債総額が少ない場合や債権者で取扱いを異にしたい場合に利用価値あり	残元金全額を支払うだけの資力はないが住宅を残したい場合に利用価値あり	債務者の経済的負担が一番軽い
手続選択視点 最低弁済額との関係（注）	個人再生のメリットがあるか	履行可能性があるか	

　（注）個人再生手続には最低弁済額の規定があることから、任意整理より個人再生の最低弁済額が低額になればなるほど個人再生利用のメリットが増えることになる。
　　　また、個人再生の最低弁済額の履行ができなければ、個人再生を利用できず自己破産しか選択の余地がなくなる。

Ⅲ　消費者破産手続の流れ

1　法律相談から受任通知の発送まで
(1)　法律相談での聴取事項
　最初の法律相談では、①相談者の負債総額、②生活状況（返済能力）、③資産、④経済的破綻に至った経緯を中心に事情を聴取する。

　①については、ⅰ借入先、ⅱ各借入先に対する残金、ⅲ各借入れについて借入開始から現在までの返済の状況などを聴取する。これは、利息制限法所定の利率による借入れか否か、利息制限法を超過した利率による借入れの場合には利息制限法所定の利率に引き直し計算した場合の残元金の予測を立てるためである。

　②の聴取の結果、一定の収入があり、①で聴取した予想される残元金について支払が可能な場合には、任意整理または個人再生手続を選択することが

できる。一方、返済が困難と判断される場合には、自己破産手続以外に選択肢はない。

　自己破産と個人再生の場合には、③も重要となる。すなわち、自己破産手続の場合、破産者に一定の資産がなければ同時廃止手続に、一定の資産があると破産管財人が選任されることになる。一方、個人再生手続の場合、一定の資産があると、清算価値保障原則により、最低弁済額が高額になる可能性があるからである。

　④によって、自己破産手続で免責を受ける場合に、免責不許可事由がないかを見極めることになる。

(2)　受任通知

　法律相談の結果、相談者の経済的破綻が明らかとなり、法律専門家の関与が必要と判断した場合、相談者と委任契約を締結した上で、債権者に対し、債務者の債務整理について受任をした旨の通知を出す。この通知は、一般に「受任通知」または「介入通知」と呼ばれている。

　貸金業法21条1項9号は、債務者が貸付けの契約に基づく債権に係る債務の処理を弁護士などに委託し、弁護士などから書面によりその旨の通知があつた場合に、債権者は、正当な理由がないのに、債務者に対し、当該債務を弁済することを要求してはならない旨を規定している。したがって、代理人弁護士からの受任通知の発送によって、債務者は、債権者からの取立てという精神的な負担から解放されることになるから、債務者の経済的更生の第一歩となる、受任通知は早急に発送する必要がある。

　また、実務上、受任通知では、債権者に対し、債務者とのすべての取引について開示を求めなければならないとされている。弁護士に債務整理を依頼する個人の債務者は、利息制限法所定の利率で計算した残元金額を把握していないのが一般であるから、代理人弁護士は、債権者から開示された取引履歴に基づいて、利息制限法所定の利率に引き直した計算をして残債務額を確定するのである。

第9章　消費者破産

(3)　本件事案について

　法律相談の結果、弁護士の関与が必要と判断したことから、委任契約を締結した上で（⑫）、すべての債権者に対して受任通知を発送している（①）。

　受任通知には、自己破産の申立ての方針を記載するとともに、貸金業法21条の規定を明示して（貸金業法は平成18年末の改正前は、①の文中にあるような名称であった）、債務者らに対して請求をしないよう警告をしている。また、債権者に対して債権調査票の提出を求め、負債額確定のための調査手続の資料提供を要請している。

2　裁判所に対する自己破産の申立てまで
(1)　申立書等の書類の作成

　㋐　申立書類の作成　　受任通知発送後、自己破産申立てのための書類の作成にとりかかる。各地の裁判所では個人の自己破産申立て用の書式を用意していることが多いので、裁判所の書式があるのかを確認して、書式が用意されていればその書式を利用することになる。

　申立てに際しては、申立書のほかに、債権者一覧表、財産目録、債務者の生活状況および破産に至った経緯等に関する陳述書を用意し、破産原因である支払不能（破15）を証明することになる。

　債権者一覧表は債権者から提出された取引履歴等の資料を基に、その余の書類は破産者の説明および破産者から提出を受けた資料に基づき作成する。債権者一覧表の記載に漏洩があると、記載されなかった債権について免責を受けられないことがある（破253Ⅰ⑥）。

　最高裁判所が、利息制限法超過利率が有効となる要件を厳格に認定したり（最判平成16・2・20民集58巻2号475頁）、貸金業者に対する取引履歴の開示義務を認めた（最判平成17・7・19民集59巻6号1783頁）ことから、自己破産の受付時に、債務の利息制限法所定の利率への引き直し計算が強く求められる傾向にある。したがって、引き直し計算は必ず行うよう心がけるとともに、業者が取引履歴を開示しないことが原因で申立てが遅くなりそうな場合には、債務者の経済的更生の見地から裁判所に引き直し計算ができない事情

145

を説明して手続を進めるよう要請する必要性が生じる場合もある。

(イ)　管　轄　消費者破産の管轄は、普通裁判籍の所在地を管轄する地方裁判所であるところ（破5Ⅰ）、事件の一括解決の観点から、次の破産事件が係属している地方裁判所にも申立てができる（破5Ⅶ）。

①相互に連帯保証者の関係にある個人、②相互に主たる債務者と保証人の関係にある個人、③夫婦。

(2)　本件事案について

(ア)　②～⑩は申立書とその添付書類である。申立書（②）には破産規則2条の申立書記載事項が記載されている。東京地裁（破産法書式〔消費者破産〕68頁）や横浜地裁では、申立てに際して、手続について意見を求める運用がなされている。本件事案の係属する甲地裁でも同様であり、裁判所に対し同時廃止の希望が伝えられている。

なお、資料の「早期面接」とは、弁護士が代理人として申し立て、同時廃止が相当と見込まれる事案の場合、手続の迅速化の観点から横浜地裁本庁で実施されている運用であり、申立てから3日以内に申立代理人が担当裁判官と面接して、面接日当日に開始決定を出す運用である。甲地裁でもこの方式を採用しているが、東京地裁（破産・民再の実務（中）238頁以下〔松井洋＝細川栄治〕）では、これに類似する即日面接の制度が設けられており、各裁判所ごとに手続の迅速化のための工夫された運用がなされている。

(イ)　④⑤は、財産目録である。預金以外に資産がないことが分かる。

⑥⑦は、債務者の生活状況等に関する報告書である。債務者が生活保護で生計を立てる身体障害者であること、債務者が公営の賃貸住宅に1人で暮らしていること、免責不許可事由がないこと等が記載されている。

③⑩は債権者一覧表である。公租公課の滞納はないが、貸金業者6社に対し合計162万円の負債があることが分かる。負債総額は比較的少ないが、破産者の生活状況からすると、支払不能といえよう。

多くの裁判所では申立代理人弁護士用にチェックリストを作成している（⑪）。早期面接制度の実施は迅速な手続を可能にしたが、その分、申立て時

第9章　消費者破産

点で必要書類が揃っていることや必要事項が記載されていることが今まで以上に要請されることになった。そこで、裁判所では、申立代理人弁護士用にチェックリストを作成し、書類や記載に漏洩のないよう、申立て前の確認作業を要請しているのである。

3　開 始 決 定
(1)　同時廃止と管財人選任の振り分け

破産法25条の開始要件を満たすと、裁判所は破産手続開始決定をする。

東京地裁（破産・再生の実務（中）216頁〔杉本正則〕）や横浜地裁では、法人破産の場合には、資産がない場合であっても全件破産管財人を選任する（他庁でも法人破産の場合には破産管財人が選任されるのが一般である）。これに対し、消費者破産の場合、破産管財人を選任することなく同時廃止により破産手続を終結することがある。

破産手続に要する費用は、同時廃止手続では官報公告費用等の1万数千円で足りるのに対し、破産管財人が選任されると、これに加えて予納金として最低20万円が要求される。そこで、資力の乏しい消費者破産において、実務上は、同時廃止事案になるのか破産管財事案になるのかは極めて大きな問題となる。

同時廃止事案と破産管財人選任事案の振分け基準は、各地の裁判所ごとの運用に委ねられているので、申立て前に、裁判所の運用を確認することになる。東京地裁（破産・再生の実務（中）219頁以下〔杉本〕）や横浜地裁では、消費者破産の場合、次の①または②の場合には、同時廃止とすることなく破産管財人を選任している。

①　個々の資産が20万円を超える場合　　現金、預金、保険解約返戻金、退職金債権の8分の1など、個々の債権が20万円を超える場合には破産管財事件となる。

退職金債権の評価を、原則として自己都合によって退職した場合の支給見込額の8分の1とする運用は、多くの裁判所で採用されているようである。

なお、現金は99万円まで自由財産となり（破34Ⅲ①、民執131③、民執令

1)、また自由財産拡張の制度が規定されているが（破34Ⅳ）、これらは管財人が換価を要するか否かの基準であって、同時廃止事案か管財事案かの振分け基準ではないとされている。

② 個々の資産が20万円を超えることはないが、
ⅰ 管財人による資産調査の必要がある場合　所有する不動産が1.2倍（東京地裁では1.5倍を基準としている）以上のオーバーローン状態でない場合や負債総額が5,000万円を超える場合などである。
ⅱ 管財人の活動によって財団確保ができる可能性がある場合　偏頗行為で否認権行使の可能性がある場合や消費者金融業者に対する過払金の返還請求が可能な場合などである。
ⅲ 免責不許可事由が認められ、裁量免責の相当性について調査が必要な場合

なお、東京地裁では、債務者が法人の代表者である場合には、原則として同時廃止としない扱いである。

(2)　本件事案について

申立ての一件資料からすると、破産者には金20万円以上の資産はなく（⑤）、また資産調査の必要性や財団確保の可能性、免責不許可事由も認められない（⑤⑥第6および⑨）。

裁判所は、このような事情を申立代理人との面談で口頭でも確認した上で、本件事案を同時廃止事案として、開始決定と同時に破産手続を廃止した（⑬）。

4　免責手続
(1)　破産手続廃止決定から免責審尋期日までの流れ

免責許可は、債務者の申立てに基づく（破248Ⅰ）ものの、債務者が自己破産の申立てをした場合には、当該申立てと同時に免責許可の申立てをしたものとみなされる（破248Ⅳ）。このようにみなし規定があるものの、東京地裁（破産法書式〔消費者破産〕67頁）や横浜地裁では、手続の明確性の観点

第9章　消費者破産

から、破産手続開始と免責許可とが同時の申立てになるよう、書式を工夫している。甲地裁でも同様である（②）。

　免責許可の申立てがあると、破産手続終了後（同時廃止の決定がされ、最初から個別的な権利行使禁止の効力が生じない場合を含む）でも、免責許可の申立てについての裁判が確定するまでの間は、①破産債権に基づく強制執行、仮差押え・仮処分、②破産債権を被担保債権とする一般の先取特権の実行または民事留置権による競売、③破産債権に基づく国税滞納処分はすることはできず、既にされている①②の手続は中止する（破249Ⅰ）。

　免責許可の申立ての審理につき、旧法では破産者の免責審尋が必要的とされていたが、現行破産法では期日による審尋を要しないとされた（破250Ⅰ参照）。もっとも、モラルハザード防止の観点から、旧法時と同様に審尋期日を定めている裁判所は多い。東京地裁（破産・再生の実務（中）298頁〔杉田薫〕）や横浜地裁では、現行法施行後も免責審尋期日を定めている。

　東京地裁（破産・再生の実務（中）298頁〔杉田〕）や横浜地裁の場合、破産手続廃止決定の2ヶ月程度先に免責の審尋期日が指定される。本件事案においても、甲地裁は廃止決定の平成18年2月17日から約2ヶ月後の4月17日を免責審尋期日として指定した（⑬）。

(2)　免責審尋期日

　免責審尋期日には、破産者本人も出頭する（⑭は、免責審尋期日に関する破産者本人の請書である）。

　横浜地裁の場合、免責審尋は、複数の破産者を大きな部屋に集めて一斉に行う、いわゆる集団審尋方式を採用している。ただし、審尋期日当日までに、債権者から免責に関する意見が裁判所に提出された場合、当該破産者については、集団審尋ではなく、個別に審尋を行う。これに対し、東京地裁では、かつては集団審尋を行っていた時期もあったが、現在では行われていないようである（破産・再生の実務（中）298頁〔杉田〕）。

　なお、破産管財手続の場合、債権者集会期日において免責に関する調査も行われることから、別途免責審尋期日が定められることはない。

免責審尋期日において、新たに免責不許可事由が明らかにならない限り、裁判所は免責許可決定をすることになる (⑮)。ただし、免責は取り消されることがありうる。破254)。免責不許可事由は以下のとおりである (破252Ⅰ)。
① 債権者を害する目的での破産財団所属財産の隠匿等、破産財団を不当に減少させる行為
② 破産手続の開始を遅延させる目的での著しく不利な条件での債務負担行為等
③ 非義務的偏頗行為
④ 浪費等
⑤ 破産手続開始申立てがあった日から１年以内の詐術による信用取引
⑥ 業務・財産の状況に関する帳簿・書類等の隠匿・偽造・変造
⑦ 虚偽の債権者名簿の提出
⑧ 裁判所の調査への非協力
⑨ 破産管財人等の職務の妨害
⑩ かつて免責許可決定を得た者であって免責許可決定確定の日から７年以内に免責許可の申立てがあった場合、給与所得者等再生における再生計画を遂行した者およびハードシップ免責を得た者であって再生計画認可の決定の確定の日から７年以内に免責許可の申立てがあった場合
⑪ 説明義務、重要財産開示義務、免責に関する調査に対する協力義務に違反した者

さらに、免責不許可事由がある場合であっても、裁判所は、破産手続の開始に至った経緯その他一切の事情を考慮して免責を許可することが相当であると認めるときは、免責許可の決定をすることができる (同Ⅱ)。

免責許可の決定は、確定によりその効力を生じる (破253Ⅰ)。

5 免責の効果

免責許可決定の効果として、それを得た破産者は、破産手続による配当を除き、破産債権について、その責任を免れる (破253Ⅰ本文)。この結果、この債務は自然債務になると考えるのが通説の立場である。このような効果の

発生を正当化する根拠としては、2つのものが指摘されている。すなわち、第1は理論的根拠であり、自然人は財産主体であって、この面では法人と区別する理由はなく、法人が破産によって消滅するように、個人が破産して全財産関係の清算が行われると、経済的に生まれ変わって財産主体が更新するとするものである。これは免責を誠実な債務者に対する恩恵と捉えている。第2は政策的根拠であり、自然人たる破産者の経済的更生を容易にすることを強調する。すなわち、免責は不誠実でない債務者には当然に与えられるべきものとするものであり、最近有力化しつつある考え方である。

　もっとも、以下の債権は免責許可決定にもかかわらず免責されないものとされている（非免責債権。同ただし書）。

① 租税等の請求権　　国庫収入の確保の要請による。
② 破産者が悪意をもって加えた不法行為に基づく損害賠償請求権　　悪意とは単なる故意ではなく、他人を害する積極的意欲を意味する。
③ 破産者が故意または重大な過失により加えた人の生命または身体を害する不法行為に基づく損害賠償請求権　　法益の重大性に鑑みて保護の必要性が高いと思われるので、現行法で追加された。
④ 破産者が扶養義務者として負担すべき費用に関する請求権　　前号と同じく、法益の重大性に鑑みて保護の必要性が高いと思われるので、現行法で追加された。
⑤ 雇用関係に基づいて生じた使用人の請求権および使用人の預り金の返還請求権
⑥ 破産者が知りながら債権者名簿に記載しなかった債権。ただし、債権者が破産手続開始の決定があった事実を知っていたときは自ら届け出るべきであるから除かれる。
⑦ 罰金、科料、刑事訴訟費用、追徴金、過料の請求権　　破産者に苦痛を与えることを目的としているためである。

ただし、免責許可の決定は、破産債権者が破産者の保証人、その他破産者とともに債務を負担する者に対して有する権利、および破産者以外の者が破産債権者のために供した担保に影響を及ぼさない（破253Ⅱ）。

さらに、免責許可決定の確定の効果として、破産者は当然に復権する（破255 Ⅰ①）。

Ⅳ 自由財産の範囲と自由財産拡張の制度

1 本来的自由財産

　破産者の経済的更生の観点から、法は、破産者の財産のうち一定のものについて破産財団を構成しない自由財産になると規定している（以下、これを便宜上「本来的自由財産」という）。本来的自由財産の範囲は次のとおりである（なお、破産者が破産手続開始後に取得した財産すなわち新得財産も自由財産である。破34 Ⅰ参照）。

① 金銭　　99万円まで（破34 Ⅲ①、民執131③、民執令1）
② 金銭以外の差押禁止財産（破34 Ⅲ②）
　　ⅰ　民事執行法上の差押禁止財産（民執131）
　　　・生活に欠くことが出来ない衣類、寝具、家具、台所用品、畳および建具
　　　・1ヶ月間の生活に必要な食料・燃料など
　　ⅱ　民事執行法上の差押禁止債権
　　　給料・退職金の原則4分の3相当額など
　　ⅲ　特別法上の差押禁止債権
　　　生活保護受給権（生活保護58）、老齢年金受給権（国年24）など

2 自由財産の拡張

　旧法時代より、破産者の経済的更生の観点から、多くの裁判所において本来的自由財産以外の財産であっても一定の範囲で自由財産を認める運用がなされてきた。現行法では、自由財産拡張の制度（破34 Ⅳ）が新設されたことから、本来的自由財産以外の財産にまで自由財産性を認めるこれまでの実務の運用は法律上の根拠を認められたと言えよう。

　今日、実務上重要なのは、自由財産の拡張の基準である。かかる基準は各裁判所ごとに異なっていることから注意が必要である（各地の裁判所の拡張

第9章　消費者破産

基準ついては、破産法書式〔消費者破産〕338頁以下）。

　横浜地裁では、本来的自由財産以外の財産について、次の基準で自由財産の拡張を認めている。

① 次の財産は旧法下での運用基準をそのまま維持し、当然に自由財産拡張の裁判（黙示の拡張決定）があったものと扱う。
・残高が合計20万円以下の預貯金
・見込みが合計20万円以下の保険契約解約返戻金
・処分見込みが20万円以下の自動車
・居住用家屋の敷金債権
・電話加入権
・支払見込額の8分の1相当額が20万円以下である退職金債権
・家財道具

② 上記基準を満たさない財産の自由財産拡張の裁判　個別の事情を考慮の上、相当な事情がある場合に限って拡張を認める。

　他庁のうちには、現金が99万円まで自由財産であることに鑑み、総額99万円までであれば、原則として自由財産拡張を認める基準で運用している裁判所がある。また、横浜地裁と同様に個別の財産ごとに20万円の基準を設けている裁判所においても、上記②の拡張の基準の厳しさは、裁判所ごとに異なるようである。

V　資格制限と復権

　個人破産では、各種の資格の喪失が問題となる。失われる資格としては、公的なものとして、弁護士（弁護7⑤）、弁理士（弁理士8⑫）、公認会計士（会計士4④）、公証人（公証14②）等々の資格があり、私的なものとして、後見人、保佐人、後見監督人、遺言執行者（民873③・876の2Ⅱ・852・1009）等々のそれがある。失われた資格は復権（破255以下）によって回復する。

　復権には当然復権（破255）と裁判による復権（破256）とがある。免責許可決定の確定は前者の最も重要な一例である。

153

第10章　個人再生

I　個人再生手続とは

　民事再生法のうち、個人債務者の手続に関する規定に基づく再生手続を、一般に個人再生と呼んでいる。

　平成11年12月に成立した民事再生法は、法人・個人、事業者・非事業者を問わない再建型倒産処理手続であるが、主として中小企業以上の規模の事業者の再生のための手続として構想されたものであったため、個人債務者にとっては、手続の負担が重すぎて利用が困難であると言われていた。また、住宅ローンを抱えて破綻に瀕した個人債務者が一般の民事再生手続を利用しても、自宅に設定された抵当権は、手続上は別除権とされるため、住宅を保持できないという問題もあった。

　そこで、住宅ローン等の債務を抱えて経済的破綻に瀕した個人の債務者が、自宅を保持しながら再生することができる再建型倒産処理手続を設けるために、個人債務者に関する民事再生手続の特則として、「民事再生法等の一部を改正する法律案」が平成12年11月21日に国会で可決され（施行は平成13年4月1日）、このような改正に基づく個人債務者の民事再生手続に関する特則が個人再生手続と呼ばれるようになった。

II　個人再生手続の特徴

　個人再生手続の主な特徴は、次のとおりである。
・住宅ローンについて、その弁済繰り延べを内容とする特別条項を再生計画で定め、その認可を得た上でこれを履行することにより、担保権の実行によって住宅を失うことがなく、住宅ローンを完済することができるようにした。
・再生債権の調査手続や再生計画の認可のための手続を簡素で合理的なものにすることなどにより、個人債務者が利用しやすい再生手続を整備した。

第10章　個人再生

III　個人再生事件の要件と手続の流れ

　個人再生手続には、主として商店主や農家などの個人事業者を念頭に制定された小規模個人再生手続と主としてサラリーマンを念頭に制定された給与所得者等再生手続とがある。

　小規模個人再生手続と給与所得者等再生手続は、ともに個人再生手続であることから、多くの手続や要件は共通している。そこで、本章では、小規模個人再生手続および給与所得者等再生手続を分けることなく手続の流れに沿って検討を進め、必要に応じて、小規模個人再生手続と給与所得者等再生手続とを個別に論じることにする。

　なお、手続全体の流れについては、章末のフォローチャートを参照。

1　申立てと手続の開始

　民事再生手続は、債権者または債務者の申立てによって開始される（民再21～23）。

　申立てを受けた裁判所は、申立てが民再法21条の要件を満たしているかを審査するとともに、同法25条および221条の規定によりこれを棄却する場合を除いて、個人再生手続の開始を決定する。

2　手続開始の要件

(1)　概　　説

　裁判所は、次の各要件を検討した上で、再生手続の開始決定を行う。

(ア)　申立ての要件として

　債務者に破産の原因たる事実の生ずるおそれがあること（民再21 I前段）。なお、債務者が個人事業者の場合には、当該事業の継続に著しい支障を来すことなく弁済期にある債務を弁済することができないことも併せて要件となる（同後段）。

(イ)　小規模個人再生手続開始の要件として

　①　再生手続開始の申立てに棄却事由（民再25）がないこと

② 債務者が小規模個人再生を行うことを求める旨の申述をしたこと（民再221Ⅰ）

前述のとおり、民事再生の申立ては債権者・債務者いずれもできるが、小規模個人再生を求める申述は債務者しかできない。一般に申立ては債務者からなされるから、債務者は、各裁判所が作成している小規模個人再生用の申立書式を利用して、申立てと同時に小規模個人再生を行なうことを求める旨の申述をする（同Ⅱ）。一方、債権者申立ての場合には、債務者に対し小規模個人再生を行なう意向を確認し、その申述をまって個人再生手続を進めることになる（同括弧書）。

③ 債務者が継続的にまたは反復して収入を得る見込みがあるものであること（同Ⅰ）
④ 無担保の再生債権の総額が5000万円を超えていないこと（同Ⅰ）
⑤ 債権者一覧表を提出していること（同Ⅲ）

上記④の要件を満たすのかを判断する資料として、債権者一覧表の提出が義務付けられている。

(ウ) 給与所得者等再生手続開始の要件として
① 再生手続開始の申立てに棄却事由（民再25）がないこと
② 債務者が給与所得者等再生を行うことを求める旨の申述をしたこと（民再239Ⅱ）
③ 債務者が給与またはこれに類する定期的な収入を得る見込みがあるものであって、かつ、その額の変動の幅が小さいと見込まれること（同Ⅰ）

「定期的な収入を得る見込み」の有無は、源泉徴収票等の客観的な資料に基づき将来の収入を確実かつ容易に把握できる者とされている。また、「その額の変動の幅が小さいと見込まれる」とは、少なくとも変動率が年収で見て5分の1に満たない場合にはこれに該当すると解されている。これは、可処分所得を算出する際の収入額の算定において、再生債務者の年収額につき、再生計画案提出前2年間の途中で5分の1以上の変動があった場合に、変動後の収入を基準としている民再法241条2項7号イとの対比から導かれている。

④　債権者一覧表を提出していること（民再244・221Ⅲ）

(エ)　**補足説明**　　上記要件のうち、(ア)と(イ)①(ウ)①は通常の民事再生手続の手続開始要件でもある。小規模個人再生の場合にはこれらに加えて(イ)②ないし⑤、給与所得者等再生の場合には(ウ)②ないし④の要件を備えている必要がある。

(2)　本件事案について

(ア)　**事案の概要**　　本件は、公務員で年収約430万円（手取額）の債務者が、約4年半前に購入した住宅ローンの残金約2,828万円と、その他の借入金合計約430万円の支払に窮して小規模個人再生手続の開始を申し立てた事案である。

家計全体の状況（⑥〜⑧）から、申立人と妻の収入は合計で月額40万円近くあるものの、住宅ローンの支払が月額106,137円、マンション管理費が月額32,905円と住居費関係で月額約14万円の支出となっている。また、2人の子どもの教育費が月額7万円前後かかっている。したがって、家計は、必ずしも楽とは言えない。

このような家計の状況であるにもかかわらず、陳述書によると、高校バレーをしていた長女の遠征費等に300万円以上の出費をした事実や母の治療費が嵩んだ事実が窺われるとともに、債権者一覧表によると平成17年には高額の車両を購入したものの支払に耐えられなくなり車両を返還した事実などが窺われる。

このように、もともと楽ではない家計の収支であるにもかかわらず、必要以上の支出が増大したことから、経済的に破綻を来したのが、本件申立てに至る経緯と考えられる。

(イ)　**上記要件に関連する事件記録の記載**　　東京地裁においては、個人再生手続の申立書と添付書類については大幅な簡素化を図っている（破産・再生の実務（下）370頁・374頁以下〔田辺雅弘〕）。これに対し、横浜地裁を含め、それ以外の裁判所ではより詳しい申立書と添付書類を要求している。甲地裁でも後者の扱いに従っており、本件事案でもそれに則って申立書が作成

されている（[2]。なお、民再規12～14参照）。

　申立ての趣旨（[2]）には、「小規模個人再生による再生手続を開始する、との決定を求める」旨の申述がなされて、上記(イ)②の要件を充足している。

　申立ての理由等（[2]）には、「総額5000万円を超えていない」と上記(イ)④の要件を、「破産の原因となる事実の生ずるおそれがある」と上記(ア)の要件を、「将来において継続的に又は反復して収入を得る見込みがあり」と上記(イ)③の要件をそれぞれ充足する事実を記載している。

　また、添付書類の甲第2号証で債権者一覧表を提出し（[10]）、上記(イ)⑤の要件を満たしている。この債権者一覧表によると、債務者の負債総額は金42,137,564円で、その内訳は、住宅資金貸付債権が金28,287,818円、その余の債権が合計金13,849,746円であることが分かる。

　(ウ)　その他の申立書に添付された事件記録の検討

　(a)　陳述書について　　[3]の陳述書には、債務者の職業や収入、生活の状況（家計の収支を含む）、財産の状況および申立てに至った事情等が記載されている。

　債務者の職業や収入から、裁判所は、債務者が継続的にまたは反復して収入を得る見込みがあるか否かを具体的に判断することになる。

　生活や家計の状況から、家族全体の収入額や支出の概要に関する情報を得て、履行可能性の有無を検討することを通じて、民再法25条3号に該当する事情がないかを判断する。ちなみに、債務者本人の収入でなくとも、配偶者等の世帯を共通にする者の収入も履行可能性を判断する際の収入とするのが一般である。

　財産の状況から、清算価値保障原則の基準となる最低弁済額の予測を立てる。[9]の財産目録によると、本件で債務者の財産は、現金、預貯金、積立金、退職金、生命保険解約返戻金、電話加入権、不動産であり、申立て時には、これらの財産目録に記載された財産を基準に、清算価値算出シート（[11]）を財産目録とは別途作成して、清算価値を一覧できるような運用が取られている。これによると、財産目録記載の財産の他に貸金業者に対する過払金返還請求権を有し、本件の清算価値の総額は金4,295,366円となって

いる。したがって、再生計画案における弁済総額は、同金額を下回ることはできないことになる。

　また、申立て時点で有していた財産や申立てに至る経緯などから、申立て直前に否認の対象となる行為の有無などを検討して、民再法 25 条 4 号に該当する事情がないかを判断することになる。

　このように、陳述書は、再生手続全体を俯瞰する重要な情報を記載するものであるから、誤りのないように正確に記載することが極めて重要である。

　(b)　添付書類一覧表について　　13の添付書類一覧表は、申立書に添付する書類に漏れがないかを確認するための便宜を図るとともに、提出された書類が一覧できるように作成されたものである。法令で規定されている書類ではないが、東京地裁（書式個人再生 81 頁以下参照）や横浜地裁の運用として、このような書類を用意している。記録篇の書類は横浜地裁の例にならった甲地裁のものである。

3　手続開始決定に伴う措置
(1)　開始決定に伴う措置

　(ｱ)　概　説　　手続開始の要件を満たす場合には、再生手続の開始が決定され、これに伴い、次の措置がとられる。

　①　裁判所は、再生手続開始決定と同時に、債権届出期間と一般異議申述期間を定める（民再 222 Ⅰ）。

　②　再生手続開始決定の主文、債権届出期間および一般異議申述期間が官報公告される（同Ⅱ）とともに、再生債務者と知れている債権者には、同事項を記載した書面が発送される（同Ⅲ）。

　③　知れている債権者には、②の書面のほかに債権者一覧表も送達される（同Ⅳ）。

　(ｲ)　事件記録の検討　　(a)　16は裁判所が作成した開始決定の裁判書（民再規 17）であり、主文第 1 項が「再生手続開始決定の主文」、第 2 項の(1)および(2)が「債権届出期間及び一般異議申述期間」に関する記載である。

　また実務上は、手続進行を明確にするため、開始決定と同時に「個人再生

手続進行予定表」（⓪）が作成され、このような予定表に従って手続を進行させるよう事件関係者は努力することになる。なお、個人再生手続でも、裁判所によって、あるいは同一の裁判所でも時期によって標準スケジュールが異なることがある点には注意が必要である。

(b) 履行可能性を確認する観点から、開始決定と同時に、再生計画案において想定される住宅資金貸付債権以外の再生債権に対する毎月の弁済額相当額を、再生計画認可決定まで毎月積み立てさせる運用（これを「履行テスト」などと呼んでいる）を行う裁判所が多い。

⑫によると、本件において申立て時点で申立人から提示された返済予定は、毎月金 56,154 円、賞与時金 20 万円の支払であることから（⑫第 2 の 4 参照）、裁判所は、債務者に対し、月額金 6 万円の積立てを命じている。

この積立結果は、再生計画案と同時に、証拠資料と一緒に裁判所に提出し、裁判所が履行可能性を判断する際の資料となる（㉒）。

(2) 通常の再生手続との比較

このように個人再生手続では、通常再生手続における一般調査期間に代えて一般異議申述期間を定めることとしている点と、知れている債権者には債権者一覧表をも送達しなければならない点が特徴である。

一般異議申述期間としたのは、個人再生手続では債権を実体的に確定させる手続が予定されていないからである。また知れている債権者に債権者一覧表を送達することにしたのは、債権者において自らの債権について記載が正しいものと認めれば、改めて債権の届出をする必要がなくなるみなし届出制度を採用しているからである（民再 225）。

4 個人再生委員の選任
(1) 概　説

通常再生手続で予定されている監督委員や調査委員の制度は、個人再生手続では費用対効果を勘案して設けられていない。これらに代えて、職務範囲を最低限度のものに限定した個人再生委員の制度を設けている。

なお、個人再生委員の選任基準は、裁判所により分かれており、大別すると、個人再生事件全件について個人再生委員を選任する運用と、原則として本人申立て（弁護士が代理人となっていない申立て）の場合にのみ個人再生委員を選任する運用とがある。

(2) 事件記録の検討

本件では、個人再生委員は選任されていない。

東京地裁（破産・再生の実務（下）384頁〔松井洋〕）では全件で個人再生委員を選任しているが、横浜地裁では、原則として本人申立ての場合にのみ個人再生委員を選任する運用を採用している。甲地裁でも同様であり、本件では弁護士が申し立てていることから（2の申立代理人欄参照）、個人再生委員は選任されなかったものである。

5 手続開始から再生計画案の作成まで
(1) 再生債務者の財産に関する事務

(ア) 概　説　　通常の民事再生と同様に、個人再生手続においても、再生計画に基づいて弁済する総額は、債務者が手続開始決定時に有した債務者の全財産を清算した場合の評価額より多額でなければならない（清算価値保障原則。民再174Ⅱ④・238・241Ⅱ②）。そのため、再生手続が開始されると、再生債務者は、手続開始決定時点での財産価格の評定を行うとともに、財産目録を作成して、これを裁判所に提出する（民再124・228・244）。

もっとも、本制度の利用者であるサラリーマンや零細な個人事業主に過度の負担を課さないよう、個人再生手続では貸借対照表の作成と提出は要求されない（民再228・244）。さらに、申立書添付の財産目録の記載内容と変更がない場合には、民再法124条の財産目録として申立書添付の財産目録を引用できるとして、手続が簡素化されている（民再規128・140）。

(イ) 事件記録の検討　　21は、民再法124条および125条が要求する報告書であるが、再生手続開始に至った事情並びに再生債務者の業務および財産目録について、申立書添付の資料をそのまま引用することにより、手続の

簡略化がなされている。

(2) 再生債務者の債務（再生債権）に関する事務
　通常の民事再生手続では、再生債権は届出、調査の手続を経て確定される。個人再生手続でも債権の確定までには同様の手続を踏むことになるが、次のような特徴がある。
　(ア) 再生債権の届出手続について
　(a) みなし届出制度（民再225）　債務者が作成した再生債権者一覧表に記載された再生債権については、当該債権を有する再生債権者がこれと異なる届出をしない限り、その記載どおりの届出があったとみなす制度が採用されている。前述のとおり、個人再生手続では、個人再生手続を求める申述をする際に債権者一覧表を提出することが義務付けられていることから、この債権者一覧表を債権の届出においても活用することにして、再生債権者の負担を軽減するため、債権者一覧表に記載された自らの債権の内容に異存がない場合、再生債権者に債権届出をしなくてよいものとした。
　(b) 議決権の額の届出が不要（民再224Ⅰ・244）　通常の再生手続では再生債権の内容と議決権の額が一致しないことが起こりうるため、債権届出書には、債権の内容のほかに議決権の額を記載することが要求されている（民再94Ⅰ）。すなわち、再生手続では、すべての債権を手続開始決定時において現在化・金銭化することはされていないものの、議決権の額を決定する限りで債権の均質化が図られることから（民再87）、再生債権の内容と議決権の額の不一致が起こりうるのである。
　一方、個人再生手続では、認可要件である最低弁済額（民再231Ⅱ③④）を判断する前提として条件付債権や非金銭債権を含むすべての再生債権について金銭的評価をする必要があるため、再生債権の額と議決権の額が常に一致することとなり、議決権の額の届出が不要とされた。
　(イ) 再生債権の調査手続について――認否書の制度の不採用
　通常の民事再生手続では、再生債務者等が再生債権認否書を作成して提出し、その提出後に再生債権者が認否書の記載について異議を述べる手続を採

用している（民再101・102）。

　しかしながら、個人再生手続では、前述のとおり、個人再生手続を求める申述をする際に債権者一覧表を提出することが義務付けられていることから、この債権者一覧表を債権の調査手続においても活用することにして、これに認否書と類似の機能を営ませることによって、手続を簡略化している。そして、届出があった再生債権の額または担保不足見込み額について異議のある届出債権者は、異議申述期間内に書面によって異議を述べることができる。再生債務者も異議を述べることができるが、そのためには、予めその債権額の全部または一部について異議を述べることがある旨を債権者一覧表に記載しておく必要がある（民再226Ⅰ・221Ⅳ）。

　(ウ)　再生債権の確定手続について——債権の確定は再生手続内にとどまる
　通常の再生手続が再生債権を実体的に確定するのに対して、個人再生手続では手続内で確定するにとどまる点が特徴である。
　すなわち、通常の再生手続における債権調査手続では、関係者間に争いがある再生債権について、査定の裁判が行なわれ（民再105Ⅰ）、さらに、この査定の裁判に不服がある者が異議の訴えを提起することにより、最終的には訴訟によって債権の内容を実体的に確定する（民再106Ⅰ）。これに対し、個人再生手続では、関係者間に争いのある再生債権は、個人再生委員の調査に基づく再生債権の評価の裁判によって、議決権の額や個人再生手続に特有の認可要件である最低弁済額（民再231Ⅱ③④）等の算定の基礎となる再生債権の額および担保不足見込み額を手続内でのみ確定することにしている（民再227Ⅴ～Ⅷ）。
　これは、個人再生手続の対象となる小規模な事件について、通常の再生手続におけるように債権の内容を実体的に確定する重厚な債権調査・確定手続を設けることは、時間と費用がかかりすぎて、債権者にとっても債務者にとっても経済的に合わないとされたためである。

6 再生計画案の作成・提出

(1) 再生計画案で定めるべき内容

個人再生事件の再生計画案では、「権利の変更の一般的基準を定めなければならない」（民再156）とされている。

通常の再生手続では、上記要件に加えて、①変更されるべき各再生債権についての一般的な基準に従って変更した後の権利の内容（民再157）および②債権確定手続が終了していない再生債権に対する適確な措置（民再159）を定めなければならないとされている。

しかしながら個人再生手続では、通常再生手続のように再生債権を実体的に確定する手続を予定していないことから、変更後の権利に執行力を付与する（民再180）ための①の措置は要求されていない。また、実体的な債権の確定が行われないため、既に確定した債権者との平等を確保するための②の措置も不要とされている（民再238）。

20の一覧表は、実際の弁済総額を認識しやすくするために便宜上作られたものであり、民事再生法上要求されているものではない。したがって、再生計画案に規定された権利変更の一般的基準に従って算出された各債権に対する弁済額と一覧表の弁済額に齟齬が生じた場合には、当然に再生計画案に従って算出した弁済額に基づくことになる。

(2) 小規模個人再生手続における再生計画案の検討

小規模個人再生手続において、計画案が次の各事由に該当する場合、再生計画案は不認可とされる（民再231）。したがって、再生計画案は、次の各事由に該当しないように留意しながら策定される必要がある。

① 民再法174条2項（住宅資金特別条項を定めた場合には民再法202条2項）に該当する場合（民再231 I）

・民再法229条1項は、再生計画における権利変更の内容について、原則として再生債権者間において平等でなければならないとしている。この平等とは通常の再生手続が民再法155条で衡平な差異を設けることを許容する点で実質的平等を採用しているのに対し、形式的平等を貫くものとされて

いる。ただし、破産における非免責債権の一部に対応する債権については、当該債権者の同意がある場合を除いて、債務の減免の定めその他権利に影響を及ぼす定めをすることができない（民再 229 Ⅲ）。

債権者間の平等が要求される場合にそれを害すると、民再法 174 条 2 項 1 号および 4 号に該当することになる。

・通常の民事再生手続では、弁済期間を再生計画認可決定の確定から 10 年を超えない範囲と定めるとともに弁済方法について特段の定めを置いていない（民再 155 Ⅱ）。これに対し、個人再生手続では、弁済期間を認可確定から原則 3 年、弁済方法を 3 ヶ月に 1 回以上の割合で分割弁済することを要件としている（民再 229 Ⅱ）。

したがって、これらの要件を満たさないと、民再法 174 条 2 項 1 号に該当することになる。

・民再法 174 条 2 項列挙事由のうち、実務上最も問題となるのは、第 2 号「再生計画が遂行される見込みがないとき」に該当するか否かである。

再生債務者は、予定される将来の収入から必要経費を控除した後の弁済原資と再生計画案の弁済額を比較しながら、履行可能性について慎重に検討をして再生計画案を策定する必要がある。

・個人再生手続では、手続の簡易・迅速の観点から、否認に関する規定が除外されている（民再 238 による第 6 章第 2 節の適用除外）。

手続開始決定後に否認の事実が判明した場合には、否認権の行使によって回復されるであろう財産の額を加算して算出される額を破産した場合の清算価値として再生計画案を策定するのが実務上の運用である。

したがって、否認によって回復されるであろう財産の額を加算せずに策定された再生計画案は、民再法 174 条 2 項 1 号および 4 号に該当するとされている。

② 将来において継続的に、または反復して収入を得る見込みがない場合
　（民再 231 Ⅱ①）

実務上は、期間の定まった職種で、再生計画履行中にその期間が終了する場合などにこの要件を充足するかが問題となる。

③　無異議債権の額および評価済債権の額が5000万円を越えている場合（同②）

④　無異議債権および評価済債権の総額が3000万円を超え5000万円以下の場合においては、弁済総額が債権総額の10分の1を下回っている場合（同③）

⑤　無異議債権の額および評価済債権の額が3000万円以下の場合においては、弁済総額が債権総額の5分の1または100万円のいずれか多い額を下回っている場合（同④。ただし、括弧書）

⑥　再生債務者が債権者一覧表に住宅資金特別条項を定めた再生計画案を提出する意向がある旨の記載をした場合において、再生計画案に住宅資金特別条項の定めがない場合（同⑤）

(3)　給与所得者等再生手続における再生計画案の検討

給与所得者等再生手続において、計画案が次の各事由に該当する場合、再生計画は不認可とされる（民再241）。したがって、再生計画案は、次の各事由に該当しないように留意しながら策定される必要がある。

①　民再法174条2項1号または2号（住宅資金特別条項を定めた場合には同項1号または202条2項2号）に該当する場合（民再241Ⅱ①）

②　再生計画が再生債権者の一般の利益に反する場合（同②）

再生債権者の決議がない給与所得者等再生は、小規模個人再生手続と異なり民再法174条2項4号を準用していない（民再241Ⅱ①）。そのため、民再法174条2項4号に準じる内容として規定されている。

③　再生計画が住宅資金特別条項を定めた場合で再生債務者が住宅の所有権または住宅の用に供されている土地を住宅の所有のために使用する権利を失うこととなると見込まれる場合（民再241Ⅱ③・民再202Ⅱ③）

④　再生債務者が給与またはこれに類する定期的な収入を得ている者に該当しないか、またはその額の変動の幅が小さいと見込まれる者に該当しない場合（民再241Ⅱ④）

⑤　無異議債権の額および評価済債権の額が5000万円を越えている場合

（同⑤・民再 231 Ⅰ②）

⑥ 無異議債権および評価済債権の総額が3000万円を超え5000万円以下の場合においては、弁済総額が債権総額の10分の1を下回っている場合（民再 241 Ⅱ⑤・231 Ⅱ③）

⑦ 無異議債権の額および評価済債権の額が3000万円以下の場合においては、弁済総額が債権総額の5分の1または100万円のいずれか多い額を下回っている場合（民再 241 Ⅱ⑤・231 Ⅱ④。ただし、括弧書）

⑧ 再生債務者が債権者一覧表に住宅資金特別条項を定めた再生計画案を提出する意向がある旨の記載をした場合において、再生計画案に住宅資金特別条項の定めがない場合（民再 241 Ⅱ⑤・231 Ⅱ⑤）

⑨ 過去に破産免責等を受けた再生債務者については、一定期間経過前である場合（民再 241 Ⅱ⑥・239 Ⅴ②）

給与所得者等再生では債権者による再生計画案の決議が省略されている（民再 240）ことから、債権者の利益保護を十分にするとともにモラルハザードを防止するために、本要件を規定した。

⑩ 弁済総額が可処分所得の2年分以上であること（民再 241 Ⅱ⑦）

この可処分所得の算出方法は次のとおりである。

まず、はじめに、再生債務者の1年分の実質収入額を算出する。その算出方法は、原則として、過去2年間の収入の合計からこれに対する所得税、住民税および社会保険料に相当する額を控除した額を2で除した額とする（民再 241 Ⅱ⑦ハ）。そして、この実質収入額から、政令で定める再生債務者本人およびその扶養を受けるべき者の最低限度の生活を維持するために必要な1年分の費用の額を控除し、控除後の額を可処分所得とする（民再 231 Ⅱ⑦柱書Ⅲ）。

なお、このこととの関連で、給与所得者等再生においては、通常再生と同一事由（民再 189）によるほか、再生計画による弁済総額が清算価値または可処分所得2年分のいずれか多い方を下回っていることが再生計画認可決定後に判明したときにも裁量的に取消しが可能とされている（民再 242）。

(4) 補足説明

このように、個人再生手続における再生計画案の内容については、弁済総額について清算価値保障原則以外の要件を要求するとともに、弁済方法についても弁済期間の短縮や最低3ヶ月に1回の弁済を要求するなど、通常再生手続よりも厳格な規制をしているが、これは後述の再生計画案決議の手続を簡素化することに伴うものである。

(5) 事件記録の検討

(ア) 再生計画案の概要　　事件記録17ないし19が再生計画案である。17第1の1⑴⑵で「権利の変更の一般的基準」を定めるとともに、1⑶で弁済方法を定めている。本再生計画案は、原則に従って弁済期間は3年間であり、1ヶ月に1回の弁済と賞与月の加算支払の内容となっている。

また17第1の2では住宅資金特別条項が規定され、18では住宅の特定が、19では住宅資金貸付債権を保証した保証会社が設置した抵当権の特定が、それぞれなされている。

再生計画案とともに20の返済計画案が作成されて提出されるが、前述のとおり、これは法律の規定に基づくものではなく、各債権者に対する支払金額と毎月の支払金額を一覧する便宜から、運用により要求されている書類である。

(イ) 履行可能性に関する判断　　20によると、本再生計画案における毎月の支払総額は金55,300円（初回のみ金736,917円）である。また、ボーナス月は金178,040円が加算される。

他方、再生債務者の毎月の収支を検討すると、弁済原資となりうる収入から支出の残金が、平成20年4月が金21,869円（＝436,244円－414,375円。6）、同年5月が金67,783円（＝495,243円－427,460円。7）、同年6月が金49,342円（＝495,253円－445,911円。8）となり、申立て前の生活状況からすると、再生計画案で予定されている毎月の弁済額55,300円の履行可能性については微妙ではある。しかしながら、開始決定後の平成20年9月から11月まで毎月金6万円の積立てがなされている。また、平成19年

12月に金70万円、同20年6月に金65万円の賞与を受けている（[3]第1の2(2)）。

このような収支の状況から、計画案に記載された弁済額の弁済が不可能とはいえないことから、「再生計画が遂行される見込みがない」（民再174 II②）とはいえないとして再生計画の認可決定がなされた。

7 再生計画認可の手続

(1) 概　説

通常の再生手続では、原則として債権者集会で再生計画案の決議をすることとされていて（民再169 II①）、また、再生債権者の多数の積極的な同意のあることが再生計画案の可決の要件とされている（民再172の3 I）。これに対し、手続の簡易・迅速の観点から、個人再生手続では、次の特則を規定している。

① 小規模個人再生手続における再生計画案決議の手続　債権者の出頭の負担を考慮して、常に書面決議によることとし（民再230 III・169 II②）、また可決の要件については、債務者の負担を考慮して、再生計画案に同意しない旨を記載した書面を裁判所に提出した債権者が半分に満たなければ可決があったものとみなすという消極的同意要件を採用している（民再230 VI）。

② 給与所得者等再生手続における再生計画認可の手続　再生計画案に不認可事由があるかどうかについての債権者の意見聴取のみを行い（民再240）、再生計画案に対する債権者の決議を省略している。

これは、可処分所得の2年分以上を再生債権者への弁済に当てることを要件にしたことにより、再生債権者の利益は確保されていると考え、手続をより簡素化したものである。

(2) 再生計画認可決定確定の効果

再生計画の認可決定が確定すると、再生債権者の権利は権利変更の一般的基準（民再156）に従って変更される（民再232 II）。個人再生手続は、通常の再生手続の場合よりも短い期間内の弁済によって再生債務者をすべての債務

から解放して、その再生を図る手続であるから、再生計画認可決定の確定によって、期限付債権や条件付債権も実体的に金銭化・現在化されるとされている（同Ⅰ）。

未確定再生債権については、未届出再生債権で債権者に帰責事由がある場合や異議があるにもかかわらず評価申立てをしなかった場合は、計画弁済期間満了まで弁済を受けることはできない（同Ⅲ）。このような未確定債権者まで弁済に加えると、弁済計画の予定が狂うことから、時期的に劣後扱いにしたのである。ただし、帰責事由がないような場合にまで劣後扱いにするのは相当ではないから、そのような場合は、上記の取扱いはなされないことになっている。

他方、非免責債権については、法律上当然に、一般的基準に従って弁済をしなければならず、かつ、再生計画で定められた弁済期間が満了する時に、その債権額から弁済期間内に弁済した残額について弁済しなければならないとされている（同Ⅳ）。また、未確定の非免責債権については、再生計画で定められた弁済期間が満了する時に、全額について弁済しなければならない（同Ⅴ）。

(3) 事件記録の検討

23のとおり、本件事案は、小規模個人再生手続であるから、裁判所は、書面決議に付す決定をなしている。決定の第2項では、再生計画案に同意しない者がその旨を回答する期間を平成21年1月7日と定めている。

そして、24のとおり、本再生計画は、平成21年1月9日、裁判所によって認可された。なお、再生計画は、認可の決定の確定をもって効力が発生する（民再176）。

8 再生計画認可決定後の手続

(1) 法律の規定

通常再生手続では、監督委員に再生計画の遂行の監督をさせることができるとされているが（民再186Ⅱ）、個人再生事件では、費用対効果を勘案し

て、再生計画の履行監督機関を設けず、再生計画認可決定の確定によって手続は当然に終結する（民再233）。

また、個人再生手続では、収入の減少によって再生計画の遂行が著しく困難となった場合に、弁済期間を最大で2年間延長することを内容とする再生計画の変更手続を定めるとともに（民再234）、履行が最終段階まで進んだ後に、病気その他の債務者の責めに帰することができない事由で再生計画を遂行することができなくなった場合に特別の免責制度（ハードシップ免責）を設けている（民再235）。

(2) 再生債務者に残された事務

再生債務者は、再生計画の認可決定が確定した後、再生計画に従って再生債権者に弁済をしなければならない。そのため、再生債務者は、認可決定後、弁済に向けての準備を行なう。具体的には、再生債権者宛てに、再生計画の認可決定を受けたことを伝えるとともに、再生計画に基づく弁済金の振込先の連絡を依頼する (㉕㉖)。

再生債務者は、再生債権者から連絡を受けた振込先 (㉗) に、再生計画に従って弁済をしていくことになる (㉘)。

Ⅳ 住宅資金特別条項について

1 はじめに

前述Ⅰで述べたとおり、平成12年11月21日に国会で可決されて成立した民事再生法の改正法では、住宅ローンについて、その弁済繰り延べを内容とする特別条項（以下「住宅資金特別条項」という）を再生計画で定め、その認可を得た上でこれを履行することにより、担保権の実行によって住宅を失うことがなく、住宅ローンを完済することができるようになった（民再196以下）。

住宅資金特別条項は、通常の民事再生手続でも利用することができるが、個人の再生債務者を対象とした規定であり、かつ実務上は、小規模個人再生または給与所得者等再生と併せて利用されることがほとんどであることか

ら、本章で検討することにする。

2 住宅資金特別条項の概要

民再法196条3号で定義されている住宅資金貸付債権については、再生計画において、その弁済の繰り延べを内容とする住宅資金特別条項を定めることができる（民再198）。

住宅資金貸付債権に対する弁済は、元利金の全額を、既に弁済期の到来しているものは一般の再生債権についての弁済期間（原則3年）内に支払い、まだ当該弁済期が到来していないものは当初の分割払いの約定どおりに支払うのが原則である（民再199Ⅰ）。なお、そのような原則的な弁済ができない場合について、民再199条2項および3項はリスケジューリングの規定を用意して、一定の要件の下で住宅資金特別条項を利用しやすいよう配慮している。

3 手続の流れ

(1) 申　立　て

住宅資金特別条項を定めた再生計画案は、再生債務者のみが提出することができ（民再200Ⅰ）、再生債務者は住宅資金特別条項を定めた再生計画案を提出する意思があるときは、申立書に添付する債権者一覧表にその旨並びに住宅資金貸付債権を表示しなければならない（民再221Ⅲ③④・244）。

⑩は申立書に添付された債権者一覧表であるところ、その表1に住宅資金特別条項を定めた再生計画案提出の予定がある旨が記載されるとともに、債権者一覧表のうち債権者番号6番の債権者が有する債権番号1番の債権が住宅資金貸付債権である旨が表示されている。

また、実務上は、手続の明確化を図るため、申立書において、住宅資金特別条項を定める予定の有無について申述させる扱いをしている。

②では、住宅資金特別条項を定める予定がある場合には、同項目にレ印を付す運用がなされている。

(2) 保証会社による代位弁済がある場合

　原則として、住宅資金貸付債権者に代位弁済した者については、特別条項を定めることはできないが（民再198Ⅰ括弧書）、例外的に、保証会社が代位弁済したときは、保証債務の全部の履行をしてから6月以内に限って特別条項を定めることができる（同Ⅱ）。住宅ローンには多くの場合に保証会社による保証が付されているが、原則のままでは、そのような場合に特別条項の適用ができなくなってしまうし、保証会社の場合には、それ以外の者が代位弁済した場合とは異なって、特別条項の適用を強いても酷とはいえないからである。

　この場合、代位弁済後の再生手続で住宅資金特別条項を定めた再生計画の認可決定が確定したときは、代位弁済は原則としてなかったものとみなされる（民再204Ⅰ。いわゆる「巻戻し」）。これを認めずに特別条項を定めることとすると、保証会社が元の住宅ローン期間の間、再生債務者から弁済を受け続けることになるが、保証会社は、弁済代位後短期間のうちに競売を申し立てて求償債権を回収することを業務内容としており、長期の債権管理のための体制を整えていないのが通例である。そこで、巻戻しを認めて、元の住宅資金貸付債権者を特別条項の相手方とすることとした。

　その結果、代位弁済はなかったことになり、保証会社の求償権は遡及的に消滅するし、保証会社が取得していた債務者に対する住宅資金貸付債権は、法律上当然に住宅資金貸付債権者に復帰する。保証会社の保証債務も復活し、保証会社の代位弁済金を住宅資金貸付債権者が保持する根拠も失われるから、保証会社に不当利得として返還しなければならないことになる。もっとも、認可決定確定前に債務者が保証会社に対してしていた弁済は、その効力を保持する（民再204Ⅱ）。

(3) 抵当権の実行手続の中止命令と弁済許可の申立て

　(ア) 中止命令　再生計画認可決定の確定に至るまでの間に抵当権が実行されると住宅保持の目的は達成されないこととなるから、手続中に抵当権が実行されて住宅が売却されるのを阻止する必要がある。そこで、担保権の実

173

行の中止命令（民再31）の制度に加え、再生債務者の申立てによって、より緩和された要件（「再生計画の認可の見込みがある」ことのみが要件である）の下に住宅資金貸付債権に係る抵当権の実行の中止を命ずる制度が設けられている（民再197Ⅰ）。

(イ) 弁済許可の申立て　再生債務者の中には、他の債務については履行を遅滞しながら住宅ローンだけは契約どおり支払を続けているという者も珍しくない。このような者は他の債務についてのみ減免を得るために再生手続の利用を求めている。ただ、再生手続の開始によって再生債権に対する手続外の弁済が禁止されるが（民再85Ⅰ）、住宅資金貸付債権も再生債権であるから、手続開始後に弁済することはできないこととなってしまう。しかしながら、その結果、再生債務者が住宅資金貸付債権の残元本全額について期限の利益を喪失することになり、その後再生計画認可決定の確定時までに多額の遅延損害金が発生するリスクを負うこととなる。

そこで再生債務者は、申立ての際に、裁判所に対し、併せて住宅資金貸付債権に対する弁済の許可（民再197Ⅲ）を申し立て、その許可を得て住宅ローンを弁済していくことになる。そして再生計画には、住宅資金貸付債権について特に権利変更をしない住宅資金特別条項を置くことになる。

14は申立代理人が裁判所に提出した住宅資金貸付債権に対する弁済許可の申立書であり、第2項「申立の理由」において、民再法197条3項の要件に該当する事実が記載されている。15で、この申請は許可されている。そして、再生計画には当初の契約どおり住宅資金貸付債権を弁済する旨が記載されている（17第1の2(5)）。

(4)　住宅資金特別条項の作成

内容については、前記2記載のとおり。

(5)　決議と再生計画の認可

住宅資金特別条項を定めた再生計画案の決議において、住宅ローン特別条項によって権利変更を受ける者や保証会社は議決権を有しない（民再201

第10章　個人再生

Ⅰ）。これらの者に一般の再生債権と同様の議決権を与えると、債権額の大きい住宅ローン債権者の意向によって再生計画案の内容がすべて左右されてしまうためである。そこで、住宅資金特別条項による権利変更の内容を厳格に法定すること（民再199）等によって住宅ローン債権者の利益を十分に確保することにして、議決権を有しないこととした。

　もっとも、裁判所は、住宅ローン債権者に対する意見聴取をしなければならず（民再201Ⅱ）、この意見は裁判所が当該再生計画案を決議に付すかどうか（ただし、横浜地裁のように、住宅ローン債権者に対する意見聴取と小規模個人再生における書面決議または給与所得者等再生における意見聴取〔本書Ⅲ7⑴参照〕とを同時に行う取扱いもある）、当該再生計画案が可決された場合に再生計画認可の決定をすべきか否かの重要な資料になる。

　裁判所は、住宅資金特別条項を定めた再生計画案が可決されたときは、不認可事由がある場合を除いて再生計画認可の決定をする（民再202Ⅰ）。不認可事由は以下のとおりである（同Ⅱ）。

① 再生手続・再生計画の重大な法律違反
② 再生計画決議が再生債権者の一般の利益に反するとき
③ 再生計画が遂行可能であると認められないとき
④ 再生債務者が住宅の所有権を失うことになると見込まれるとき
⑤ 再生債務者が住宅の用に供されている土地を住宅の所有のために使用する権利を失うことになると見込まれるとき
⑥ 再生計画決議の不正な方法による成立

上記③で積極的に遂行可能性の認定を要求している（民再174Ⅱ②対比）のは、特別条項は長期弁済となるのが一般的であり、認可後の住宅価格の低下等のリスクを債権者が負担することや、債権者の同意を必要としないで認可に至ることに鑑みて、住宅資金貸付債権者の保護を図るとの趣旨である。また、④⑤は住宅保持の目的による特別な不認可要件である。

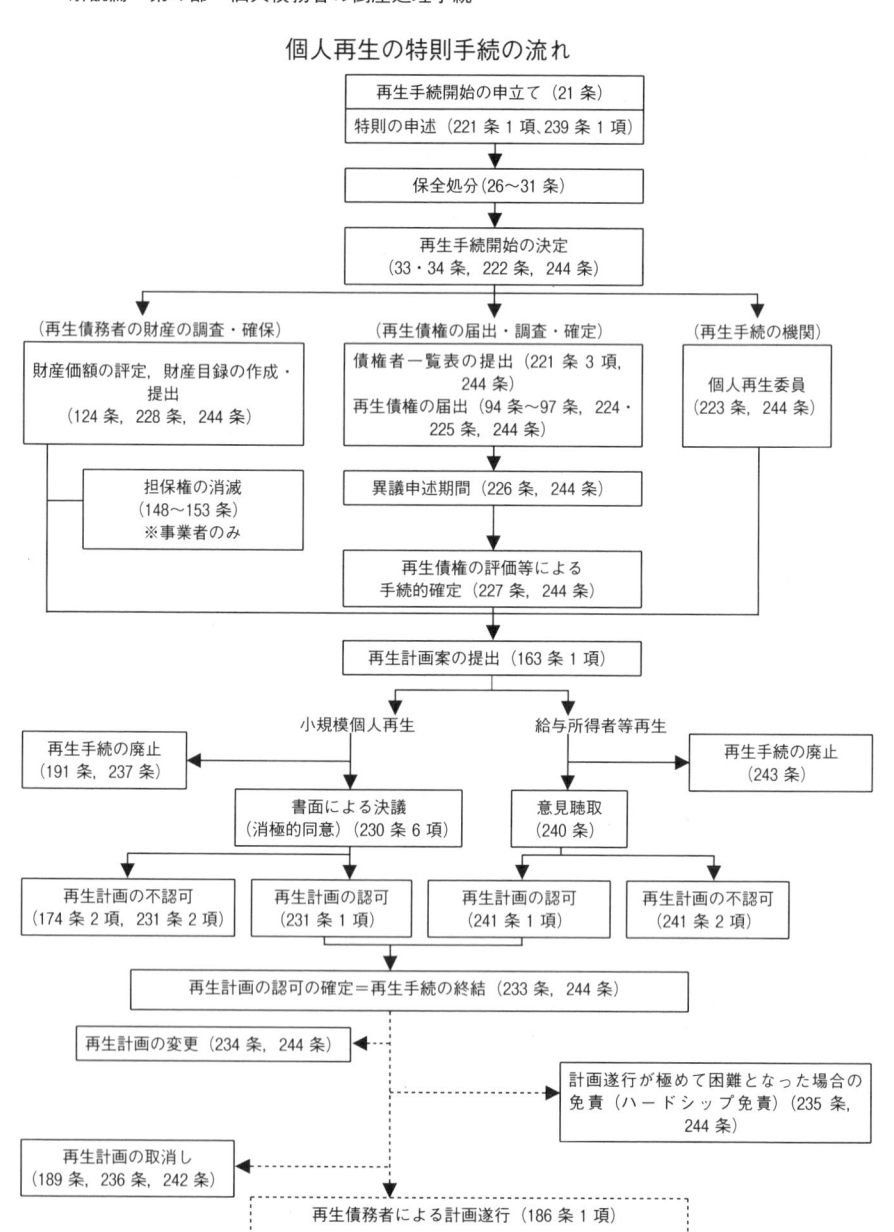

解説篇　第4部　個人債務者の倒産処理手続

個人再生の特則手続の流れ

```
再生手続開始の申立て（21条）
特則の申述（221条1項, 239条1項）
        ↓
保全処分（26〜31条）
        ↓
再生手続開始の決定
（33・34条, 222条, 244条）
```

- （再生債務者の財産の調査・確保）
  - 財産価額の評定, 財産目録の作成・提出（124条, 228条, 244条）
  - 担保権の消滅（148〜153条）※事業者のみ

- （再生債権の届出・調査・確定）
  - 債権者一覧表の提出（221条3項, 244条）
  - 再生債権の届出（94条〜97条, 224・225条, 244条）
  - 異議申述期間（226条, 244条）
  - 再生債権の評価等による手続的確定（227条, 244条）

- （再生手続の機関）
  - 個人再生委員（223条, 244条）

↓
再生計画案の提出（163条1項）

小規模個人再生
- 再生手続の廃止（191条, 237条）
- 書面による決議（消極的同意）（230条6項）
  - 再生計画の不認可（174条2項, 231条2項）
  - 再生計画の認可（231条1項）

給与所得者等再生
- 意見聴取（240条）
  - 再生計画の認可（241条1項）
  - 再生計画の不認可（241条2項）
- 再生手続の廃止（243条）

↓
再生計画の認可の確定＝再生手続の終結（233条, 244条）

- 再生計画の変更（234条, 244条）
- 再生計画の取消し（189条, 236条, 242条）
- 計画遂行が極めて困難となった場合の免責（ハードシップ免責）（235条, 244条）
- 再生債務者による計画遂行（186条1項）

（1問1答個人再生29頁に加筆して転載。条文は民事再生法のものである。）

問題篇

本篇において、本件破産会社㈲A商店とは記録篇「Ⅰ 法人破産事件」の㈲A商店を、本件再生債務者㈱A産業とは記録篇「Ⅱ 通常民事再生事件の記録」の㈱A産業を、A野A助とは記録篇「Ⅲ 消費者破産事件の記録」のA野A助を、A川A一とは記録篇「Ⅳ 個人再生事件の記録」のA川A一を指す。また、アルファベット大文字1文字または2文字で登場するアクターは、それぞれの事件記録中に当該記号によって現れるアクターを指す（Ⅰ～Ⅳのどの記録中に現れるアクターであるかは、前後関係から判明する）。また、大文字1文字と小文字1文字の組み合わせで登場するアクター（たとえば、Aa）は、記録篇には登場せず、解説篇にのみ登場するアクターである。

第1講　倒産法総論

> Q1　倒産処理の方法にはいかなるものがあり、それぞれにどのような長所と短所があるか。

(1) 再建型の倒産手続と清算型の倒産手続とは、どのような点が異なるか。
(2) 特別清算手続は、破産手続に比べてどのような特徴を有するか。
(3) 再生手続と会社更生手続とは、それぞれどのような特徴を有するか。とりわけ、①再生ないし更生計画認可前後の事業経営権の帰属、②担保権者の取扱い、③従業員の退職金の取扱い、④とりうる再建手法、にはどのような相違があるか。

☆倒産法概説 20-35 頁、伊藤 21-35 頁、破産・再生の実務（上）4-7 頁〔西謙二＝杉本正則〕・（下）4-7 頁〔西謙二＝小河原寧〕、Q＆A民事再生 35-40 頁〔長谷川宅司〕

> Q2　私的整理とはどのようなものであろうか。

(1) 企業の清算型の私的整理は、一般的に言って、どのように進行するか。
(2) 私的整理のメリット・デメリットとしては、どのようなものが指摘されているか。
(3) どのような場合には、私的整理によらずに、法的倒産手続によらざ

問題篇

を得ないことになるか。

☆伊藤 36-44 頁、今中ほか 66-74 頁、山本 17-26 頁、池田靖「各手続選択の際の一般的・個別的要因」清水直編著・企業再建の真髄 55-72 頁（2005 年）、清水直「私的整理」清水直編著・企業再建の真髄 583-603 頁（2005 年）

> Q3　各状況において、いかなる倒産手続が可能であるか、また、適切であるか。

　各種倒産手続の特色（Q1・Q2で検討した特色）を考慮すると、以下の各状況においていずれが利用することのできる、もしくはできない、または適切な手続であろうか。なお、(2)以下は、債務者が法人であることを前提にしている。

(1)　債務者が自然人であるか法人であるか。法人である場合、株式会社かその他の法人であるか。
(2)　既に一部の債権者に弁済がなされていたり、財産の投げ売りが行われていたりするか。
(3)　債務者の規模が大きいか小さいか。また、負債額、債権者数、従業員数が多いか少ないか、債権者にめぼしい財産がほとんどもしくは全くないか、または、ある程度の財産があるか、もしくはある程度のキャッシュフローがあるか。
(4)　大口債権者（金融機関、買掛代金債権者等の取引先）、特にメインバンクの意向が再建に協力的であるか。それとも、各債権者が自己の債権の回収のみに走っているか。さらには、整理屋の介入までみられるか。再建に協力的であるとしても、現在の経営陣に対しては不信感を抱いてい

第1講　倒産法総論

るか、あるいはそのようなことはないか。
(5) 債務者の営業部門には、順調に利益を上げているところもあるが、他の部門が大幅な損失を生み出しており、結局これが債務者の経営状態全体を圧迫している場合と、すべてにわたって営業がうまくいっていない場合。

☆多比羅誠「会社更生手続の選択基準」新裁判実務大系 (21) 28-37 頁、池田靖「民事再生手続の選択基準」新裁判実務大系 (21) 313-321 頁

Q4　㈲A商店と㈱A産業の事例を比較せよ。

(1) ㈲A商店と㈱A産業の事例を比較し、前者においては破産手続が、後者においては民事再生手続が取られた理由を説明せよ。後者について私的整理や特定調停によって再建を図る可能性はなかったか。また、破産手続によって事業の継続を図る余地はなかったか。
(2) 仮に、A商店をめぐって以下に示す①〜③のうちの一つまたは複数の条件が備わっていたら、どのような倒産手続によることが適切といえるか。
　① A商店が会社の目的（Ⅰ④参照）どおり麺類の製造・販売を行っていたとして、創業以来使用していた製麺工場の建物とその敷地は同社の所有で、敷地にはそれなりの価値があるとする。ただし、それらにはG銀行とE信用金庫を抵当権者とする1番抵当と2番抵当が設定されている。
　② 代表取締役B野B夫の義兄であるAaが当面の運転資金を出資するが、引き替えに自分を代表権のある取締役にするように、提案している。
　③ スーパーマーケット2店はまだ閉鎖しておらず、その売上は不調

問題篇

で、大幅な赤字を生み出している。しかし、創業以来製造・販売している麺類は評判がよく、地元ばかりでなく、インターネットを通じて全国的にも販売されており、かなりの利益を上げている。

☆民再法逐条研究 17-18 頁、佐藤鉄男「病院倒産」高木新二郎＝伊藤眞編・講座倒産の法システム（4）326-328 頁（2006 年）、多比羅誠「事業再生の手段としての破産手続の活用」新裁判実務大系（28）32-49 頁

> **Q5** 各種の倒産処理方法のいずれが実施されるかについての優先順位に関し、いかなる法則があるか。

　日本の倒産法制では、関係者（債務者・倒産者、債権者等）が各種の倒産処理方法を選ぶことができるようになっている。その結果、一人の債務者につき複数の倒産手続が申し立てられる場合があり得る。その場合、いずれの手続が優先して採用されるかについて、一定の法則がある。それはどのような法則か。

☆伊藤 920-921 頁、倒産法概説 35-36 頁

> **Q6** 同一の債務者に複数の倒産手続が競合する場合には、どのような処理がなされるか。

(1) 本件再生債務者㈱A産業に係る事案において、平成 16 年 12 月 27 日に、A産業に対する一般債権者の一人である㈱BA（Ⅱ⑥の 1 番の債権者）がA産業に対する破産手続開始の申立てをしたところ、A産業が再

第1講　倒産法総論

生手続開始の申立てをした平成17年1月6日の時点では、BAの申立てに対する裁判はまだなされていなかった。この場合におけるA産業の破産手続と再生手続の帰趨はどうなるか。
(2)　A産業に係る事案において、平成17年1月13日に、A産業の債権者の1人であるAB銀行（Ⅱ⑤）がA産業に対して会社更生手続開始の申立てをした。この場合におけるA産業の再生手続と更生手続の帰趨はどうなるか。

Q7　再生手続から破産手続に移行した場合には、どのような処理がなされるか。

　本件再生債務者㈱A産業は再生計画を当初、順調に履行していたが、重要取引先の㈱Hが取引先の不渡り手形をつかまされて倒産してしまったために、そこからの受注が激減し、平成20年分の弁済金の支払ができず、その後の再生計画の履行も不可能と見込まれるに至ったとする。そこで、甲地裁は、平成20年10月3日、再生手続の廃止決定をしたが、A産業はこの決定に対して即時抗告期間内の同月15日に即時抗告を提起した。

(1)　一般的に言って、破産手続開始前の再生債務者について、破産手続の開始を申し立てることができる場合があるか。あるとすれば、それはいかなる場合か。また、破産手続開始後の再生債務者について、再生計画認可決定の確定により破産手続が効力を失った後に、破産手続の開始を申し立てることができる場合があるか。あるとすれば、それはいかなる場合か。
(2)　一般的に言って、破産手続開始前の再生債務者について、裁判所が職権で破産手続開始決定をすることができるのは、いかなる場合か。ま

183

問題篇

た、破産手続開始後の再生債務者について、再生計画認可決定の確定により破産手続が効力を失った後に、裁判所が職権で破産手続開始決定をしなければならないのは、いかなる場合か。

(3) 上記設例で抗告審の手続が係属中の同月18日に、債権者㈱BA（Ⅱ⑥の1番の債権者）がA産業に対して破産手続開始の申立てをした。この申立ては適法か（民再39Ⅰ参照）。申立てがない場合に、裁判所は、破産原因たる事実があると認めて職権で破産手続の開始決定をすることができるか。この場合、A産業の代表取締役B野B一が、再建をあきらめて残った財産を廉価で処分してしまいそうであるとすれば、裁判所はこれに対してどのように対応しうるか。

(4) A産業に係る再生手続において届出をした債権者は、(3)の破産手続において改めて債権届出をする必要があるか。

(5) 次の権利は(3)の破産手続上どのように扱われるか。
  ① A産業に材料を納入した取引先業者GB㈱（Ⅱ[74]）の売掛代金債権
  ② 再生手続係属中にAA銀行（Ⅱ⑤）が新たに事業資金500万円を融資したとして、その返還請求権
  ③ 再生計画によって権利変更を受けた再生債権。ただし、破産手続開始時に既に一部弁済済みである（Ⅱ[101]参照）。

(6) 上記と異なり、A産業の再生計画案は債権者集会で否決され、そのために平成17年9月12日に再生手続廃止決定がなされ、その後、破産手続開始決定がなされたとする。この間、A産業の従業員EDは引き続いてそこで働いてきたが、再生手続開始前の平成17年1月分の給料も、その後の2月から4月までの給料の支払も受けられないので、4月末日をもって退職してしまった。これらの未払賃金債権は、破産手続上どのように扱われるか。

☆伊藤921-927頁、倒産法概説36-38頁、新注釈民再法（下）168-171頁〔小原一人〕・523-546頁〔笠井正俊〕、条解民再法882-890頁〔加々美博久〕・1141-1162頁〔八田卓也〕、破産・民再の実務（下）326-334頁〔小河原寧〕

第1講　倒産法総論

> Q8　関係人の合意に基づく事業再建の手続としては、どのようなものがあるか。

(1)　政府の要請に基づき、金融界および産業界の代表者の合意として策定された私的倒産処理手続を遂行する上での基本方針がある。それはどのような特色を有し、また実務上どのように機能しているかを、利用資格、手続の流れ、再建計画の内容の点に留意しながら、明らかにしなさい。
(2)　平成11年に特定調停法（特定債務等の調整の促進のための特定調停に関する法律）が制定されたことは、どのような背景によるのか。また、特定調停は一般の調停とどのような点で異なるのか。また、法的倒産手続によっては取りえないが、これによれば可能な再建の手法としては、どのようなものが考えられるか。
(3)　平成19年の産業活力再生法による事業再生ＡＤＲの目的とメリットは、どのような点にあるか。また、その特徴を、特に、①その主体となる機関、②具体的な手続実施者、③事業再生計画策定に至るまでの手続、④事業再生計画の内容、⑤この手続と特定調停、再生手続、会社更生手続、信用保証との関係、の点に即して明らかにしなさい。

☆佐藤鉄男「裁判外紛争解決と法的倒産処理の関係」今中古稀・最新倒産法・会社法をめぐる実務上の諸問題528-529頁（2005年）、多比羅誠ほか編・私的整理ガイドラインの実務（2007年）、「私的整理に関するガイドライン」金法1623号13-28頁（2001年）、座談会「『私的整理に関するガイドライン』の諸論点」金法1629号6-27頁（2001年）、特定調停法研究会編・一問一答特定調停法（2000年）、「『産業活力の再生及び産業活動の革新に関する特別措置法』に基づく事業再生ADR制度について～早期事業再生のために～」経済産業省ホームページ（経済産業／経営イノベーション・事業化促進／産業活力の再生及び産業活動の革新に関する特別措置法の概要及び認定実績について）、山宮慎一郎「事業再生ＡＤＲ手続の流れ」事業再

問題篇

生実務研究会＝事業再生ＡＤＲ委員会編・事業再生ＡＤＲの実践 27-52 頁（2009 年）

特定調停については⇒第 15 講Ｑ１も参照

第2講　倒産手続の開始

> Q1　再生手続開始申立てはどのようにして審理されるか。

　再生手続開始申立てを受けた裁判所は、その申立ての当否を判断するためにどのようにして情報を収集するのか。また、再生債務者である会社の従業員は、どのような局面で、どのような方法で、その意向を手続に反映させることができるか。

☆破産・再生の実務（下）91-98 頁〔諸星聖臣〕、民再実務 126-128 頁〔高木裕康〕、倒産法概説 425-426 頁

> Q2　公法人に破産能力があるか。

　債務超過に陥り、事業の遂行が困難になった健康保険組合について破産手続開始の申立てをすることができるか。財産区はどうか。

☆伊藤 60-61 頁、大決昭和 12・10・23 民集 16 巻 1544 頁、百選 3 事件〔山本弘〕、倒産法概説 341 頁

> Q3　破産手続の開始原因はどのように規律されているか。

問題篇

(1) 法人の中には、債務超過が破産原因になっていないものがあるが、どのような法人か。また、なぜ債務超過が破産原因になっていないのか。
(2) 本件破産会社㈲A商店が、その振り出した手形について第1回目の不渡りを出し、債権者の一人BZ㈱（I⑤）が破産手続開始を申し立てた。以下の各場合に裁判所は破産手続開始決定をなすべきか。
　① A商店は、その後も、麺の原材料の購入費（第1講Q4(2)①参照）などを取引先に支払っている場合
　② 仮にA商店が担保権の設定されていない不動産を所有しており、これを処分すれば、支払が可能になると予想される場合
　② 代表取締役B野B夫が自身の財産を処分して得られた金銭で支払をする意思がある場合
　③ 審理の過程でA商店がBZの債権を否認した場合

☆伊藤 79-85 頁、倒産法概説 349-352 頁、福岡高決昭和 52・10・12 下民 28 巻 9 ～12 号 1072 頁、百選 6 事件〔佐藤彰一〕、全銀協通達「新破産法において否認権および相殺権規定に導入された『支払不能』基準の検証事項について」NBL 802 号 40-41 頁（2005 年）

Q4　再生手続はどのような場合に開始しうるか。

(1) 再生手続開始の申立てをなしうるのは、どのような場合か。再生手続の開始原因たる事実と破産手続の開始原因たる事実にはどのような差異があるか。なぜ、そのような差異が設けられているのか。再生手続の開始原因たる事実によって、申立権者が異なるか。本件再生債務者㈱A産業には、現に開始原因とされている事実以外に、どの開始原因たる事実があると考えられるか。
(2) 再生手続申立棄却事由について説明せよ（民再 25 条参照）。特に、破産

第 2 講　倒産手続の開始

手続または特別清算手続によることが「債権者の一般の利益に適合するとき」および「不当な目的で再生手続開始の申立てがなされたとき」とはどのような場合を指すか。

☆Q＆A民事再生 59-62 頁〔長谷川宅司〕、伊藤 579-581 頁、倒産法概説 408-410 頁

Q 5　どのような者に倒産手続の開始申立資格があるか。

(1)　本件事案において、㈱A産業に対する一般債権者の一人である BC（Ⅱ⑥の3番の債権者）は、A産業の㈱GCに対する売掛金債権（Ⅱ⑪の4番目の債権）を質にとっていた。BCは再生手続開始の申立てをなしうるか。公租公課の債権者甲税務署（Ⅱ④の1番の債権者）はどうか。
(2)　本件事案において、㈱A産業に対する一般債権者の一人である㈱BB（Ⅱ⑥の2番の債権者）は、A産業に対する債権を自己の債務の担保として自らの債権者 Ba 社に対して質入れしていた。BBは再生手続開始の申立てをなしうるか。Ba 社はどうか。BBのA産業に対する債権が複数の継続的に発生する債権であり（Ⅱ⑥の2番は、それらの再生手続開始時における残額の合計である）、BBがそれらを質ではなく、集合債権譲渡担保に供していた場合は、BB、Ba 社は再生手続開始の申立てをなしうるか。
(3)　A産業に対して未払賃金債権を有する EA（Ⅱ⑧）はどうか。

☆伊藤 584 頁、倒産法概説 397-398 頁、今中ほか 148 頁、最決平成 11・4・16 民集 53 巻 4 号 740 頁、百選 9 事件〔角紀代恵〕、最判平成 13・11・22 民集 55 巻 6 号 1056 頁、最判平成 19・2・15 民集 61 巻 1 号 243 頁

問題篇

> Q6 破産手続上、どのような場合にいかなる内容の保全処分がなされるか。

(1) 本件破産会社㈲A商店に係る破産手続開始申立て後、開始決定がなされるまでの間に次の事態が生じた場合、どのような措置をとることができるであろうか。
  ① 債権者の一人であるBZ㈱（Ⅰ⑤）が特に強引に債務の履行を迫っており、A商店の代表取締役B野B夫がこれに応じようとしている場合
  ② BZの代表取締役が、その従業員を使ってA商店の倉庫から在庫商品を持ち去ろうと企てていることが判明した場合
  ③ A商店の代表取締役B野が同社の財産の一部を隠匿しようとし、あるいは、一部の債権者だけに弁済をしようとする動きがみられた場合
(2) (1)①において適切な措置がとられたはずであった。ところが、B野はそれを無視して破産手続開始直前の平成19年6月29日にBZに弁済をしてしまった。破産管財人N田N男は支払われた金員の返還を請求できるであろうか。

☆伊藤 103-116 頁、倒産法概説 346-349 頁

> Q7 再生手続開始決定に対する即時抗告には、どのような問題があるか。

(1) 本件再生債務者㈱A産業に対する再生手続開始決定（Ⅱ㊷）に対して、株主B田B夫（Ⅱ②第3の4(3)）は即時抗告（民再36Ⅰ）をなしうるか。
(2) 再生手続開始決定に対して即時抗告がなされたが、まだそれに対する

抗告審の裁判はなされていない。この段階において、A産業に対する債権者BN（Ⅱ⑥の14番の債権者）がその財産に対して強制執行しようとする。これは可能であろうか。

☆大阪高決平成6・12・26判時1535号90頁、百選13事件〔佐上善和〕、インデックス34-35頁、大判昭和8・7・24民集12巻2264頁、新百選6事件〔廣尾勝彰〕

Q8　どのような場合に、法律上破産財団に属さない財産を取り戻すことができるか。

(1)　本件破産会社㈲A商店の債務の多くを個人保証していた（Ⅰ⑤⑥）ところから、その代表者B野B夫も破産の申立てをしたとする。このように、会社とともにその代表者の破産手続も平行して行われることについて、法律上どのような配慮がなされているか。

(2)　仮に、破産申立て前に倒産やむなしと考えたB夫は妻B子と離婚し、ひそかに隠し持っていた虎の子の財産である時価500万円の金の延べ棒をB子に財産分与した。破産管財人N田N男はこの財産分与を否認することができるであろうか。

(3)　(2)において、破産手続開始時には財産分与として金の延べ棒を譲渡するとの約束だけがなされていた場合、B子はN田にその引渡しを請求しうるであろうか。具体的にどの財産を分与するかの約束がなされていなかった場合はどうか。

☆最判平成2・9・27判時1363号89頁、百選48事件〔山田文〕、注解破産法（上）617-620頁〔野村秀敏〕、伊藤324-325頁、新版注釈民法(22) 233-238頁〔犬伏由子〕(2008年)

問題篇

第3講　倒産手続の機関

> Q1　再生手続における再生債務者の地位はどのようなものか。

　原則としてDIP (debtor in possession) 型の手続である民事再生手続における再生債務者の地位は、破産手続における破産者、会社更生手続における更生会社の地位と異なると言われている。これはどのようなことを意味するか。特に、再生債務者にはいかなる任務が課されているか。その任務を遂行するに際してどのような義務を負い、その義務に違反した場合にはどのような効果が生ずるであろうか。

☆伊藤 609-624 頁、倒産法概説 418-421 頁、今中ほか 173-176 頁、Q&A民事再生 115-119〔中井康之〕・160-164 頁〔森恵一〕、民再実務 88-93〔須藤英章〕、松下・入門 34-39 頁

> Q2　再生債務者の第三者性とはどのようなことを意味するであろうか。

　本件再生債務者㈱A産業は売掛金一覧（Ⅱ⑪）記載の1番目の売掛先㈱Hに対して、そこに記載の売掛金債権以外にも1,500万円余の売掛金債権を有していたとする。A産業は、従業員に対する年末のボーナス資金を捻出するために平成16年12月10日にこれをCa社に売却した。ただし、そのとき、資金繰りに困っていることを知られたくないために、当面、債権譲渡の通知を控えていた。また、リース料明細（Ⅱ

第3講　倒産手続の機関

7) 記載の刃研機のほかに、その1月ほど前に、Cb社から格安で購入し、引渡しを受けていた刃研機をもう1台を保有していたとする。

(1)　手続開始（Ⅱ42）の翌々日の平成17年2月9日に至り、A産業がCa社に対する売掛金債権の譲渡の効力を否定するようになったので、Ca社との間で争いが発生した。Ca社は、再生手続上、債権譲渡の効力をA産業に対して主張しうるか。2月8日に、A産業が債権譲渡の通知を行っていたらどうか。

(2)　平成17年2月8日に至り、Cb社が、上記刃研機はA産業に騙されて不当に安い値段で売却させられたものであるとして詐欺による取消しを主張し、その返還を求めてきた。A産業はこの返還要求に応じなければならないか。

(3)　平成16年12月4日に、上記刃研機の代金の支払を受けていないCb社は平成17年1月4日までに代金を支払え、支払わない場合には契約を解除する旨の催告を行った。同月5日に契約を解除したCb社が、同月11日に至って刃研機の返還を求めてきた。A産業はこの返還要求に応じなければならないか。解除をしたのが同月9日であった場合はどうか。代金の支払期限が同月11日、解除をしたのが同月12日であった場合にはどうか。弁済禁止保全処分（Ⅱ20）の存在に留意して考えよ。

(4)　A産業について開始されたのが再生手続ではなく破産手続であったとしたら、上記(1)〜(3)の結論はどうなるか。

☆伊藤 250-255頁・673頁、倒産法概説 363-365頁、破産・再生の実務（下）116-120頁〔小河原寧〕、条解民再法 156-162頁〔河野正憲〕、松下・入門 50-51頁、民再実務一問一答 334-337頁〔山本和彦〕

193

問題篇

> Q3　再生手続における機関にはどのようなものがあるか。

　再生手続において監督委員、調査委員、管財人、保全管理人はそれぞれどのような役割を果たすか。再生債務者が監督委員の同意の必要な行為を同意を得ずに行ってしまった場合、その行為の効力はどうなるか。また、それらの機関は、実際の運用上どのように利用されているか。

☆伊藤 613-624 頁・628-633 頁、倒産法概説 420-422 頁、今中ほか 179-185 頁、民再実務 94-106 頁〔山岸洋〕・107-118 頁〔上野保〕、Ｑ＆Ａ民事再生 164-170 頁〔森恵一〕・170-179 頁〔中井康之〕、民再法逐条研究 66-73 頁、座談会「倒産法全面改正後の実情と問題点」ジュリ 1349 号 19-27 頁（2008 年）

> Q4　監督委員による否認権の行使はどのような形式でなされるか。

　本件再生債務者㈱Ａ産業は、時価 800 万円位はする高級外車をリースで調達して社用車として利用しているようであるが（Ⅱ⑦）、これを自己所有し、代表取締役Ｂ野Ｂ一が、事実上自己および家族のための自家用車として使用してきたとする。ところが、Ａ産業は、平成 16 年 10 月 25 日、この高級外車を債権者一覧表（一般債権）（Ⅱ⑥）記載の 1 番の債権者㈱ＢＡに対してわずか 100 万円余で売却してしまった。自動車の登録は売却直後に移されているが、その引渡しは済んでいない。

(1)　再生手続において管財人が選任されていない場合には、監督委員が否認権を行使することになっている。このような規律が採用された立法的経緯を明らかにした上で、否認権限の付与に関する手続と監督委員が否

第3講　倒産手続の機関

認権を行使する方法を説明しなさい。
(2)　BA は、平成 16 年 12 月 1 日に A 産業を被告として、当該高級外車の引渡しを求める訴えを甲地裁に提起した。これに対し、A 産業は、売買契約は虚偽表示によって無効であるとして、自動車の移転登録の抹消登録を求める反訴を同地裁に提起した。これらの訴訟はなお係属中である。監督委員 K 山 K 之は、この外車の売買契約に関して否認権を行使して、否認の登録を求める訴えを別訴として提起することができるか。仮にできないとすると、どうしたよいか。
(3)　K 山が、当該売買契約は詐害行為に該当するとして、先に否認の登録を求める訴えを提起していたとする。A 産業が、裁判上、虚偽表示による無効を主張して、当該外車の移転登録の抹消登録を求めるにはどうしたらよいか。
(4)　K 山が、当該売買契約は詐害行為に該当するとして、先に否認の登録を求める訴えを提起していたとする。BA が、裁判上、A 産業を相手方として当該売買契約の有効性を確定しておくためにはどうしたらよいか。
(5)　債権者一覧表（一般債権）（Ⅱ6）記載の 2 番の債権者㈱ BB は、平成 16 年 12 月 10 日に、当該外車の売買は詐害行為であるとして、債権者取消訴訟を提起し、移転登録の抹消登録を求めていたとする。この訴訟の係属中に平成 17 年 2 月 7 日を迎えた。この訴訟はどのように扱われるか。仮に債権者取消訴訟を提起していたのが債権者一覧表（労働債権）（Ⅱ8）記載の 1 番の債権者 EA であったとしたらどうか。

☆民再法逐条研究 115-117 頁、伊藤 694 頁・720-726 頁、倒産法概説 416-417 頁・432-434 頁、破産・再生の実務（下）234-237 頁〔中山孝雄〕、民再実務 71-79 頁〔松下淳一〕、松下・入門 61-68 頁、Q＆A民事再生 327-336 頁〔三木浩一〕

問題篇

> Q5 再生債権者はその意思をどのように再生手続に反映させることができるか。

　再生債権者がその意思を再生手続に反映させるにはどのような手段があるか。また、本件再生債務者㈱A産業の再生手続においては、債権者集会は開催されず、債権者説明会が開催されているが（Ⅱ24〜32）、両者はどのように異なるか。債権者集会ではなく債権者説明会が開催されたのはなぜか。

☆伊藤 634-642 頁、倒産法概説 422-425 頁、今中ほか 185-188 頁、民再実務 119-122 頁〔須藤英章〕・123-125 頁〔高木裕康〕、民再法逐条研究 95-101 頁、松下・入門 81-82 頁

> Q6 破産管財人はどのような義務を負うか。

　本件破産会社㈲A商店は、事務所として使用するために、ビルの１室の賃貸借契約を締結し、賃貸人に敷金を差し入れており、この敷金返還請求権について、H銀行（Ⅰ5の３番の債権者）を質権者として質権が設定されていたとする。その後、平成19年7月3日に破産手続開始決定がなされた（Ⅰ29）。破産管財人N田N夫は上記の賃貸借契約を合意解除したが、破産財団の維持を図るため、賃貸人との間で敷金のほぼ全額を未払賃料等に充当する合意をした。そこで、質権者であるH銀行は、N田の行為によって優先弁済権が侵害されたと主張している。

(1)　H銀行は、N田はA商店から引き継いだ担保価値保存義務に違反した

第3講　倒産手続の機関

と主張する。この主張は正当か。また、この義務は破産管財人の善管注意義務とどのような関係に立つか。

(2)　H銀行はN田に対してどのような請求をなしうるか。

☆最判平成18・12・21民集60巻10号3964頁、大コンメ破産359頁〔菅谷忠行〕、倒産法概説113-114頁、インデックス48-49頁、山本和彦・金法1812号52-55頁（2007年）、高田賢治・平成19年度重判151-153頁

問題篇

第4講　債権の種類・優先順位

> Q1　倒産債権にはどのようなものがあるか。

(1) 各種の破産債権（優先的破産債権・一般の破産債権・劣後的破産債権・約定劣後破産債権）の破産手続上の取扱いの差異について、それぞれの破産債権の概念・意義を明らかにした上で、説明しなさい。
(2) 各種の破産債権（優先的破産債権・一般の破産債権・劣後的破産債権・約定劣後破産債権）に対応した債権が、再生手続上、その手続の各局面においてどのように取り扱われるかを説明しなさい。特に、一般の優先権ある債権の取扱いが破産手続と再生手続とで異なる理由について検討しなさい。
(3) 本件破産会社㈲A商店の事件と本件再生債務者㈱A産業の事件において、上記(1)(2)で指摘した債権があるか、あるとすれば各事件の記録上どの債権がそれに該当するかを答えなさい。

☆伊藤 206-214 頁・656-663 頁、倒産法概説 55-75 頁、松下・入門 86-88 頁

> Q2　以下の債権は、㈲A商店の破産手続上どのように扱われるか。

(1) 本件は自己破産事件であるが、仮に債権者 BI ㈱（I ⑤の 36 番の債権者）の申立てに係る事件であり、BI は、申立代理人Ｃ川Ｃ男に報酬を支払い、裁判所に手数料と予納金を納めたとする。BI は、これらの費用を破産手続開始後、破産財団から支払ってもらえるか。また、どのよ

第4講　債権の種類・優先順位

うにして支払ってもらえるか。

(2) 破産管財人Ｎ田Ｎ男は 2,104,226 円の報酬を受けているが（Ⅰ⑥⑤）、これはどのようにして支払われたか。

(3) Ａ商店の従業員は破産手続開始前に申立代理人Ｃ川Ｃ男によって解雇され、賃金、解雇予告手当は支払済みであり、Ａ商店には退職金制度は基本的に存在しないとされている（Ⅰ㉘第8の2）。仮に、Ａ商店の従業員のうち Da は、Ａ商店の業績不振を理由に既に平成 18 年 12 月末日に解雇されていたとする。ところが、Da は退職時に支払われるべき 12 月分の給料のほか、11 月分の給料の支払も受けていないばかりでなく、解雇予告手当の支払も未だに受けていない。さらに、Ａ商店では退職金規定もあったと仮定するが、これによると、Da は、平成 19 年 1 月を第 1 回として、以後 20 回に分けて、合計月給の 10 倍の退職金の支給を受けることができるはずであった。ところが、既に支給されているのは、破産手続開始申立て前の 5 月までの 5 回分だけである。Da は、Ｎ田から未払いの給料、解雇予告手当、退職金の全額を直ちに支払ってもらえるであろうか。直ちに支払を受けることができない部分があるとして、そのうちの幾らかでも早期に支払ってもらえる可能性はないであろうか。

(4) Ａ商店は、破産手続開始時（平成 19 年 7 月 3 日。Ⅰ㉙）に、労働保険料と固定資産税を幾分か滞納している（Ⅰ⑫）。①交付要求があった場合、Ｎ田はこれらを直ちに支払わなければならないか。②また、支払わないことによって発生する延滞金についても直ちに支払わなければならないか。③仮に納期限が平成 17 年 8 月 22 日の労働保険料と平成 18 年 4 月 30 日の固定資産税についても滞納があったとしたら、これらの滞納租税等とその破産手続開始前および後の延滞金の取扱いはどうなるか。④破産手続開始後にも固定資産税のかかる資産を保有していたとしたら、その破産手続開始後に生じた固定資産税の取扱いはどうなるか。

(5) Ｎ田は(3)の給料、解雇予告手当、退職金を所定の方法で支払った。この場合、Ｎ田は給料等について源泉徴収を行う義務を負っているか。

問題篇

(6) A商店について開始されたのが再生手続であったとしたら、(1)(3)(4)の債権はそれぞれ再生手続上どのように扱われるか。

☆伊藤 97 頁・225-234 頁・245-246 頁・587 頁・661-662 頁・666-668 頁、倒産法概説 81-88 頁・99-102 頁・104-107 頁、論点解説（下）34-44 頁〔黒木和彰〕、長島良成「破産管財人の執務上の問題（Ⅰ）」新裁判実務大系（28）146-147 頁、大阪高判平成 20・4・25 金判 1840 号 36 頁、山本和彦「破産管財人の源泉徴収義務に関する検討」金法 1845 号 8-15 頁（2008 年）

破産手続開始の労働者の地位自体に対する影響については
⇒第8講Q6

Q3 再生手続における弁済禁止の例外にはどのようなものがあるであろうか。

(1) ㈱CQ は、本件再生債務者㈱A 産業に対して、295,575 円の再生債権を有しているが、少額であり、100,000 円についての弁済を受けて残額については放棄してもよい、と考えている（Ⅱ35）。CQ の希望は本件再生手続上認められているが、そのことがどのような手順によって実現されたかを本件事件記録によって確認しなさい。CQ のような債権者には、再生手続によらないで再生債権の弁済を受けることがなぜ認められているのであろうか。

(2) ㈱BC に対しても、CQ に関してとは異なった理由で再生手続によらない弁済が認められている（Ⅱ50）。それはどのような理由か。また、それがどのような手順によって実現されたかを本件事件記録によって確認しなさい。

☆伊藤 658 頁、倒産法概説 68-69 頁・410-412 頁、松下・入門 75-78 頁、Q＆A民事再生 186-190 頁〔八田卓也〕

Q４　再生手続上、どのような債権が共益債権となるか。

本来は再生債権である債権を、共益債権とすることができるか。できるとすると、どのような場合であり、どのような手続ですることになるか。本件再生債務者㈱Ａ産業の事件における、Ｒ井Ｒ樹の債権 (52)、GB ㈱の債権 (56)、㈱ DK の債権 (63)、BC の債権 (65) を検討の対象として、それぞれの債権が共益債権となる根拠とそれぞれに関する承認申請書の意義について考えなさい。

☆伊藤 666-668 頁、倒産法概説 97-98 頁、松下・入門 83-85 頁、Q＆A民事再生 283-286 頁〔山田文〕

Q５　財団債権や共益債権を弁済するための財産が不足する場合にはどうしたらよいか。

⑴　手続を進めていくうちに、本件破産会社㈲Ａ商店の破産財団では財団債権の全額を弁済することができないことが判明したとする。この場合、破産管財人Ｎ田Ｎ男は、財団債権についてどのような取扱いをすべきであるか。Ｑ２の⑴〜⑷のうちの財団債権となるものの相互関係はどうなるか。また、支払を受けられない財団債権者は、その強制的取立てのための手段を開始することができるか。

⑵　本件再生債務者㈱Ａ産業に対して共益債権を有する債権者は、再生手

問題篇

続中であったとしても、Ａ産業の財産に強制執行することができるか。Ａ産業の財産が他のすべての共益債権を弁済するためには不足することが明らかになった場合には、どのように処理されるか。これらの点についての取扱いが破産における財団債権の取扱いと異なるのはなぜか。また、共益債権者による強制執行が可能であるとして、実際にそれが行われるとＡ産業の事業の継続に支障がある場合に、Ａ産業としては、強制執行に対処する手だてはあるか。

☆伊藤 237-239 頁・669-670 頁、倒産法概説 92-93 頁・95-96 頁、松下・入門 85 頁、Ｑ＆Ａ民事再生 288-291 頁〔山田文〕

Ｑ６　他の債権者と異なる事情がある一般の破産債権者や再生債権者は、破産手続や再生手続でどのように取り扱われるであろうか。

本件再生債務者㈱Ａ産業は研磨作業の際に生ずる騒音のために近隣住民から度々苦情を受け、住民 Db〜Df との間で「騒音源となっている刃研機等に防音装置を取り付ける。過去の被害に対する賠償として一人当たり 80 万円ずつを支払う。」という内容の和解を行ったとする。他方、Ａ産業の代表取締役Ｂ野Ｂ一はＡ産業の AB 銀行（Ⅱ⑤の２番の銀行）に対する借入債務に係る保証債務を履行し、Ａ産業に対して 500 万円の求償債権を有しているとする。ところが、Ａ産業に対する他の債権者は、Ｂ野は放漫経営や危険な融通手形の振出しに応ずるなどＡ産業の倒産に一端の責任がある以上、それに応じた処遇をされるべきであると言っている。

(1)　住民の賠償請求権とＢ野の求償債権はＡ産業の再生手続上どのように取り扱われるべきであろうか。前者の請求権に関して、和解が成立した

202

第4講　債権の種類・優先順位

のが平成16年12月である場合と平成17年2月半ばである場合とで相違があるであろうか。
(2)　A産業が再生手続ではなく、破産手続の開始決定を受けたとしたら、(1)の債権はどう扱われるべきであろうか。住民との和解は平成16年12月に成立したものとする。
(3)　上記の刃研機は、AC銀行（II⑤の3番の銀行）に対する債務のために譲渡担保に供されていたとする。A産業はやはり破産手続の開始決定を受けたが、当面工場の操業を続けていた。しかし、その際、上記の和解条項を履行するために、破産管財人Dgは、機械の修理業者Dhに依頼して刃研機等に防音装置を付けてもらわなければならなかった。ところが、そのために100万円の費用を要し、それをDhに支払わざるを得なかった。その後、譲渡担保が実行され、AC銀行は防音装置が施されたために、それがない場合に比して100万円多く自己の債権を回収することができた。DgはAC銀行に対してDhに支払った100万円の支払を請求することができるであろうか。

☆伊藤208頁・213-214頁・778頁、倒産法概説66-67頁・440頁、新注釈民再法（下）17-18頁〔岡正晶〕、Q&A民事再生382-385頁〔小林信明〕、高橋宏志「債権者の平等と衡平」ジュリ1111号157頁（1997年）、中西正「破産管財人の源泉徴収義務」銀法676号53-54頁（2007年）

Q7　数人の全部義務者の全部または一部の者が破産手続や再生手続の開始決定を受けた場合、どのように処理されることになるか。

(1)　わが国の破産法における手続開始時現存額主義（破104 I）の意義について、民法441条との関係に留意して、説明しなさい。
(2)　本件破産会社㈲A商店はE信用金庫から38,053,000円の貸付けを受

203

け、これを代表取締役B野B夫が連帯保証している（I⑥。A商店の債務は5口からなっているが、1口であると仮定する）。B野は破産手続開始前の平成19年6月中に500万円を弁済し、さらに破産手続開始後の同年7月中に500万円弁済したとする。A商店の破産手続において、E信用金庫は3,800万円余全額の届出を、B野は弁済による代位に基づいてE信用金庫の債権のうちの1,000万円の部分についての届出を行った。債権調査において、E信用金庫はB野の債権届出全額について、B野はE信用金庫の債権のうちの1,000万円の部分について異議を述べたので、E信用金庫とB野はそれぞれ査定の申立てを行った。裁判所はいかに判断すべきか。

(3) B野が、①連帯保証人ではなく全くの第三者であり、一部任意弁済した場合、および、②2筆の土地をもってする物上保証人であり、各々についての抵当権の実行手続における配当が平成19年6月と7月下旬に行われた場合には、(2)に対する解答はどうなるか。

(4) (2)において、B野の保証はA商店のE信用金庫に対する債務のうち2,000万円についてのみのものであったとする。そして、B野はさらに1,000万円を弁済し、合計2,000万円を弁済することとなった。そこで、B野は弁済による代位に基づいてE信用金の債権のうちの2,000万円の部分についての届出を行うとともに、E信用金庫の債権届出のうち2,000万円部分について異議を述べたところ、E信用金庫もB野の債権届出に対して異議を述べた。双方からの査定の申立てを受けた裁判所はどのように判断すべきか。

(5) (2)において、B野B夫とB野B子のほかにDiがA商店の債務を連帯保証していたとする。そして、破産手続開始後にB子が1,500万円、Diが残額を支払うことによって、E信用金庫に対する連帯保証債務は完済された。B野B夫、B子、Diはそれぞれ幾らの金額で、どのような手続によって、E信用金庫の債権を代位行使してA商店の破産手続に参加することができるか。求償権自体を行使して参加する場合の手続はどうなるか。

第4講　債権の種類・優先順位

(6)　(2)において、実際はA商店の借入債務は5口からなっており、B野B夫はこれらのすべてを連帯保証しているが、破産手続開始時にはそれぞれの債務の残額はⅠ⑥記載のとおりであった。破産手続開始後、B野はⅠ⑥番号2記載の債務のうち1番目の債務の残額165万円を完済した。A商店の破産手続において、E信用金庫は3,800万円余全額の届出を、B野は弁済による代位に基づいてE信用金庫の債権のうちの165万円の部分についての届出を行った。債権調査において、E信用金庫はB野の債権届出全額について、B野はE信用金庫の債権のうちの165万円の部分について異議を述べたので、E信用金庫とB野はそれぞれ査定の申立てを行った。裁判所はいかに判断すべきか。

(7)　本件再生債務者㈱A産業とB野B一は、その重要な取引先㈱Hとその代表取締役Djとの間で、互いにA産業とHの金融機関からの借入れについて連帯保証人となるということを繰り返してきたとする。すなわち、HのAA銀行からの事業資金1,000万円の借入れについて、A産業とB野とは連帯保証をしていた。AA銀行はこの連帯保証債権をA産業の再生手続に届け出ており、この連帯保証債権は平成17年9月12日に認可された ⑪⑮ 本件再生計画の権利変更の一般条項（Ⅱ⑩⑩第2の2）に従って変更されていた。ところが、HもA産業の倒産のあおりを受けて経営が苦しくなっていたために、Djが自己の資産を売却して、平成17年8月31日に連帯保証債務を完済した。そこで、Djは、A産業に対しても負担割合に応じた求償をすることとし、B野は無資力であるから、DjとA産業との負担割合は半々であるとして、500万円の支払を求める訴えを提起した。この訴えは認められるか。

☆伊藤214-225頁、倒産法概説160-173頁、一問一答破産151-153頁、伊藤眞「現存額主義再考」倒産法体系46-60頁、沖野眞巳「主債務者破産後の物上保証人による一部弁済と破産債権の行使」曹時54巻9号1-52頁（2002年）、加々美博久「開始時現存額主義の適用範囲」金法1843号10-17頁（2008年）、最判昭和62・6・2民集41巻4号769頁、最判平成7・1・20民集49巻1号1頁、最判平成10・

205

問題篇

4・14民集52巻3号813頁、百選43事件〔山野目章夫〕、最判平成14・9・24民集56巻7号1524頁、大阪高判平成20・5・30判タ1269号103頁、大阪高判平成20・4・17金法1841号45頁、潮見佳男「複数債権のうちの一部債権の全額弁済と破産債権査定」NBL891号12-22頁（2008年）、最判平成22・3・16金判1344号19頁、最判平成22・3・16 1344号125頁

第5講　債権の届出・調査・確定

> Q1　倒産債権の届出はどのようになされるか。

(1)　本件再生債務者㈱A産業について再生手続開始決定がなされ、裁判所から、再生手続開始通知書（Ⅱ43）と、再生債権届出に関する説明書（44）が添えられた再生債権届出書（Ⅱ45 46）が送られてきた。再生手続における再生債権届出は、どのような手続（届出の方式・債権届出期間・届出事項など）であって、また、どのような点に注意しなければならないか。再生手続における債権届出の効果に留意して、民事再生法における規律内容を説明しなさい。

(2)　破産手続においては、再生手続の場合とは異なって、裁判所は、開始決定をするにあたり債権届出期間、債権の調査期間・期日を定めないでよい場合がある。それはどのような場合であり、また、なぜ定めなくてもよいのか。

☆伊藤120頁・734-739頁、倒産法概説353頁・426-428頁、条解民再法430-434頁〔岡正晶〕、詳解民再法452-456頁〔森宏司〕、今中ほか285-288頁・615-616頁、一問一答破産59-60頁

> Q2　どのような債権が別除権付債権となるか。

次の債権は別除権付債権として扱われるか、それとも、破産債権として扱われるか。また、これらの権利が別除権付債権として届け出られて

問題篇

いるのにそうでない場合、あるいは、破産債権として届け出られているのに別除権付債権である場合に、破産管財人はどのような処理をすべきか。

(1) 破産者に対する債権について第三者が物上保証人になっている場合
(2) 破産者に対する債権について第三者が保証人になっており、かつ物上保証人にもなっている場合。または、この者が自己に対する保証債権を被担保債権としてその財産上に担保権を設定している場合
(3) 破産者が第三者のために物上保証人になっている場合
(4) 破産者が第三者のために保証人になっており、かつ物上保証人になっている場合。または、破産者が自己に対する保証債権を被担保債権としてその財産上に担保権を設定している場合

☆伊藤 333-334 頁、注解破産法（上）650 頁〔斎藤秀夫〕・655 頁〔遠藤功〕

Q3　別除権者の債権届出はどのようになされるか。

仮に本件破産会社㈲A商店が不動産を所有しており、この上にG銀行の債権（「債権者一覧表」I⑤の4番、「債権認否表」I㊾の4番の債権）を被担保債権とする抵当権が設定されていたとする。

(1) 別除権の行使によっても弁済を受けられない額（不足額）がどのくらいであるかの予測が困難なとき、G銀行はどのように債権を届け出たらよいであろうか。また、G銀行が予定不足額は不明であるとして、具体的金額を記載しなかったとしたら、破産管財人はどのように対処したらよいか。
(2) 別除権付債権が破産債権として届け出られた場合、破産管財人はどの

第 5 講　債権の届出・調査・確定

ように対処すべきか。

☆今中ほか 757-758 頁・777-778 頁

> Q4　債権届出期間に後れた債権届出はどのような場合に可能であろうか。

　本件破産会社㈲A商店の破産手続において、仮に(1)～(3)のような事態が生じた場合、各債権者は債権調査期日後になって債権届出をすることができるか。この場合、届出が認められるとしても、当該債権者は何らかの不利益を被るであろうか。(4)にも答えなさい。

(1) G銀行内部の人事異動によりA商店への融資の担当者が交代したが、新・旧担当者間での引継がうまくいっていなかったため、同銀行の貸付金債権について債権調査期日までに届出がなされなかった場合
(2) 債権者CB（I⑧の 35 番、I㊾の 40 番の債権者）は、破産法 32 条 1 項の公告、同条 3 項の通知がなされた時に病気で入院していた。通知は事務所兼住宅に同居している 10 歳の息子が受け取ったが、机の上に置いたまま放置されていた。債権調査期日後になってCBの病気が治癒し、この通知に気付いた場合
(3) 債権者㈱CA（I⑧の 34 番、I㊾の 39 番の債権者）は、株式会社とはいえ、実際にはその代表取締役であるC松A造一人で経営をしている。C松が、(2)の公告、通知がなされた時に、(2)のCBと同様の状態にあった場合
(4) 破産手続においては、一般債権調査期間の経過または一般債権調査期日の終了までに届出がなされなかった債権は原則として失権する（破 112 I）のに対して、再生手続、会社更生手続では債権届出期間の満了

209

問題篇

時とされている（民再 95 Ⅰ、会更 139 Ⅰ）。なぜこのような違いがあるのか説明しなさい。

☆一問一答破産 156-157 頁、今中ほか 759 頁、新破産法 146-148 頁、中村清「破産債権の届出」新破産法の理論 379 頁

Q5　再生手続と破産手続における債権調査・確定の手続の異同はどのようになっているか。

再生債権の調査・確定手続は、破産手続における破産債権の調査・確定手続と比べて、どのような特徴を有しているか。また、簡易再生と同意再生は、再生債権の確定について、どのような特徴を有しているか。

☆伊藤 458-480 頁・739-749 頁・863-872 頁、倒産法概説 374-377 頁・428-430 頁・419-425 頁

Q6　再生手続における債権の認否にはどのような問題があるであろうか。

(1)　再生債務者等は、裁判所に認否書を提出した後に、認否書に記載された再生債権の内容についての認否を変更することができるか。たとえば、本件再生債務者㈱Ａ産業の事件において、Ａ産業が、認否書では、「認める」旨の記載をした㈱ＢＡの届出債権（Ⅱ80進行番号 1・債権番号 1）について、その記載を「認めない」旨に変更できるか。また、それとは逆に、認否書では、「認めない」旨の記載をしたＣＢの届出債権

第 5 講　債権の届出・調査・確定

（Ⅱ80進行番号 16・債権番号 2）について、その記載を「認める」旨に変更できるか。本件の再生債権認否一覧（Ⅱ80）などの記録を参照しつつ説明しなさい。

(2)　本件再生債務者 A 産業は、㈲ BF らの届出債権を自認している（Ⅱ81参照）。再生手続における「自認」手続の意義と機能について説明しなさい。

(3)　A 産業は、ある時、街の金融業者 Ea 社から事業資金として高利の資金を借り入れ、その後、借入れと返済を繰り返していたとする。その結果、現在では取引をやめているが、過払金の返還請求権を有するはずである。ところが、Ea 社が再生手続の開始決定を受けてしまった。A 産業自身過払金の返還請求権の存在に気づかないために、その届出をしない場合、Ea 社はそれを「知っている」債権として自認義務を負うであろうか。なお、過払金の返還が大きな問題となったのは最判平成 18・1・13 民集 60 巻 1 号 1 頁以来であるが、Ea 社には過払金の返還請求権が問題となりうる取引が 10 万件以上あり、その算定をするコンピューター・システムは、現在（平成 21 年秋とする）の時点では確立されていない。

☆伊藤 739-742 頁、民再法逐条研究 93-94 頁、山本和彦「過払金返還請求権の再生手続における取扱い」NBL892 号 14-16 頁（2008 年）

> Q7　債権届出に対する破産管財人の対応はどのようになされるべきか。

次の場合、破産管財人はどのように対処すべきか。

(1)　破産者に雇用されていた者が、①未払いの 1 年分の給料債権、解雇予

問題篇

告手当、退職金債権につき、全額が財団債権であると主張している場合、②上記債権につき全額が優先的破産債権であると届け出た場合、③社内預金の払戻請求権を優先的破産債権として届け出た場合
(2) 破産した会社の取締役が、報酬として受け取ることができると主張する金額の全額につき、優先的破産債権として届け出た場合
(3) 破産手続開始前に破産会社に社屋の修理とまわりに生えている雑草刈りを頼まれ、それをしたフリーターが、約束のアルバイト代を優先的破産債権として届け出た場合

☆今中ほか 780-781 頁

Q8 倒産債権の査定の手続はどのように取り扱われるか。

(1) 仮に本件破産会社㈲A商店の事案で、CBの債権（I⑤の55番、I㊾の40番）を破産管財人N田N男が認めず、または他の届出債権者がこれにつき異議を申し立て、査定手続が行われたとする。査定手続で、CBは当初A商店に売買代金債権を有していたが、その後この権利が両者間の合意により準消費貸借による債権に改められたにもかかわらず、売買代金債権として届け出ていることが明らかになった。どのような裁判がなされることになるか。

(2) 仮にA商店の事案で、㈱BE（I⑤の32番、I㊾の26番）は自己の債権につき有名義債権者として届出を行ったとするが、この届出には、執行文の付与を受けていない執行証書の謄本が添付されていた。破産管財人N田は届出に係る債権を認めなかった（否認した）ところ、BEは調査期日から1ヶ月以内に破産債権査定申立てをせず、N田の方からも特段の手続は取られなかった。ほかに異議等がなかった場合、この債権は不存在（零円）と確定することができるか。破産手続開始後に執行文の

付与を受けて、その付与を受けた執行証書の謄本が提出されていたときはどうか。

(3) 本件再生債務者㈱A産業は、CBによって届け出られた売掛金債権379,000円について、「債権の不存在」を理由として、その内容を認めていない（Ⅱ80の進行番号16番の債権番号2の債権）。この場合に、当該再生債権（異議等のある再生債権）を有する再生債権者は、裁判所に、査定の申立てをすることができる。A産業が認めなかったCBの届出債権について査定の申立てがなされ、「CBの当該再生債権は全額が存在しない」との判断に達した場合には、どのような裁判を行うべきであるか。再生債権の査定の手続内容を整理した上で、説明しなさい。また、査定の裁判において、再生債権者の主張が制限されている理由について説明しなさい。

――――――

☆今中ほか 767-769 頁、最判昭和 41・4・14 民集 20 巻 4 号 584 頁、最判解昭和 41 年度 33 事件〔栗山忍〕、伊藤 473 頁・746-747 頁、仙台高判平成 16・12・28 判時 1925 号 106 頁

> Q9　査定の申立てに対する異議の訴えはどのように行われるか。

　Q8(3)の査定の裁判に不服があるCBは、当該裁判に対して、異議の訴えを提起することを考えている。CBの再生債権の存在について、債権調査において、再生債務者㈱A産業が認めず、届出再生債権者㈱BA（Ⅱ80の1番の債権者）から異議が出されていたとする。この場合に、CBは、誰を被告として、いつまでに異議の訴えを提起すべきか。また、異議の訴えにおいても、CBの再生債権が存在しないとの判断に至った場合には、どのような判決がなされ、その判決の効力はどのようなものとなるか。破産手続の規律と比較しつつ、検討しなさい。

問題篇

☆伊藤 471 頁・479-480 頁・747-749 頁、倒産法概説 375-377 頁・429-430 頁

Q 10　再生債権者表の記載の効力はどのようなものであろうか。

　　内容が確定された再生債権者表の記載は、再生債務者および再生債権者に対して、どのような効力を有するか。そのような効力が認められることには、どのような意味があるであろうか。簡易再生や同意再生では、この点についてはどのようになっているか。

☆伊藤 744-745 頁、Q＆A民事再生 223-226 頁

Q 11　破産手続や再生手続において租税等の請求権等の届出等はどのようになされるか。

　　破産手続や再生手続において、破産債権や再生債権となる租税等の請求権および罰金等の請求権の届出や調査・確定に関する規律は、一般の債権の場合とどのように異なるか。また、この相違はいかなる理由によるのか。

☆伊藤 457-458 頁・480-481 頁・750 頁、中村清「破産債権の届出」新破産法の理論 380 頁

第6講　破産財団の管理・換価、配当

> Q1　破産財団とは何を意味しているか。

　「破産財団」という言葉には幾つかの意味があるが、それらはどのようなものであり、それぞれの相互関係はどのようなものであろうか。また、破産法のどの条文がどの意味における「破産財団」という言葉を使用しているか、例をあげて説明しなさい。

☆伊藤 174-176 頁、倒産法概説 368-369 頁

> Q2　破産管財人は破産財団所属財産を把握するにはどのようにしたらよいか。また、所在を把握した財産をどのようにして自己の支配下に収めたらよいか。

　本件破産会社㈲A商店の破産は自己破産であるが、これが債権者申立てに係る事件であったとする。そのため、A商店の代表取締役B野B夫やかつての従業員などは、必ずしも破産管財人N田N男の破産管財業務に協力的ではない。

(1)　N田が調査したところによると、A商店が平成9年10月1日に法人成りした頃（Ⅰ28第1の2参照）は業績は好調で、現代表取締役B野も相当の報酬を得ており、B野は個人として1500万円の預託金を支払ってあるゴルフクラブの会員となっていたが、このための資金は会社の金

問題篇

を流用したもののようである。そこで、N田はB野に対し損害賠償を求めようと考えたが、B野は破産申立てを察知して、その1週間前に自宅マンションの登記名義を子のFa名義に移してしまっている。そこで、N田は、B野やゴルフクラブ会員権購入の際にA商店の会計係であった元従業員Fbにその購入の際の事情について説明を求めたいが、どうしたらよいか。B野やFbが説明に応じようとしないときはどう対応すればよいか。また、B野やFaに自宅マンションの登記名義の移転の経緯についての説明を求めることについてはどうか。

(2) N田は、B野に対して損害賠償を求めるためにどのような手段を取ることができるか。また、B野が自宅マンションの登記名義を移転する前であったとしたら、N田はその移転を阻止できるか。

(3) 次の各場合において、N田はどのような措置をとることができるか。
① A商店の在庫商品がその倉庫に所在するが、元従業員FbがB野の指示を受けて当該倉庫の鍵を預かっており引き渡さない。
② A商店の元従業員Fcが、未払いの退職金債権があると主張し、A商店の在庫商品を運び出して自宅の一室に保管し、N田の要求にもかかわらず返還しない。
③ A商店の元従業員や債権者が在庫商品を持ち出すおそれがある。
④ 店舗事務所に保管している商業帳簿について改竄されるおそれがある。

☆一問一答破産 70-71頁・214-216頁・243-244頁、伊藤 123-124頁・445-450頁・483-485頁、倒産法概説 377-380頁・381-382頁

Q3 破産手続と破産財団に関する訴訟手続や個別執行手続との関係はどうであるか。

第6講　破産財団の管理・換価、配当

　本件破産会社㈲A商店をめぐって以下のような手続が係属していたとして、それは破産手続開始決定によっていかなる影響を受け、その後どう処理されることになるか。

(1)　A商店の申立てによる破産手続開始決定以前に、債権者の一人BZ㈱（Ⅰ⑤の53番の債権者）が自己の債権についての支払請求の訴えを提起していた場合
(2)　BZが破産手続開始前に(1)の債権につき強制執行を申し立てていた場合
(3)　仮にA商店に対して、ある元従業員が賃金の2月分に相当する未払退職金債権を有するとして、破産手続開始前にその支払請求の訴えを提起していた場合
(4)　(3)の元従業員の申立てにより破産手続開始決定前に未払退職金債権の強制的回収のための手続が開始されていた場合
(5)　A商店の申立てによる破産手続開始決定以前に、同社が滞納していた租税債権のために滞納処分が行われていた場合
(6)　仮にA商店が不動産を所有し、その上に債権者の一人であるG銀行が抵当権を設定しているとして、破産手続開始決定がなされる前に、抵当権の実行手続が開始されていた場合
(7)　A商店のスーパーMの賃借建物が破産手続開始時に明渡し済みでないとして（Ⅰ㉘第8の5①参照）、それ以前からA商店を被告として提起された建物明渡しおよび賃料相当損害金の支払を求める訴えが係属していた場合
(8)　仮にA商店について開始されたのが破産手続ではなくして、再生手続であったとしたら、(1)～(7)の解答はどうなるか。
(9)　仮にA商店がスーパーA食品やスーパーMとは別個に店舗用建物を所有していたが、この建物はFdに賃貸していたとする。ところが、この建物を第三者Feが不法占拠しているが、A商店はFeに対して明渡しを求めないで放置している。そこでFdがA商店に代位して提起した建

217

問題篇

物の自己への明渡しを求める訴えが係属していた場合。Fdが建物賃借権について対抗要件を具備している場合といない場合とについて考えよ。

☆伊藤310-319頁・687-695頁、大コンメ破産167-171頁・180-182頁〔菅家忠之〕、条解民再法164-169頁・171-174頁〔河野正憲〕、最判昭和43・6・13民集22巻6号1149頁、最判昭和59・5・17判時1119号72頁、新破産法90-95頁

Q4　破産手続において担保付不動産の換価はどのように行われるか。

　本件破産会社㈲A商店がスーパーA食品のための店舗用不動産（土地・建物）を賃借ではなく自己所有しており、この不動産上にAA信用保証協会（順位1番、極度額2000万円）、E信用金庫（順位2番、極度額2000万円）、G銀行（順位3番、極度額5000万円）がそれぞれ根抵当権を有していたとする。また、それぞれの被担保債権額は債権者一覧表（総括表）（I⑤）のとおりであったとする。破産管財人N田N夫はこの不動産の任意売却に努め、仲介会社を介してようやく3050万円であれば買い受けてもよいとの申し出をする同業他社（スーパーFf屋）を見出してきた。N田は、仲介手数料90万円、建物の修繕見込額100万円、建物消費税相当額50万円を控除後の2810万円から250万円を破産財団に組み入れた後の2560万円につき、AAに2000万円を、Eに500万円を、Gに60万円を支払うことを条件に、担保権の消滅に同意するよう求めた。

　これに対し、Eは、「もう少し高く売るか、組入額を減額してほしい」と、Gは、「4000万円以上で売って300万円は配分がほしい」と要求する。

第6講　破産財団の管理・換価、配当

(1)　旧法には破産財団所属財産の換価について時期を制限する規定があったが、現行法では削除されている。それはどのような規定であったか。その規定はなぜ削除されたのか。

(2)　一般的に言って、破産財団所属の不動産を換価するにはどのような方法があり、それぞれの方法はどのような場合に採用するのが適切か。

(3)　上記事例において、EやGの要求に直面した破産管財人N田は、本件不動産を民事執行法に基づく競売手続の方法で換価しようと考えた。N田の申立てによって競売手続が進められ、Fg社が2500万円で最高価買受申出人となり、これに対して売却許可決定（民執69参照）がなされた。ところが、この売却許可決定に対して、Eが2500万円では自己の抵当権の被担保債権全額の満足が得られないことを指摘しつつ執行抗告を提起した（民執74参照）。Eの執行抗告は認められるか。条文上の形式的根拠と当該条文の背景にある実質的根拠を指摘しつつ答えなさい。

(4)　上記事例において、EやGの要求に直面した破産管財人N田は、本件不動産には担保余剰がないので破産財団から放棄してしまおうと考えた。このために踏むべき手続、その手続をとった後の担保権者の地位がどうなるかについて説明しなさい。

(5)　(4)のことがなされた後、Gはどのみち別除権によって自己の債権を回収する見込みがないので、別除権を放棄してさっさと被担保債権全額について破産手続に参加することとした。別除権放棄の意思表示は誰を相手に行ったらよいか。(4)で問題とされた放棄のために踏むべき手続がとられているか否かで、この意思表示の相手方に相違はあるか。

(6)　上記事例において、EやGの要求に直面した破産管財人N田は担保権の消滅の制度を利用してはどうかと考えた。これに類似の制度は民事再生手続や会社更生手続にもあるが、それらと破産手続上の担保権消滅の制度との異同について説明しなさい。

(7)　(6)のように、破産管財人N田は担保権消滅許可の申立てを行うこととしたが、この場合、

①　どのようにこの申立てを行ったらよいか。

219

問題篇

② Eとして、この申立てに対してどのように対処したらよいか。
③ Gとしてはどうか。
④ EやGから特にN田の担保権消滅許可の申立てに対する対処手段がとられず、Ff屋を売却の相手方として担保権消滅許可の決定がなされた。EやGはこの許可決定に対して売却代金が安すぎるとの理由で即時抗告を行うことができるか。A商店に対する一般債権者はどうか。

☆一問一答破産247-251頁、塚越和男「破産管財人の執務上の問題(Ⅱ)」新裁判実務大系(28)165-168頁、論点解説(上)47-71頁〔服部敬〕、新破産法211-212頁、田原睦夫「担保権消滅請求」新破産法の理論407-413頁、伊藤493-507頁、倒産法概説157-159頁、最判平成12・4・28判時1710号100頁、最判平成16・10・1判時1877号70頁、百選55事件〔八田卓也〕、山本和彦・金法1748号64-67頁（2005年）

再生手続における担保権消滅の制度については⇒第10講Q3

Q5 各種の配当手続はどのような場合に行われるであろうか。

中間配当はどのような場合になされるか。また、中間配当をする必要がない場合には、最後配当が原則であるが、配当の方法としてはほかに、本件破産会社㈲A商店の破産手続でも採用されている簡易配当（Ⅰ 51~60）や同意配当もある。簡易配当や同意配当は最後配当とどこが異なるか。また、それぞれの方法はどのような場合に適しているか。

☆今中ほか883-884頁

第6講　破産財団の管理・換価、配当

> Q6　各種の債権の中間配当における取扱いはどのようなものであろうか。

次の債権は中間配当ではどのように処理されるか。

①確定済みの解除条件付破産債権、②破産管財人が認めない、または破産債権者から異議が提起されている破産債権で、確定のための裁判手続中のもの、③租税等の請求権または罰金等の請求権で、配当率の通知時点で訴訟その他の不服申立ての手続が終了していないもの、④別除権付債権で、中間配当の除斥期間満了までに別除権の実行の着手証明をし、不足額の疎明があったもの、⑤停止条件付債権、将来の請求権、⑥自己に対する配当額が1,000円未満でも受領するとの意思を届け出なかった破産債権者に対する1,000円未満の配当額

☆今中ほか 857-858 頁

> Q7　中間配当において除斥された別除権者のその後の取扱いはどのようなものであろうか。

中間配当にあたり、別除権の実行着手の証明および不足額の疎明がなされないことから、この別除権者の債権を除斥して中間配当を行い、その後不足額が証明されたところ、除斥した中間配当における配当額相当額が破産財団に残っていない場合、破産裁判所はどのような処理をすべきか。

問題篇

☆今中ほか 862-863 頁

> Q8　各種の債権の最後配当における取扱いはどのようなものであろうか。

次の債権は最後配当ではどのように処理されるであろうか。

①確定済みの停止条件付債権、将来の債権、②別除権付債権の不足額、③破産管財人が認めない、または破産債権者から異議が提起されている破産債権で、配当額の通知を発する時に確定のための裁判手続中のもの、④租税等の請求権または罰金等の請求権で、配当額の通知を発する時までに、訴訟その他の不服申立ての手続が終了していないもの

☆今中ほか 871-875 頁、大コンメ破産 851-855 頁〔舘内比佐志〕

第7講　再生計画と履行の確保

> Q1　どのような場合に、再生手続中に事業譲渡を行うことが適切かつ可能であろうか。また、そのためにはどのような手続を取らなければならないか。

　本件再生債務者㈱A産業の申立書によると、再生債務者の事業のうち、不採算部門とされる設計部門については他社に営業譲渡（事業譲渡）をすることを考えるとされており（Ⅱ②第9の1）、同業種のQ産業㈱が積極的に応ずる意向であったが、設計部門の従業員（社員・技術者）3名がQ産業への移籍を拒んだため、この計画は頓挫してしまった（Ⅱ㊳第1。なお、3名の従業員は最終的にはすべて退職した）。

(1)　一般的に言って、再生手続中に営業譲渡を行うためにはどのような要件が必要であり、どのような手続を取らなければならないか。仮に本件再生手続において営業譲渡に対する従業員の協力が得られたとして、営業譲渡のための要件の充足の有無・取るべき手続はどうであろうか。

(2)　①仮に保全管理人が選任されているとしたら、保全管理人は営業譲渡を行うことができるか。②また、再生計画中で営業譲渡を行うとしたら、そのための手続はどのようになるか。この手続には更生計画による営業譲渡のための手続とどのような差異があるか。③さらに、再生計画認可後に営業譲渡を行おうとしたら、どのような手続を取ったらよいか。

☆一問一答民事再生 72-76 頁、条解民再法 187-198 頁〔松下淳一〕・337 頁〔中島肇〕、詳解民再法 430-440 頁〔山本弘〕、新注釈民再法（上）196-219 頁〔三森仁〕、

問題篇

伊藤 756-762 頁、松下・入門 56-61 頁・132 頁

> Q 2　再生計画案の提出と再生計画（案）の変更はどのように行われるか。

(1)　本件事案においては、再生債務者㈱A産業が裁判所によって伸張された提出期間の末日である平成 17 年 6 月 23 日（Ⅱ97）に再生計画案を提出している（Ⅱ100）。A産業は再生計画案を提出すべき義務を負っていたか。仮に管財人が選任されていたとしたらどうか。A産業や管財人のほかに再生計画案の提出権を有する者はいるか。それらの者は、債権届出期間満了前に再生計画案を提出することができるか。それはなぜか。提出義務者から再生計画案の提出がないときは、裁判所はどのような措置をとりうるか。

(2)　A産業は、平成 17 年 6 月 23 日に裁判所に提出した再生計画案の内容を、同年 7 月 26 日に修正することができるか。本再生計画案では一般債権の免除率は 72％であるが（Ⅱ100第 2 の 2(1)）、これを 65％とする場合と 80％とする場合とで相違があるか。

(3)　(2)と同様の修正を同年 9 月 1 日に行うことができるか。また、それ以降にそのような修正を行う余地はないか。特に、免除率を 80％とする変更に議決権を有する再生債権者全員が同意している場合はどうか。

(4)　本再生計画案は債権者集会で可決され、平成 17 年 9 月 12 日に裁判所によって認可されている（Ⅱ115）。仮に当初予定されていた設計部門のQ産業への営業譲渡が奏効する見込みであるので、再生計画上、営業譲渡を再生計画によって行う、その譲渡代金によって認可決定の確定後 2 ヶ月以内に再生債権者に 1 割の弁済を行う、2 割については（一定期間内に）分割弁済を行う、7 割は免除するとなっていたとする。ところが、再生計画の認可後、Q産業の財務内容が取引先の不渡り手形をつか

まされたために突然悪化し、そのため営業の譲受けができないこととなってしまった。そこで、A産業は急遽、別の譲渡先としてGa社に打診し、最終的に同社が譲り受けてくれることになった。この場合、再生計画を変更することができるであろうか。譲渡先がQ産業からGa社に変更するだけで他の再生債権者に対する弁済条件については一切変更がない場合と、譲渡代金が低くなってしまったために最初の弁済率が5%となり、免除率が75%となった場合とでは相違があるか。

(5) A産業が(4)の新たな営業の譲受先であるGa社を見出すことができたのは、フィナンシャルアドバイザーであるGb社に依頼して公開入札を実施してもらった結果であった。Gb社は公開入札の実施にかかった費用をどのように請求することができるか。Q産業が譲受先となったのも平成17年1月15日のGb社への依頼に基づく公開入札の結果であったとしたら、これに要した費用はどうか。最終的にQ産業への譲渡が奏効していたとしたらどうか。

───

☆一問一答民事再生152-153頁・219-221頁・225頁・248頁、Q&A民事再生283-288頁〔山本和彦〕・403-408頁〔小林信明〕、伊藤668-670頁・790-793頁・822-825頁、新注釈民再法(上)569-572頁〔柴野高之〕・(下)40-46頁〔小林信明〕・46-47頁・56-58頁〔長島良成〕・88-90頁〔富永浩明〕、林圭介「民事再生手続の実務の概要─大阪地裁」新裁判実務大系(21) 302頁

Q3　再生計画案の内容と決議に関する規律はどのようになっているか。

(1) 再生計画の絶対的記載事項（記載がないと再生計画の不認可事由となるもの）、相対的記載事項（所定の効力を生じさせるためには記載が必要であるもの）、任意的記載事項にはどのようなものがあるか。なぜ、これら

は記載することが必要ないし適切であるのか。本件再生債務者㈱A産業の再生計画案（Ⅱ⃣100）においては、これらの点はどのように扱われているか。

(2) 再生計画案を決議に付す時期について制限はあるか。決議に際しての議決権行使の方法にはどのようなものがあるか。決議に至るまでに裁判所はどのような措置をとらなければならないか。また、A産業の再生手続においては、これらの点は実際にどのように処理されているか。

(3) 仮に裁判所がA産業から提出された再生計画案を遂行不能であると判断した場合には、どのような措置をとるべきか。

(4) 再生債権者が再生計画案を可決するためにはどのような要件が満たされなければならないか。その要件が満たされるように、再生債務者（の申立代理人）や裁判所はどのような点に配慮しなければならないか。A産業の再生手続においてはどのような配慮がなされているか。

☆一問一答民事再生 206-211 頁・228 頁、Q＆A民事再生 373-378 頁・407-417 頁〔小林信明〕、伊藤 775-802 頁

Q4　再生計画の不認可要件はどのようなものであろうか。

(1) 再生計画はどのような要件の下に認可または不認可となるであろうか。更生計画の認可要件（会更 199 Ⅱ）と比較しながら説明せよ。

(2) 仮に本件再生債務者㈱A産業の代表取締役B野B一は自己を被保険者、A産業を受取人とする2億円の生命保険に入っていたとする。B野は再生計画案が可決されてほっとしたためか、可決された翌日の平成17年9月10日早朝に死亡してしまい、会社にその生命保険金が入った。裁判所は再生計画を認可すべきか。

(3) 本再生計画においては、弁済額が20万円に満たない再生債権者に対

しては、再生計画認可決定確定の日の属する月の翌月末日限り一括して支払うという少額債権の弁済に関する条項が定められている（Ⅱ⑩⑩第2の3⑶）。これに対し、仮に以下のような趣旨の条項の定めがある再生計画案が債権者集会において可決されたとして、その再生計画は認可される可能性はあるであろうか。

① 当該再生計画における弁済額が、100万円に満たない再生債権者に対し、再生計画認可決定確定の日の属する月の翌月末日限り一括して支払う。
② 債権の内容が「売掛金」である債権については50％を支払う（50％の免除を受ける）。
③ 債権者Gc（再生債務者代表者の父親）の貸金債権については90％の免除を受ける（10％のみ支払う）。
④ 債権者Gd（再生債務者従業員が起こした交通事故の被害者の損害賠償請求債権）の債権については100％支払う。
⑤ 再生債務者の下請の請負代金（外注労務費）については100％支払う。

(4) 「再生計画が不正の方法によって成立するに至ったとき（民再174Ⅱ③）」にはどのような場合が該当するか。たとえば、再生手続開始申立て直前またはその後に、そうでなければ満たされなかったはずの再生計画案可決に必要な頭数要件を満たすために再生債権を分割譲渡し、再生計画案に対する賛成派の再生債権者の人数を増やした場合はどうか。

☆Q＆A民事再生382-385頁〔小林信明〕・417-420頁〔長島良成〕、伊藤777-778頁・803-810頁、東京高決平成19・4・11判時1969号59頁、最判平成20・3・13民集62巻3号860頁、倉部真由美・平成20年度重判159-160頁、野村秀敏・金判1299号10-14頁(2008年)

問題篇

> Q5 再生計画にはどのような効力が認められるか。

(1) 本件再生債務者㈱Ａ産業に関する再生計画については平成 17 年 9 月 12 日に認可決定がなされている（Ⅱ115）。これはいつ効力を生ずるか。この点につき会社更生計画の認可決定の効力発生時期とは異なった規律がなされているが、それはなぜか。Ａ産業の代表取締役Ｂ野Ｂ一はＡ産業の多数の債務について保証人となっているようであるが（Ⅱ32の 4 の④参照）、Ａ産業の再生計画の認可決定は保証債務についてどのような影響を与えるか。

(2) 本件の再生計画の認可決定に対して不服を有している者は、それをどのような手段によって主張しうるか。以下の者はそれぞれその手段をとる資格を有するであろうか。①届出がされておらず、自認債権でもない債権があるとしてその債権者、②自認債権の債権者㈱ＢＯ（Ⅱ81）、③再生債務者であるＡ産業、④株主Ｂ野Ｂ次、⑤取締役Ｂ野Ｂ子（株主ではなく、取締役たる資格において）、⑥管財人が選任されていたとして、当該管財人。

(3) Ａ産業に対する再生債権者㈱ＢＱ の届け出た売掛金債権 5,598,722 円のうち 2,458,115 円については、一部売買目的物が納品されなかったり、引き上げられたりしたとの理由により、Ａ産業は再生債権認否一覧に認めない旨の記載をした（Ⅱ80）。そのため、ＢＱ とＡ産業との間にこの再生債権をめぐって争いが発生したが、最終的には確約書（Ⅱ105）記載のような和解が成立した。仮にこの和解が成立していなかったとしたら、本件再生計画は認可されたであろうか。また、再生手続開始前にＢＱ からＡ産業に対してこの部分についての支払請求訴訟が提起され、再生債権届出期間中にはなお当該訴訟が係属中であったとする。そこで、ＢＱ はこの部分についての債権届出をせず、Ａ産業もこれを自認しなかった場合、ＢＱ の債権のこの部分は再生計画の認可によってどのよ

第7講　再生計画と履行の確保

うな影響を受けるか。

☆一問一答民事再生 236 頁、Q＆A民事再生 199-203 頁〔渡辺昭典〕・421-422 頁〔長島良成〕、伊藤 803 頁・808-818 頁、条解民再法 819-826 頁〔三木浩一〕

Q6　再生計画の履行を確保するためにどのような手段を利用することができるか。

(1)　本件の再生計画は認可されたが（Ⅱ115）、再生計画が順調に履行されたとして、㈱A産業に係る再生手続はいつ終結するか。仮に管財人が選任されていた場合はどうか。監督委員も管財人も選任されていない場合はどうか。

(2)　A産業は再生計画に従い、順調に再生債権者に対して債務を弁済してきた。ところが、平成 20 年秋のアメリカ発の世界的な不況の影響を受けた結果、平成 21 年 7 月分の弁済ができない状況に陥ってしまった。この場合、たとえば㈱BAのような個々の再生債権者はどのような措置をとりうるか。A産業自身はどうか。履行の監督にあたる債権者委員会が設置されていたとしたら、当該委員会はどのような措置をとりうるか。仮に既に平成 19 年 7 月分の履行がなかったとした場合、監督委員K山K之はどのような対処をすべきか。

☆一問一答民事再生 246-247 頁・249-251 頁・253-257 頁、Q＆A民事再生 439-444 頁〔腰塚和男〕、伊藤 849-862 頁、松下・入門 157-169 頁

問題篇

第8講　契約関係（双方未履行双務契約一般・請負・その他）

> Q1　破産手続開始後の破産財団所属財産に関する法律行為は、どのような効力を有するか。

　本件破産会社㈲A商店が、AT㈱に対して有する100万円余の売掛金債権（Ⅰ⑯）をE信用金庫から平成15年1月16日に借り入れた借入金債務残165万円（Ⅰ⑥）に対する代物弁済として譲渡し、平成19年6月1日に普通郵便でその旨をATに対して通知したとする。平成19年7月3日午後4時、A商店は破産手続の開始決定を受けているが（Ⅰ㉙）、E信用金庫から支払を求められたATは、それとの間で、平成19年7月4日、90万円を7月末日までに支払うとの和解をし、その旨の執行証書を作成した。

(1)　ATもE信用金庫もA商店についての破産手続の開始に関して善意であったとしたら、E信用金庫は上記の和解を理由として債権譲受けを破産財団に対抗しうるか。

(2)　ATがE信用金庫に90万円を支払ってしまったら、A商店の破産管財人N田N夫はどうしたらよいか。E信用金庫が破産手続の開始に関して善意か悪意かでN田のとるべき対応に違いが生ずるか。

　　☆伊藤255-264頁、倒産法概説190-198頁、石川明＝西沢宗英「破産宣告後の権利取得」宮脇幸彦＝竹下守夫編・新版破産・和議法の基礎125-128頁（1982年）

第8講　契約関係（双方未履行双務契約一般・請負・その他）

> Q2　ゴルフクラブの会員が破産した場合、ゴルフクラブ会員契約はどのように扱われるか。

　第6講Q2⑴でも述べたように、本件破産会社㈲A商店が平成9年10月1日に法人成りした頃（Ⅰ28第1の2参照）は業績は好調で、現代表取締役B野B夫も相当の報酬を得ていた。そこで自然と日頃付き合う者も景気のよい社長どうしということになったが、それらの者の間ではゴルフが流行っていた。そこで、B野も仲間とゴルフを始めたところ、仲間のHaから「今度伊豆の方に開設されるよいゴルフ場を知っているが、今のうちなら会員権を安く購入できる、そのうち必ず値上がりする、自分も購入したのであなたもどうか。」ともちかけられたので、平成10年9月1日、預託金1500万円を支払ってHb社が運営するゴルフ場のゴルフクラブの会員となった。その会則によれば、「預託金は会員が会員資格を喪失したときに返還されるが（無利息）、入会後10年以内の資格喪失の場合には、払込日の翌日から起算して10年を経過した後に返還される。また、会員は年間24万円の年会費を支払う義務がある。」とされていた。
　B野はA商店の債務の多くを連帯保証していた（Ⅰ5 6 42〜45参照）。そこで、A商店の破産に伴い、B野も自己破産の申立てを行い、A商店と同日の平成19年7月3日に破産手続開始決定を受けた。

⑴　破産法は双方未履行の双務契約に関して幾つかの規定を設けているが（破53・54ⅠⅡ・148Ⅰ⑦）、仮にこれらの規定が存在しなかったとしたら、双方未履行の双務契約はどのように取り扱われるか。また、このことを踏まえて、これらの規定の趣旨を考えよ。
⑵　B野の破産管財人は、本件ゴルフクラブの会員契約を解除することができるか。仮にできないとすると、それにはどのような事情が作用して

231

問題篇

いるであろうか。
(3)　仮に、ゴルフクラブ会員契約が年会費を無料とするが、プレーの都度、その時期、曜日によって所定のプレー代を支払わなければならないとするものであったとしたら、会員契約の解除は可能か。会則の上で、会員側に年に一定回数以上プレーすることが義務付けられていたらどうか。
(4)　上記(2)(3)の中に破産管財人が契約を解除しうる場合があるとする。にもかかわらず破産管財人が解除も履行の選択もしない場合、Hb社はどうしたらよいか。B野が破産ではなく再生手続の開始決定を受けた場合には、破産の場合と何か違いがあるか。

☆佐藤鉄男「双方未履行の双務契約」新破産法の理論 193-196 頁、河野正憲「双務契約一般」理論と実務 278-283 頁、中西正「双方未履行の双務契約の破産法上の取り扱い」谷口古稀・現代民事司法の諸相 497-503 頁（2005 年）、最判平成 12・2・29 民集 54 巻 2 号 553 頁、最判平成 12・3・9 判時 1708 号 123 頁、百選 70 事件〔水元宏典〕、最判解平成 12 年度（上）5 事件〔尾島明〕、大コンメ破産 204-207 頁、212-214 頁〔松下淳一〕、田頭章一・企業倒産処理法の理論的課題 136-143 頁（2005 年）

Q3　請負人が破産した場合、双方未履行の請負契約はどのように扱われるか。工事を請け負っている共同企業体の構成員が破産した場合、その地位はどのように扱われるか。

　Q2のHb社は上記のゴルフ場の経営が順調であることから、別にもう一箇所ゴルフ場を開設することとし、千葉県に適当な土地を見つけさっそく購入した。その上で、Hb社は、平成 18 年 6 月 1 日に、購入した土地についての造成工事の契約をかねてから付き合いのあるHc建設と締結した。工事は最初のうちは順調に進捗していたが、平成 19 年

第8講　契約関係（双方未履行双務契約一般・請負・その他）

初めに Hc 建設が建築した5棟のマンションについて耐震偽装工事の疑惑が発生し、大きくマスコミに報道されたために事業に支障を来し、Hc 建設はついに自己破産の申立てをし、平成19年7月20日には破産手続開始決定を受けてしまった。破産手続開始時において、ゴルフ場の6割（30億円相当）が完成しており、Hb 社は造成工事代金50億円のうち、8割（40億円）の前渡金を支払済みであった。

(1) この場合、Hc 建設の破産管財人は Hb 社との請負契約を解除することができるか。解除した場合、Hb 社の前渡金40億円はどうなるか。解除によって Hb 社に損害が生じた場合は、Hb 社の損害賠償請求権はどう扱われるか。

(2) Hc 建設は、Hb 社からの造成工事を単独ではなく、同業他社の Hd 社、He 社と共同企業体を構成して受注しており、工事は破産手続開始時に既に9割方完成していたとする。破産によって、Hc 建設の共同企業体の構成員としての地位はどのような影響を受けるであろうか。Hc 建設は、共同企業体の構成員にとどまり、その一員として工事を完成させることができるであろうか。また、この点が否定される場合でも、工事が完成して共同企業体に利益が生じた場合に、Hc 建設の破産管財人は利益金の分配を請求しうるであろうか。

☆最判昭和62・11・26民集41巻8号1585頁、百選69事件〔田邊誠〕、三森仁「請負契約」新破産法の理論207-209頁、松本伸也「請負契約」理論と実務296-297頁、伊藤・288-291頁、才口千春「各種の契約の整理（V）—請負、ジョイント・ベンチャー」新裁判実務大系（10）164-167頁

Q4　注文者が破産した場合、双方未履行の請負契約はどのように扱われるか。

問題篇

　　Q3のHc建設は問題なく営業を継続していたとする。これに反し、Hb社の方は千葉県のゴルフ場の会員を募っていたが、近隣に次々にゴルフ場が開設されるなどしたために過当競争となり、思うように会員が集まらない状況となってしまった。そして、千葉県のゴルフ場の用地取得のために銀行から借り入れた資金の返済期限が迫ってきたところ、折悪しく、伊豆のゴルフ場が台風による大きな被害を被り、その復旧工事のために多額の資金が必要になったが、これらに必要な資金を調達できなくなったHb社は自己破産の申立てをし、平成19年10月30日には破産手続開始決定を受けた。この時点で、ゴルフ場は8割が完成していた。

(1)　千葉県のゴルフ場は近隣のゴルフ場より比較的立地がよい場所に位置していた。そこで、Hb社の破産管財人は隣接のゴルフ場を運営するHf社からこれを譲り受けたいとの申込みを受けた。Hb社の破産管財人はゴルフ場は完成間近かであり、完成させてから譲渡した方が得策であるので造成工事請負契約の履行を希望している。Hc建設の方から、契約を解除することはできるか。それが可能であるとして、解除した後、Hc建設とHb社の破産財団との間の法律関係はどのように規律されるか。

(2)　Hb社について開始されたのが破産手続ではなく、再生手続であったとしたら、(1)の解答はどうなるか。

(3)　Hb社とHc建設との間にQ3と同様の造成工事の契約があったが、前渡金の支払はなかったとする。この場合に本問の設例におけるようにHb社が破産手続開始決定を受けたとして（この時点でゴルフ場は6割が完成していた）、その破産管財人が造成工事請負契約の履行を選択し、Hc建設は工事を完成したとする。ところが、破産管財人は20億円しか支払わない。そこで、Hc建設は破産管財人に対して残り30億円の支払を求める訴えを提起したところ、同人は30億円か、少くとも

234

第8講　契約関係（双方未履行双務契約一般・請負・その他）

10億円については破産債権としての届出が必要であると主張する。この主張は正当か。また、破産管財人が解除を選択したとする。この場合、Hc建設が、なお受領できたはずの30億円からから自己が負担すべき費用額として26億円を控除した4億円の損害を被ったと主張したとすると、この損害賠償請求権はHb社の破産手続上、どのように扱われるか。

☆最判昭和53・6・23金法875号29頁、百選68事件〔金子宏直〕、三森仁「請負契約」新破産法の理論209-210頁、松本伸也「請負契約」理論と実務294-296頁、伊藤・286-288頁

Q5　需要者の破産によって継続的給付を目的とする双務契約はどのような影響を受けるであろうか。

　本件破産会社㈲A商店は電力料金、ＰＨＳ利用料金を滞納しているが（Ⅰ⑤⑪53）、破産手続開始申立て時に営業は停止されており（Ⅰ㉘第8の1）、これらの滞納料金はそれ以前の給付に係るもののようである。仮にA商店が破産手続開始申立て時にも手続開始時にも営業を停止しておらず、破産管財人Ｎ田Ｎ男はその後もなお幾分かは在庫商品を売りさばくために営業を継続したいと考えており、そのためにはなお電力の供給を受ける必要があるとする。ところが、A商店は、手続開始申立て時の平成19年6月分以降の電力料金も未払いにしていた。AO電力㈱は未払いの電力料金全額の支払を受けなければ供給を止めたいと考えている。それは可能か。仮に、この点に関する特段の規定（破55ⅠⅡ）がなかったらどうなるかを考えつつ、この規定の趣旨を検討した上で答えなさい。また、Ｎ田がＰＨＳの契約の方は必要ではなく、これを解除したいと考えているときはその利用契約をめぐる法律関係はどう処理され

問題篇

るか。

☆新破産法 273-276 頁、大コンメ破産 225-228 頁〔松下淳一〕

Q6　使用者の倒産によって、労働者の地位はどのような影響を受けるか。

　本件破産会社㈲A商店の従業員・パートは破産手続開始申立て前に解雇済みである（Ⅰ28第8の2）。仮にこれらの従業員・パートが破産手続開始時に解雇済みでなかったとしたら、A商店の破産管財人N田N男はそれらの従業員を解雇しうるであろうか。解雇しうるとして、その際、どのような条件に従わなければならないか。従業員やパート労働者の方から雇用契約を解約することはできるか。また、A商店が破産ではなく、再生手続の開始決定を受けたとしたら、これらに対する解答はどうなるか。

☆伊藤 302-304 頁・686 頁、Q＆A民事再生 138-140 頁〔水元宏典〕

労働者の有する金銭的権利の取扱いについては⇒第4講Q2⑶

Q7　顧客の破産によって商品先物取引はどのような影響を受けるか。当事者の一方の破産によって係属中の会社関係の訴訟手続はどのような影響を受けるか。

　Q2で述べたように、本件破産会社㈲A商店が平成9年10月1日に

第8講　契約関係（双方未履行双務契約一般・請負・その他）

　法人成りした頃は業績が好調であったため、その頃から現代表取締役B野B夫は会社の名義で金の先物取引を行っていたとする。ところがその後、業績が悪化して多額の損失を出した頃からB野夫妻の仲が険悪となって離婚が問題となっていたところであるが、平成18年10月3日には、所定の手続を踏んだ上、B野B子からB夫の会社に対する責任を追求するための代表訴訟が提起された。また、同日には、やはり所定の手続を経た上、B子からA商店とB夫とを相手取って取締役の解任の訴えが提起された。この2つの訴訟が第一審である甲地方裁判所に係属中、平成19年7月3日にA商店について破産手続の開始決定がなされ、N田N男が破産管財人に選任されたのであった（Ⅰ29）。

(1)　B夫による先物取引は破産手続開始時にもまだ細々と継続しており、平成19年4月2日には、甲商品取引所で同年10月31日を現物引渡しの限月（決済日）として金2枚（2kg）を買っていた。この時の売買代金は3,050円（1g）であったが、破産手続開始時の甲商品取引所における10月31日を限月とする金相場は2,850円となっていた。A商店の破産に伴って、この商品取引はどのように処理されることになるか。

(2)　A商店の破産に伴って、上記の代表訴訟はどうなるか。B子が破産手続開始前の口頭弁論期日にある事実を自白していた場合に、B夫はN田にこの訴訟を受継させることができるか。N田はB子のした自白に拘束されるか。

(3)　B夫は、A商店が破産したので自分は取締役の地位を失ったから取締役解任の訴えは訴えの利益を失い却下されるべきであると主張する。B夫の主張はどのような根拠に基づくものか。また、この主張は正当か。

(4)　B子が訴えを提起した頃、相前後してA商店に対して売掛金債権を有する㈱BE（Ⅰ553）からその支払を求める訴えが甲地方裁判所に提起され、破産手続開始時になお係属中であったとする。ところが、その後、平成19年10月4日に、A商店に関する破産手続については、財団不足によって異時廃止の決定がなされ確定した。ただし、A商店には

237

問題篇

手続費用を支弁するには不足するが、多少の財産はあった。BE の訴えは、A 商店に関する破産手続開始決定や異時廃止決定の確定に伴なってどのように処理されるべきことになるか。

☆大コンメ破産 143-144 頁〔髙山崇彦〕・180-185 頁・188 頁〔菅家忠行〕・243-249 頁〔松下淳一〕、金子宏直「市場の相場のある商品取引、交互計算及びデリバティブ取引」新破産法の理論 220-223 頁、竹内康二「市場の相場がある商品取引契約」理論と実務 306-311 頁、伊藤 124-125 頁・293-294 頁・299 頁・310-311 頁・314 頁、中島 81 頁・249-252 頁・278-285 頁、最判平成 21・4・17 判タ 1297 号 124 頁、菱田雄郷・平成 21 年度重判 153-154 頁、野村秀敏・金判 1330 号 12-15 頁（2009 年）、最判昭和 43・3・15 民集 22 巻 3 号 625 頁、最判解昭和 43 年度（上）25 事件〔千種秀夫〕、百選 87 事件〔弥永真生〕

第9講　賃貸借契約・リース契約の取扱い

> Q1　賃借人が破産手続や再生手続の開始決定を受けた場合、賃貸借契約はどのように取り扱われるか。

　本件破産会社㈲A商店は、平成18年5月、建物所有者が経営していたスーパーMを引き継いで、丁店を新たに出店した。その際、賃貸人たる建物所有者I青果商業共同組合に対して500万円の保証金を差し入れた（I25 28第4・第7）。仮に、破産手続開始時において賃貸借契約が継続していたとする。

(1)　A商店について破産手続が開始されたことによって、Iは賃貸借契約の解約の申入れをすることはできるか。本件賃貸借契約中に、A商店に倒産手続開始の申立てがあった場合は、賃貸借契約は当然解除されたものとみなすとの特約があったとき、この特約は有効か。

(2)　A商店について開始されたのが再生手続であったとしたら、(1)前段の解答はどうなるか。

(3)　破産管財人N田N夫の方から契約を解除することができるか。仮に、一般論として、賃借人破産の場合に破産管財人は賃貸借契約を解除することができるとして、破産管財人は解除するか否かを決する際にどのような事情を考慮すべきか。本件事案では、実際には、破産申立て前の平成19年3月に申立代理人C川C男によって契約が解除されて明渡し済みである（I28第8の5①）。C川は、どのような考慮によって、このような処理をしたのであろうか。

(4)　((3)において破産手続開始時に賃貸借契約が継続している事案に戻る。）N田が契約を解除しなかったら、賃料債権は破産手続上どのように扱われ

るであろうか。破産手続開始前の未払賃料があったとして、これを含めて検討せよ。

(5) ((3)において破産手続開始時に賃貸借契約が継続している事案に戻る。) N田は契約を解除したにもかかわらず、A商店がスーパーMの屋上に設置したスーパーM宣伝のための特殊な広告塔を撤去しない。そこで、賃貸人Iは建物の返還を受けてから自己の費用でこれを撤去したが、そのための費用として100万円かかってしまい、残っていた保証金をこの費用に当てても、なお50万円足りない。この50万円の原状回復費用は破産手続上どのように扱われるか。仮に破産手続開始前に賃貸借契約が解除されており、返還も開始前である場合、解除は開始前であるが、返還は開始後である場合はどうか。

☆一問一答破産80-81頁、新破産法276-280頁、坂田宏「賃貸借契約―賃借人の破産」新破産法の理論202-203頁、瀬戸英雄「賃貸借契約」理論と実務288-293頁、富永浩明「各種の契約の整理(Ⅱ)―賃貸借契約(2)」新裁判実務(28) 204-219頁、小林信明「賃借人の破産・会社更生・民事再生」論点解説(上) 105-120頁

> Q2 賃貸人が破産手続や再生手続の開始決定を受けた場合、賃貸借契約や賃料債権・敷金返還請求権はどのように取り扱われるか。

記録篇では省略してあるが、本件再生債務者㈱A産業の代表取締役B野B一も、A産業の債務の大部分について連帯保証しており、その経営破綻に伴って自らもA産業と同日時に再生手続の開始決定を受け(Ⅱ324④参照)、A産業の再生手続における監督委員K山K之弁護士は、B野の再生手続においても監督委員に選任されている。仮に、B野は自宅のほかにA産業本店所在地の隣接市に親から相続した土地建物を有し、この本件建物を平成15年4月1日以来、妹の夫であるIaに対して賃

第9講　賃貸借契約・リース契約の取扱い

貸しており、Ia 一家は当該建物に居住しているとする。この賃貸借契約書によると、賃貸借期間は5年、賃料は月額10万円、毎月末日までに翌月分の賃料を支払うこと、敷金は100万円とすると定められている。なお、再生手続開始前に、Ia は B 野からの懇願に負けて B 野個人に対して 200 万円を融資しており、同額の貸金債権を有しているが、B 野はこれを A 産業の運転資金に使ってしまったようである。

(1) 再生債務者 B 野は、民再法 49 条 1 項によって、本件賃貸借契約を解除することができるか。目的物件が動産である場合はどうか。
(2) Ia は、200 万円の貸金返還請求権を自働債権として、再生手続開始後の平成 17 年 2 月末日限り支払うべき 3 月分の賃料債務やそれ以降の賃料債務との相殺をすることはできるか。できるとすれば、その範囲はどうか。
(3) 敷金返還請求権はどのような法的性質の権利か。Ia は再生手続開始後、賃貸借契約の継続中に賃料の請求を受けたが、敷金を返してもらえるか危惧を抱き、その返還請求権を自働債権として賃料債務と相殺した。このような危惧には根拠があるか。また、この相殺は有効か。
(4) Ia は自宅を新築したので、B 野との間の賃貸借契約を平成 17 年 8 月末日限りということで合意解除したが、自宅の完成が遅れたために引っ越して本件建物を明け渡したのは平成 17 年 9 月 25 日となってしまった。Ia は、8 月分までの賃料は支払ったが、9 月に本件建物に居住していたことに関しては何らの金銭も払っていない。Ia の敷金返還請求権は B 野の再生手続上どのように扱われるか。再生計画の認可決定の確定が平成 17 年 9 月 25 日前であった場合とそれより後であった場合とに分けて検討しなさい。
(5) (4)において、合意解除がなく、かつ、8 月 15 日に本件の土地建物が再生手続において Ib に任意譲渡されたが、その時点において Ia の建物使用状況に鑑みて敷金から控除するのが相当な金額が 25 万円あるとしたら、Ia の敷金返還請求権はどのように扱われるか。再生計画の認

問題篇

可決定の確定が平成17年8月15日前であった場合とそれより後であった場合とに分けて検討しなさい。

(6) B野は再生手続開始申立て前、A産業の運転資金を調達するため、Iaに対する将来の賃料債権をIc社に譲渡し、内容証明郵便によってIaにその旨が通知されていたとする。この譲渡は再生手続に開始によって影響を受けるか。また、この場合、(3)の解答はどうなるか。

(7) 本件土地建物には、A産業の債権者㈱BA（Ⅱ⑥参照）に対するB野の連帯保証債務のために抵当権が設定されていたとする。再生手続開始後、BAはIaに対する賃料債権を物上代位により差し押さえた。この場合、Iaによる賃料債務の弁済と敷金返還請求権の関係はどのようになるか。

(8) A産業に関して再生手続ではなくて破産手続が開始されたとしたら、(1)～(3)および(6)(7)に対する解答はどうなるか。

☆一問一答破産85-86頁・93頁、最判昭和48・2・2民集22巻1号80頁、最判平成14・3・28民集56巻3号689頁、大阪地判平成5・8・4判時1497号105頁、最判昭和44・7・17民集23巻8号1610頁、最判平成11・1・29民集53巻1号151頁、最判平成10・3・24民集52巻2号399頁、最判平成10・3・26民集52巻2号483頁、新破産法287-300頁、藤田浩司「賃貸人の破産」論点解説（上）120-132頁、岡正晶「賃貸人の会社更生・民事再生」論点解説（上）133-145頁、Q&A民事再生131-135頁〔木川裕一郎〕、田頭章一「賃貸人の破産」新破産法の理論199-201頁、瀬戸英雄「賃貸借契約」理論と実務288-293頁、小林信明「各種の契約の整理（Ⅰ）―賃貸借契約(1)」新裁判実務大系(28)184-203頁

Q3 ライセンサーに対する再生手続の開始によってライセンス契約はどのような影響を受けるか。

本件再生債務者㈱A産業は、研磨が尽きた後のドリルの廃棄に関する

第9講 賃貸借契約・リース契約の取扱い

粉砕機の技術について特許出願をしていたが（Ⅱ②第9の1）、結局、物にならなかったようである。しかし、より前の時期に出願がなされて、それが認められており、A産業は、この特許権に関して、平成16年4月1日、下請け業者であるBC（Ⅱ47参照）との間でライセンス実施契約を締結し、BCに対して通常実施権の許諾をしていたとする。A産業とBCとの間のライセンス実施契約はA産業についての再生手続の開始によってどのような影響を受けるか。通常実施権について登録（特許99Ⅰ）があるか否かによって取扱いに差異があるか。

──────────

☆新破産法303-305頁、松下淳一「ライセンス契約」新破産法の理論204-206頁、山本研「ライセンス契約」理論と実務318-323頁

Q4　ユーザーの再生手続においてリース債権者はどのような立場に立ち、リース契約はどのように処遇されるか。

本件再生債務者㈱A産業は、ドリル研磨のために必要なドリル準備装置、刃研機等の多数の機械類等をリースによって調達している。これらのリース契約は、いずれもリース期間満了時にはリース物件に残存価値がないものとしてリース期間中にリース会社が投下資本の全額を回収できるようにリース料を設定したフルペイアウト方式によるものであり、再生手続開始時にリース期間が満了しているものもあるが、大部分についてはリース期間中である（Ⅱ⑦）。また、後者のうちにも、再生手続開始時に既にリース会社に物件を返却済みのものや返却予定のものもあるが、事業の継続のために必要であって契約を続けたいものもある。

(1)　リース期間満了前であってリース料債務が残っており、かつ、リース物件が返却されていないリース契約は双方未履行の双務契約（民再49）

に該当するか。そうでないとすれば、それはどのような法的性格を有するると見るべきか。
(2) 上記のリース契約の法的性格をどう捉えるかによって、リース会社の再生手続上の地位や未払リース料債権の再生手続上の取扱いはどのように異なるか。
(3) A産業がDBリース㈱からリースしているリングセッテイングマシンに係るリース契約は、(1)に述べたような状況にあるリース契約の一つであり、A産業はその続行を希望している。当該契約には、「㋑ユーザーについて破産、民事再生、会社更生などの申立てがあったときは、DBリースは催告を要しないで契約を解除できる。㋺ユーザーがリース料の支払を1回でも怠ったときは、DBリースは催告を要しないで契約を解除できる。」旨の特約が付されていた。また、本件事案における弁済禁止保全処分にはリース料債務が除外されているが（Ⅱ20）、これも禁止の範囲に含められており、弁済禁止から除外される少額債権の基準額は上記契約に係る月々のリース料債務の金額を下回っていたとする。
① この場合、DBリースは上記特約㋑に基づいて契約を解除し、リース物件の引渡しを請求できるか。仮に解除ができるとした場合、リース物件の引上げのための費用を支出したとしたら、その償還請求権を再生手続上行使することができるか、どのような方法で行使することができるか。
② A産業が弁済禁止保全処分発令前にリース料を支払っていなかった場合に、その発令後、DBリースは上記特約㋺に基づいて契約を解除することはできるか。
③ 弁済禁止保全処分発令前にはリース料の滞納はなく、その発令後、当該保全処分を理由にA産業がリース料を支払わなかった場合はどうか。
④ 弁済禁止保全処分の発令も再生手続開始時までのリース料債務の滞納もなく、手続開始後にリース料の支払が停止された場合はどうか。
(4) (1)に関してリース契約は双方未履行の双務契約には該当せず、リース

第9講　賃貸借契約・リース契約の取扱い

会社は別除権者となるとの理解をとるとする。この理解を前提として、再生手続開始時に返却していないリース物件のうち、今後は不要であって返却予定のもの、必要であり契約を継続したいものに関して、A産業はリース会社に対してどのような対応をすべきかを検討しなさい。その際、担保権実行手続の中止命令や担保権消滅許可の手続を利用できるであろうか。仮に、担保権実行手続の中止命令を利用できると考えた場合、具体的にその手続をどのようにして中止させることになるのか。また、担保権消滅許可の手続を利用できると考えた場合、リース物件に汎用性がないときに、別除権の目的物を何と考えるかによって具体的な取扱いに差異が生ずるか。

(5) Ⅱ60〜62の「別除権受戻についての監督委員の承認申請（個別和解）」等の記録の意義について説明しなさい。和解契約書（Ⅱ61）第4条(2)が挿入されているのは何のためか。

──────────

☆最判平7・4・14民集49巻4号1063頁、大阪地判平成13・7・19判時1762号148頁、東京高判平成19・3・14判タ1246号337頁、最判平成20・12・16民集62巻10号2561頁、伊藤283-286頁・602頁・764-765頁、徳田和幸「民事再生法上の担保消滅請求とファイナンスリース契約」曹時57巻6号7-18頁、Q＆A民事再生271-274頁〔田頭章一〕、伊藤尚「継続的契約」論点解説（上）166-170頁、手塚宣夫「リース契約」理論と実務312-317頁、条解民再法238-242頁〔山本浩美〕・535-536頁〔清水建夫〕、巻之内茂「各種の契約の整理（Ⅲ）―リース契約」新裁判実務大系(28)225-238頁、井田宏「民事再生手続におけるリース料債権の取扱い」判タ1102号4-9頁（2002年）、遠藤元一「リース契約における倒産解除特約と民事再生手続（上）（下）」NBL893号13-23頁・894号35-47頁（2008年）、永石一郎・金判1319号8-16頁（2009年）、村田典子・平成20年度重判155-156頁

問題篇

第 10 講　担保権者の取扱い

> Q1　倒産手続において担保権はどのように取り扱われているか。

(1)　各種の法定担保権が各種の法的倒産手続においてどのように処遇されているか、その差異がなぜ設けられているか、について説明しなさい。
(2)　私的整理、特定調停などでは、担保権はどのように取り扱われるか、について説明しなさい。

☆萩本修編・逐条解説新しい特別清算 227-228 頁（2006 年）、「私的整理に関するガイドライン第 6 項等」金法 1623 号 26-27 頁（2001 年）、座談会「『私的整理に関するガイドライン』の諸論点」金法 1629 号 17-24 頁（2001 年）、特定調停法研究会編・一問一答特定調停法 61-63 頁（2000 年）

> Q2　再生手続や破産手続では、根抵当権者はどのように処遇されるか。

　本件再生債務者㈱A 産業は事務所兼工場用の建物を賃貸借によって調達している（Ⅱ②甲第 7 号証はこの関係の書類であるが、記録篇では省略してある）。仮に、A 産業が事務所兼工場用の建物を自己所有しており（敷地は借地）、その上に、㈱BQ（順位 1 番、極度額 1,000 万円）、㈱CH（順位 2 番、極度額 900 万円）、CU ㈱（順位 3 番、極度額 500 万円）がそれぞれ根抵当権を有していたとする。BQ は、被担保債権の弁済期が徒過しているとして、A 産業による再生手続の開始申立て直後の平成 17

第10講　担保権者の取扱い

年1月7日に抵当権の実行申立てをし、同月13日には競売手続開始決定がなされた。また、BQの競売申立てにより、CHとCUの根抵当権の元本も確定した。それぞれが主張する被担保債権額はⅡ80記載のとおり、BQに関して15,304,852円、CHに関して17,672,889円、CUに関して6,375,600円であり、合計39,353,341円であるが、本件建物の価額は1,500万円程度しかしない模様である。

(1) BQ、CH、CUは、再生手続でどのような金額で債権届出をすべきか。調査確定手続ではどのような点に注意すべきか。

(2) BQの売掛金債権のうち2,458,115円については再生債務者A産業が認めていない。その結果、BQの債権に上記の極度額の根抵当権が付されているとすると、一応、根抵当権によって担保されない金額は2,849,037円ということになる（BQからの再生債権の査定の申立て等がなく、この金額で確定した）。再生計画案の決議の時までに抵当権の実行等によって担保されない金額が具体的に確定されない場合に、この金額はどのような意味を有するか。また、実際に担保されない金額は根抵当権の実行の結果を待たなければ判明しないが、その場合、BQは再生計画においてどのように扱われるか。

(3) CHは根抵当権の極度額の範囲内の400万円についても、極度額を上回る金額と同様に根抵当権から回収できる見込みはないと思われる。また、CUは全く根抵当権からは被担保債権を回収できる見込みはないであろう。そこで、CHとCUは被担保債権の一部または全部の根抵当権からの回収をあきらめて再生計画による弁済を受けることにした方が得策であると考えるに至った。A産業の協力を得ることなく、CHやCUが自己の目的を達するためにはどのような措置をとったらよいか。また、そのような措置をとったことについて登記は必要か。

(4) A産業が破産手続の開始決定を受けた場合には、BQらの債権届出、その配当手続上の取扱いはどうなるかを指摘した上で、そのような破産手続と再生手続における取扱いの差異について、その意味を考えなさ

247

問題篇

い。

☆山本和彦「別除権の取扱い」民再実務 164-169 頁、三上徹「別除権の行使とその時期」新破産法の理論 326-329 頁、新注釈民再法（上）417-424 頁〔中井康之〕、条解民生法 382-390 頁〔山本浩美〕

> Q3　再生手続において担保権を制限するための制度にはどのようなものがあるか。とりわけ担保権消滅許可制度とはどのようなものか。

　　Q2において、本件再生債務者㈱A産業の自己所有する事務所兼工場用の建物はドリル研磨加工の業務を行うのに不可欠の財産であり、その上にQ2と同様な㈱BQ、㈱CH、CU㈱の根抵当権が設定されていたとする。根抵当権の実行申立てをしたのは BQ ではなく CH であるが、それ以外の抵当権の実行申立て関係の事実関係、被担保債権額、本件建物の評価額もQ2と同様である。

(1)　CH があくまでも競売手続を続行しようとする場合、A産業は CH とどのような交渉をすることが考えられるか。この交渉に際して利用しうる民事再生法上の制度にはどのようなものがあるか。
(2)　A産業は、本件建物の価額（申出額）を 1,500 万円として、本件建物上の担保権の消滅請求の申立てを行った。許可の手続と要件を踏まえた上で、裁判所は本件の場合に許可をすべきかを検討しなさい。裁判所の許可決定に対して、担保権者にはどのような対抗手段があるか。
(3)　(2)において、仮に、再生計画において、本件建物が遊休資産であって、売却予定であった場合、裁判所は担保権の消滅を許可すべきか。売却の上、買主から賃借する予定であった場合、事業譲渡の対象財産の一部であった場合は、それぞれどうか。また、本件建物が2棟からなっていて共同抵当に供されているが一体となって利用されており、そのうち

第 10 講　担保権者の取扱い

のうちの 1 棟が再生手続開始時に B 野 B 一名義で登記してあってその所有に属していた場合、B 野 B 一名義で登記してあるが、真実は A 産業の所有に属していた場合は、それぞれどうか。
(4)　(2)において、CH が価額決定の請求をした。この手続の意義と、目的財産の価額の評価基準について説明しなさい。

☆破産・再生の実務（下）167-174 頁〔松井洋〕、条解民再法 697-702 頁〔小林秀之〕、名古屋高決平成 16・8・10 判時 1884 号 49 頁、井上一成・判タ 1215 号 250-251 頁（2006 年）、民再法逐条研究 151-153 頁、新注釈民再法（上）728-746 頁〔木内道祥〕、福岡高決平成 18・2・13 判時 1940 号 128 頁、福岡高決平成 18・3・28 判タ 1222 号 310 頁、野村秀敏・判評 581 号 181-185 頁（2007 年）、高田賢治・リマークス 35 号 132-135 頁（2007 年）

破産手続における担保権消滅の制度については⇒第 6 講 Q 4

> Q 4　破産手続や再生手続において商事留置権はどのように処遇されるか（その 1）。

　本件破産会社㈲ A 商店が取引先 AT ㈱に対する 1,000,196 円の売掛金債権と㈱ DA に対する 399,000 円の売掛金債権について（Ⅰ⑯）、それぞれ各取引先振出しの手形を受け取っていたとする。A 商店は、平成 19 年 6 月 1 日に H 銀行庚支店にこれら 2 通の手形の割引を申し込んだところ、H 銀行は、振出人の信用が明確でないので取り敢えず信用照会の結果を見るとして、手形を預かった。その後、A 商店は平成 19 年 7 月 3 日に破産手続開始決定を受け、N 田 N 夫が破産管財人に選任された（Ⅰ㉙）。N 田は、同年 7 月 18 日頃 H 銀行に対して手形の返還を請求し

問題篇

たが、H銀行は返還を拒絶し、手形の支払日である7月21日と24日に各手形の手形金を取り立て、A商店に対する4,182,388円の貸金債権（I⑤）の弁済に充当した（破産手続や再生手続の開始申立てにより期限の利益が失われる者の特約がある）。A商店がH銀行に差し入れていた銀行取引約定書4条4項・3項は、「貴行に対する債務を履行しなかった場合には、貴行の占有している私の動産、手形その他の有価証券は、貴行において取立または処分することができるものとし、この場合」手形は、「かならずしも法定の手続によらず一般と認められる方法、時期、価格等により貴行において取立または処分のうえ、その取得金から諸費用を差し引いた残額を法定の順序にかかわらず債務の弁済に充当できるものとし、なお残債務がある場合には直ちに弁済します。」と定めていた。

(1) H銀行が手形の返還を拒むことは正当か。その根拠としては何が考えられるか。
(2) 仮に約定書がなかったとしたら、H銀行は手形を換価することができるか。それはどのような手段によるべきか。
(3) N田は、H銀行の行為は不法行為になるとして、手形金相当額の損害賠償を求める訴えを提起した。これは認められるか。
(4) A商店について破産手続ではなく、民事再生手続が開始されたとして、再生債務者A商店が貸金債権への弁済充当は無効であるとの理由で手形金相当額の不当利益返還請求をしたら、それは認められるか。

☆最判平成10・7・14民集52巻5号1261頁、百選52事件〔高橋宏志〕、山本和彦「破産と手形商事留置権の効力」金法1535号6-14頁（1999年）、東京地判平成21・1・20金法1861号26頁、山本和彦「民事再生手続における手形商事留置権の取扱い」金法1864号6-14頁（2009年）、岡正晶「商事留置手形の取立て・充当契約と民事再生法53条の別除権の行使」金法1867号6-13頁（2009年）

第 10 講　担保権者の取扱い

> Q5　破産手続や再生手続において商事留置権はどのように処遇されるか（その2）。

　本件再生債務者㈱A産業の資産である自動刃研機が故障したとする。そこで、A産業はその修理を㈱Jaに依頼し、修理が完了したが、修理代金が支払われないうちに平成17年2月7日に再生手続開始決定を受けてしまった。

(1)　Ja社としては、未払いの修理代金を回収するために、本件自動刃研機をどのように処理したらよいか。また、それが事業経営に不可欠であるとしたら、A産業には自動刃研機の返還を受けるためにどのようにしたらよいか。

(2)　仮に、修理を依頼した相手が、かつて修理工場を経営しており、現在は引退しているが、時々昔からの知り合いの頼みに応じて修理をするといった個人であるJbであったとした場合、(1)に対する解答はどうなるか。

(3)　A産業は再生手続の開始決定ではなく、破産手続の開始決定を受けたとする。ただし、研磨部門については事業を継続して事業譲渡を行い、その譲渡代金を債権者に配当する予定であり、本件自動刃研機は事業譲渡のために不可欠である。この場合、(1)(2)に対する解答はどのようになるか。

☆新注釈民再法（下）261頁〔長沢美智子〕、Q&A民事再生259-261頁〔田頭章一〕、破産・再生の実務（中）48-51頁〔堀田次郎〕、新破産法454-458頁、論点解説（上）38-40頁〔笠井正俊〕・71-75頁〔宮崎裕二〕、東京地判平成17・6・10判タ1212号127頁

問題篇

> Q6　再生手続において動産売買先取特権やそれに基づく物上代位権の実行方法はどのようになるか。

　本件再生債務者㈱A産業の事業に用いている自動刃研機の1台は資産としてJc社から購入したものであるが、その購入代金は未払いとなっていたとする。

(1)　Jc社は自動刃研機上の動産売買先取特権を行使して未払代金を回収したい。どのようにしたらよいか。
(2)　A産業については決議に付するに足りる再生計画案を作成する見込みが立たなくなったとする。そこで、A産業は再生をあきらめて本件自動刃研機を代金未払いであるにもかかわらず第三者に売却してしまった。①転売代金債権が未払いの段階、②それが既にA産業に支払われてしまった後の段階のそれぞれにおいて、Jcが転売代金債権ないしA産業の一般財産に関していかなる手段を取りうるか。

☆論点解説（上）75-80頁〔宮崎裕二〕、Q＆A民事再生 256-259 頁〔田頭章一〕、大阪地判平成 20・10・31 金判 1314 号 57 頁、松下・入門 50-51 頁、大阪地判昭和 61・5・16 判時 1210 号 97 頁、名古屋地判昭和 61・11・17 判時 1233 号 110 頁、伊藤眞「動産売買先取特権と破産管財人（下）」金法 1240 号 15-17 頁（1989 年）、新破産法 458-462 頁

> Q7　買主の倒産手続において所有権留保はどのように処遇されるか。

　本件破産会社㈲A商店は車両3台、冷蔵庫等の器具備品を有していた

252

が、実質的価値は零であり、最終的には無償譲渡や廃棄処分をされてしまったようである（I28第7）。仮にこれらのうちの車両1台、冷蔵庫1台には残存価値があったが、それらに係る売買契約の状況は以下のようであったとする。

① 業務用冷蔵庫の売買契約：代金180万円、月々18万円ずつの10回の割賦払い、平成19年3月分まで5回分が支払済みであるが、それ以降の分は未払いとなっている。代金完済までその担保のために販売業者であるJd社に所有権が留保されており、買主が割賦金の支払を一回でも怠ったとき、又は買主について破産、再生手続等の申立てがあったときは、買主は期限の利益を失う旨の特約が付されていた。

② 車両の売買契約：販売会社Jeから購入したものであり、その所有権は売買代金債権の担保のためにJe社に留保されたが、立替払契約に基づいて信販会社Jf社が代金を完済した。その際のA商店、Je社、Jf社間の合意では、立替払金および手数料計300万円は月々15万円ずつ20回払いで支払うことになっていたが、平成19年4月分まで12回分が支払われた後は未払いとなっている。また、車両は引渡済みであるが、その合意に従い、その所有権と登録名義は割賦金担保のためにその完済までJf社に留保されており、①の売買契約と同様の期限の利益喪失約款が存在する。

(1) ①の冷蔵庫の売主Jd社は、A商店の破産管財人N田N男に対して履行か解除かの選択の催告（破53 II）をすることができるか。留保した所有権に基づいて冷蔵庫について取戻権を行使することはどうか。これらが否定されるとすると、Jd社はどのようにして自己の権利の実現を図ったらよいか。

(2) ②の車両の売買契約に係る信販会社Jf社に関しては、履行か解除かの選択の催告、車両についての取戻権の行使、自己の権利の実現方法の各点につきどのように考えたらよいか。

(3) 仮に②の車両の登録名義がA商店に移っていたとすると、Jf社の権

問題篇

利の実現方法はどうなるか。また、登録名義が移っているか否かによって、A商店について同時廃止とすべきか否かの判断に差異が生ずるであろうか。

(4) 仮に②の車両の登録名義が Je 社に残っていたとすると、Jf 社の権利の実行方法はどうなるか。手数料はA商店が Jf 社に支払済みであり、300 万円の内容は車両の立替払金のみであったとしたらどうか。

☆阿多博文「所有権留保」新破産法の理論 341-343 頁、伊藤 345-347 頁、札幌高決昭和 61・3・26 判タ 601 号 74 頁、百選（第 3 版）59 事件〔三上威彦〕、最判昭和 56・12・22 判時 1032 号 59 頁、百選（第 3 版）79 事件〔永野厚郎〕、福永有利編著・新種・特殊契約と倒産法 42-44 頁・80-83 頁（1988 年）、甲斐哲彦「対抗要件を具備していない担保権の破産・民事再生手続上の地位」司法研修所報 116 号 121-129 頁（2006 年）、最判平成 22・6・4「最近の判例一覧」最高裁判所ホームページ

第11講　相殺権

> Q1　破産手続や再生手続において相殺権はどのような形で行使されるか。

　破産管財人N田N男によると本件破産会社㈲A商店は㈱DA社に対して399,000円の売掛金債権を有しているとされているが、DAは債権額は60,900円であり、しかもA商店に対する債権と相殺するとしている（Ⅰ③⑦）。この場合において、DAが相殺するというのみで、実際には相殺してこないとき破産管財人N田としてはどうしたらよいか。A商店が破産手続ではなく、再生手続の開始決定を受けているときは、相殺権者DAの立場はどうなるか。また、破産手続の開始決定を受けているとして、破産管財人N田の方から相殺する余地はないか。

☆一答一答破産 120-121 頁・150 頁、相澤光江「相殺権行使の催告」新破産法の理論 314-315 頁、桃尾重明「管財人による相殺」新破産法の理論 316-318 頁、伊藤 359-360 頁・384-385 頁・707-708 頁

> Q2　破産債権者や破産者に対して債務を負担する者による相殺権の行使はどのような場合に制限されるか。

　本件破産会社㈲A商店は、金融機関に対して多数の借入債務を負担している（Ⅰ⑥）。仮に、同社は（申立代理人C川C男が自認する〔Ⅰ㉘第8の4⑴〕のよりも早く）平成18年12月半ばには既に支払不能に陥っ

問題篇

ており、借入債務の債権者には以下のような事情があったとする。それを前提として、以下の質問に答えなさい。

(1) E信用金庫はA商店に対して次のような債務を負担するに至った。E信用金庫によるその債務と貸付債権との間の相殺は可能であろうか。
　① A商店の取引先EC㈱からE信用金庫のA商店の口座に売掛金250万円の振込みがあったことによって負担した預金債務。これらの振込みが⒤平成18年12月1日の場合、ⅱ同年12月25日の場合、ⅲ平成19年4月3日の場合、ⅳ同年7月7日の場合のそれぞれについて検討しなさい。また、A商店、EC、E信用金庫の三者との間で、売掛金の支払はE信用金庫のA商店の口座に振り込んで支払うとの合意があった場合と、支払方法に関する合意が一切なかった場合とで結論は異なるか。
　② ECからの振込みではなく、ECが振り出した250万円の手形の取立てをE信用金庫が平成18年10月25日に依頼されていた場合において、これを取り立ててA商店の口座に入金することによって負担した預金債務。入金日が①の⒤ⅱⅲⅳであった場合のそれぞれについて検討しなさい。
　③ ②において、250万円の手形ではなく、250万円の小切手を平成18年12月8日にA商店の預金口座に入金し、12月15日に小切手の取立てが完了したとしたらどうか。
(2) H銀行にA商店は約300万円の定期預金債権を有していたとする。H銀行に対する418万円余の借入債務は既に事業の運転資金に窮していたA商店が商品の仕入先への仕入代金や年末の従業員のボーナスの支払に当てるために、H銀行の融資担当者に懇願してようやく借りることができたものであった。H銀行はこの借入債務に対応する貸付債権と預金債権とを相殺できるか。

☆一答一答破産115-119頁、新破産法472-473頁、最判昭和63・10・18民集42

第 11 講　相殺権

巻 8 号 575 頁、百選 58 事件〔森倫洋〕、伊藤 374-375 頁・379 頁、論点解説（上）281-293 頁〔多比羅誠=富永浩明〕

> Q3　破産債権者による相殺権の行使はどのような場合に制限されるか。

　Q2と同様に、仮に、㈲A商店は平成18年12月半ばには既に支払不能に陥っており、かつ、スーパーの出店予定で郊外の私鉄沿線の干駅前に土地を有していたとする。ところが、より見込みがあると見込まれる丁店の方に先に出店してそちらに会社のエネルギーが割かれてしまい、こちらの出店計画の方は当面棚上げになってしまった。他方、A商店に対するメーンバンクの1つであるG銀行はかねてから新規支店の開設を計画していたところ、この土地が立地もよく、銀行支店のためには格好の土地と考えた。そこで、同銀行は、平成18年12月19日に当該土地について、代金1,800万円で売買契約を締結し、直ちに移転登記と引渡しも済ませた。その際、代金については、500万円だけが同銀行のA商店の預金口座に入金されたが、残金は支払われなかったところ、この500万円の預金債権に関して、G銀行とA商店は、同年12月25日、同銀行に対するA商店の借入債務と相殺する旨の合意を行った。これによって同銀行に対するA商店の債務は2口のみとなった（Ⅰ6参照）。

(1)　A商店についての破産手続開始後、その破産管財人N田N男はG銀行に対して500万円の預金の払戻しを求めた。この請求は認められるか。仮に、相殺する旨の合意が破産手続開始後にA商店の破産管財人N田とG銀行との間で行われ、その後にこの請求がなされたとしたらどうか。
(2)　G銀行は、破産手続開始後、売買代金の残債務とA商店に対する2口

問題篇

計652万7000円の貸付債権（Ⅰ⑥参照）とを対当額で相殺する旨の意思表示を行った。この相殺は認められるか。

☆最判昭和52・12・6民集31巻7号961頁、百選60事件〔徳田和幸〕、伊藤370-372頁、新破産法469-471頁

> Q4　破産者に対して債務を負担する者の相殺権の行使はどのような場合に制限されるか（その1）。

　Q2と同様に、仮に、㈲A商店は平成18年12月半ばには既に支払不能に陥っていたが、D信用金庫丙支店に250万円の定期預金債権を有していたとする。A商店はKa社振出しの200万円の手形を有していたが、これについて平成18年11月末頃、D信用金庫乙支店で割引を受けた。

(1)　その後、A商店について支払停止、破産手続開始となったので、D信用金庫は信用金庫取引約定に従って買戻請求権を行使したことによって取得した手形代金債権とA商店の預金債権とを相殺した。この相殺は認められるか。

(2)　Ka社もD信用金庫の顧客であり、D信用金庫の戊支店と取引があり、手形はKa社→A商店→D信用金庫と移転したのではなく、A商店振出しに係り、A商店→Ka社→D信用金庫と移転したとする。その際、Ka社が割引を受けた際には、A商店には目ぼしい資産はないにもかかわらず、平成18年4月頃から銀行借入残高が急激に増加している事情（Ⅰ㉘第4参照）に気付いていた。そこで、A商店もD信用金庫の別の支店と取引があることを知っていたKa社が、戊支店で割引を受けたのであるが、D信用金庫もA商店が厳しい状況にあることを知ってい

第11講　相殺権

たにもかかわらず、Ka社との従来の付き合いもあるので、A商店の丙支店の預金債権を最初から当てにして割引依頼に応じたのであった。D信用金庫は、A商店に関する破産手続開始決定後に当初からの予定に従ってKa社に対して買戻請求権を行使せず、A商店に対する手形債権と自己に対する預金債権とを相殺した。この相殺は認められるか。

☆最判昭和40・11・2民集19巻8号1927頁、百選59事件〔梅本吉彦〕、最判昭和53・5・2判時892号58頁、三木浩一「相殺権の濫用」実務と理論192-194頁、伊藤381-382頁

Q5　破産者に対して債務を負担する者の相殺権の行使はどのような場合に制限されるか（その2）。

本件破産会社㈲A商店は、代表取締役B野B夫を被保険者として、J生命との間に2件の生命保険契約を締結していたが（I㉖）、当該契約は破産手続開始（平成19年7月3日）後の翌年3月5日に破産管財人N田N男によって解約され、解約返戻金1,147,256円が破産財団に組み入れられた（I㊼㊶㉕参照）。仮に、A商店がJ生命に対して100万円の契約者貸付債務を負担していたとしたら、N田による解約後に、J生命はこの貸付債権を自働債権とし、A商店の解約返戻金債権を受働債権として対当額で相殺することができるであろうか。A商店について破産手続ではなく、再生手続が開始されたとしたらどうか。

☆最判平成17・1・17民集59巻1号1頁、百選57事件〔杉山悦子〕、野村秀敏・金判1225号7-10頁（2005年）、最判昭和47・7・13民集26巻6号1151頁、百選（3版）69事件〔高見進〕

問題篇

> Q6 破産者に対して債務を負担する者の相殺権の行使はどのような場合に制限されるか（その3）。

　本件再生債務者㈱A産業は、㈱BAからの買掛金債務、手形債務（Ⅱ⑥⑨⑧）に関して、平成16年3月3日にAC銀行の根保証を受けていたとする。AC銀行は再生手続（この申立てがあったために元本が確定させられた）開始後の平成17年2月15日にこれらの保証債務を弁済して求償権を取得したので、それと自己が負担する定期預金債務（Ⅱ⑬参照）とを相殺したいと考えている。AC銀行の有する債権は再生債権に該当するか。また、この相殺は認められるか。これらに対する解答は、AC銀行の保証が委託を受けた保証か委託を受けない保証かで異なるか。

☆最判平成7・1・20民集49巻1号1頁、最判平成10・4・14民集52巻3号813頁、百選43事件〔山野目章夫〕、大阪地判平成20・10・31金判1309号40頁、増市徹「保証人の事後求償権と相殺　1 破産手続における事後求償権の属性の観点からの考察」銀法689号25-30頁（2008年）、坂川雄一「保証人の事後求償権と相殺　2 相殺権行使の可否の観点からの考察」銀法689号30-34頁（2008年）、中西正「委託を受けない保証人の求償権と破産財団に対する債務との相殺の可否」銀法689号35-37頁（2008年）

260

第12講　否認権（その1）

> Q1　詐害行為取消権と否認権との異同・関係はどのようなものであろうか。

(1) 破産法上の否認権と民法上の詐害行為取消権との同質性と異質性について、説明しなさい。また、民法（債権法）改正における詐害行為取消権をめぐる議論を整理した上で、詐害行為取消権と否認権との役割分担についても検討しなさい。

(2) 現行破産法における詐害行為否認をめぐる規律内容を、旧破産法における「危機否認」／「故意否認」という区別を用いて、整理しなさい。

(3) 本件破産会社㈲A商店に対して貸金債権を有するE信用金庫の主張によれば、平成18年11月末頃、A商店は知人Laに現金500万円を贈与した。そこで、E信用金庫は、平成19年2月14日に、これは民法上の詐害行為にあたるとして、Laを被告とする詐害行為取消訴訟を提起したとする。この詐害行為取消訴訟の係属中の同年7月3日に、A商店に対して破産手続開始の決定がなされた（Ⅰ㉙）。詐害行為取消訴訟は、どのような影響を受けるか。また、破産管財人N田N夫が、当該詐害取消訴訟を受継した場合に、N田は、これまでの訴訟状態に拘束されることになるであろうか。

☆伊藤 312-313頁・386-387頁・394-400頁、倒産法概説 269-273頁、注釈民法(10) 780頁〔下森定〕(1987年)、最判昭和58・11・25民集37巻9号1430頁、百選24事件〔水元宏典〕、中田裕康「詐害行為取消権と否認権の関係」新破産法の理論 301-303頁、小林秀之「否認権改革から詐害行為取消権改正へ」青山古稀・民事手続法学の新たな地平 691-734頁（2009年）、山本研「詐害行為否認」新破産法

問題篇

の理論 251-253 頁、一問一答破産 73-75 頁、東京地判昭和 50・10・29 判時 818 号 71 頁

Q2　適価売却行為は否認できるか。

　本件破産会社㈲A商店の代表取締役B野B夫がその運営するゴルフクラブの会員となった Hb 社（第8講Q2参照）は、経営状態が順調であるところから、ホテルの事業にも参画することとした。そこで Hb 社の代表取締役 Lb は、かねて Hb 社名義で取得しておいた本件土地の上にホテルを建設するために、平成 18 年 9 月 22 日に、会社の名義で、Lc 社との間で、建築工事の請負契約を請負代金 1 億 7000 万円完成引渡時一括払いの約定で締結した。上記契約締結時に本件土地には既に G 銀行のために抵当権が設定されていたところ、Hb 社は、Lc 社に対して、上記抵当権以外には本件土地について第三者のために担保設定をしないこと、および、当該禁止条項に違反した場合には、Lc 社が本件土地を第三者に売却することができる旨の特約をした。

　ところが、Hb 社が特約に反して、金融業者のために本件土地について極度額 6000 万円の根抵当を設定したため、Lc 社は、請負代金の回収に不安を覚えて、Lb との協議の上、平成 19 年 8 月 17 日に、本件土地を、建築中の建物（Lc 社所有）とともに、代金総額 2 億 8000 円で Ld 社に売却し、Hb 社から Ld 社への所有権移転登記手続をとった（なお、本件土地については、Lc 社の担当者が所有者 Hb 社の代理人として、売買契約を締結した）。その後、Hb 社は平成 19 年 10 月 30 日午前 10 時に破産手続開始決定を受け（第8講Q4参照）、Le が破産管財人に選任された。

　Le は、Ld 社を相手方として、否認権を行使することを考えている。

第12講 否認権(その1)

(1) 不動産の適価売却行為が否認の対象となりうる根拠について説明しなさい。
(2) 適価売却行為について、不動産の売却の場合と動産の売却の場合とで、考慮すべき要素は異なるか。
(3) 本件土地の売買契約についての否認は認められるか。破産法の否認要件を整理して、説明しなさい。なお、売買代金総額2億8000万円のうち本件土地部分の代金は1億445万2207円であり、本件売買契約時の本件土地の更地価格は1億400万円であった。また、本件土地には売買契約時にG銀行等のために抵当権が設定されており、その登記簿上の被担保債権額の総額は1億3960万円であったところ、土地の売買代金のうちの8232万円がこの被担保債権の弁済に充てられていた。
　仮に、本件土地と建物を総額3億5000万円で買いたいと申し出ている同業者Lf社がいたときは否認は認められるか。
(4) (3)において、Lbが、本件土地の売却時において、売却代金のうちの5000万円について隠匿する意思を有しており、Ld社の代表取締役もそのことを知っていたときは、否認できるか。これが8000万円についてであったときは、どうか。Lbが、1億円を自分の娘のアメリカでの心臓移植手術(それしか娘の助かる術はないと医者に言われている)に使うつもりであり、Ld社の代表取締役もそのことを知っていたときは、どうか。
(5) 上記設例とは異なり、不動産が破産債権者の一人に売却されて、売買代金債権と当該債権者の債権との相殺が行われた場合に、Leは、その債権者に対して、破産法上どのような請求をすることができるか。

☆伊藤 390-391頁・397-400頁、東京高判平成5・5・27判時1476号121頁、百選27事件〔畑瑞穂〕、一問一答破産222-225頁、山本和彦「相当対価処分と否認」新破産法の理論254-257頁、佐々木宗啓「適正価額売買」論点解説(上)226-241頁、最判昭和46・7・16民集25巻5号779頁、最判昭和39・11・17民集18巻9号1851頁、山本研「否認権の一般的要件」新破産法の理論249-250頁

263

問題篇

> Q3　破産財団は、否認の結果、どのようにして原状に復するか。

(1)　Q2(3)(4)において、否認が認められる場合があるとする。その場合、破産管財人Leは相手方Ld社に対してどのような請求をすることができるであろうか。それに対し、Ld社はどのような権利を行使しうるであろうか。また、Leは、実際に可能性のある請求のうちのいずれを選択するかについて、どのような事情を考慮したらよいか。

(2)　Q2(3)(4)において、否認が認められる場合があるとするが、既にLd社が本件土地をLfへ譲渡してしまっているので、破産管財人Leとしては、土地自体の返還に代えて、価額賠償を請求せざるを得ない。ただし、否認訴訟の提起後に、本件土地の近辺に、景気対策のために高速道路のインターチェンジが建設されるとの計画が持ち上がり、本件土地は値上がりしたが、その後の政権交替に伴い計画は撤回されてしまい値下がりしてしまったという事情がある。価額算定の基準時はいつと考えるのが適当か。差額賠償の方法を選択するか否かによって、基準時は異なってくるか。なお、本件土地の価額は、売買契約時には上記（Q2(3)参照）のように1億400万円、Lfへの土地譲渡時には9,800万円、破産手続開始申立て時には9,300万円、破産手続開始時には9,100万円、訴え提起時には9,000万円、インターチェンジ計画発表直後についた最高価額が1億4,500万円であり、口頭弁論終結時には1億500万円であった。

(3)　Q2(3)(4)において、否認が認められる場合があり、破産管財人Leは本件土地の原物返還を求めることとした。この場合に、本件土地が破産財団に復帰したことを公示するために登記をすることが必要となるが、具体的にどのような登記がなされることになるのであろうか。また登記がなされた後、Leが本件土地を第三者Lgに売却したときは、どのような登記がなされるであろうか。

第 12 講　否認権（その 1）

また、Ld 社のもとで、本件土地についてその債権者 Lh 信用金庫のために抵当権が設定され、その設定契約も抵当権設定登記も否認しえないときには、どのような登記がなされるであろうか。

☆伊藤 433-442 頁、藤本利一「否認の効果―詐害行為否認」新破産法の理論 291-293 頁、一問一答破産 235-238 頁、森恵一「狭義の詐害行為」論点解説（上）209-212 頁、石井教文「否認の効果」論点解説（上）243-252 頁、最判昭和 61・4・3 判時 1198 号 110 頁、百選 40 事件〔栂善夫〕、鈴木正裕「否認をめぐる諸問題」新・実務民事訴訟講座（13）142-146 頁（1981 年）、川嶋四郎「破産法における否認の効果」実務と理論 117-120 頁（1994 年）、倒産法概説 305-310 頁、一問一答破産 235-238 頁・356-358 頁、高山崇彦「否認の登記」新破産法の理論 296-297 頁、大阪高判昭和 53・5・30 判タ 372 号 92 頁、百選 38 事件〔春日偉知郎〕、高田昌宏「否認の効果」理論と実務 260-265 頁

Q4　否認の対象となる行為の目的物が複数で可分である場合の否認の効果は、どの範囲にまで及ぶことになるか。

本件破産会社㈲A商店の代表取締役B野B夫がその運営するゴルフクラブの会員となった Hb 社は、伊豆と千葉のゴルフ場（第 8 講 Q2・Q3 参照）の敷地として多数の不動産（伊豆の土地 152 筆・建物 3 棟、千葉の土地 142 筆・建物 2 棟、合計土地 294 筆・建物 5 棟）を有していた。Hb 社は Li 社の 100％子会社であったところから、Li 社の H 銀行に対する債務を担保するために、平成 19 年 1 月 5 日、H 銀行との間で、本件各不動産を共同担保として極度額を総額 200 億円とする根抵当権の設定を合意し、これに従って本件根抵当権設定等契約（本件契約）と本件登記をした。Hb 社には、その当時、327 億円余の積極財産と 137 億円余の消極財産とがあったが、本件根抵当権設定によって、債務・責任の総額が積極財産総額を約 5 億円上回ることとなった。Li 社の財務状況等

問題篇

からすると、本件根抵当権設定は、Hb社の債権者が完全な満足を得ることを不可能にするものであり、Hb社の代表取締役LbやH銀行の融資担当役員はそのことを十分承知していた。

　Hb社は、平成19年3月1日に、本件契約は種々の理由によって無効であると主張して本件登記の抹消登記を求める訴訟（本件訴訟）を提起したが、その理由の中には、根抵当権を設定すればLi社に追加融資をするとの契約中の条項をH銀行が遵守しないから、本件契約は錯誤によって無効であるか、詐欺を理由に取り消すというものがあった。ところが、Hb社はその他の理由によって勝訴しうると考え、この訴訟の弁論準備手続において、既に融資をしたが、融資金はLbが着服してしまったとのH銀行の主張を認めてしまった。

　その後、Hb社の経営が悪化し、平成19年10月30日午前10時に破産手続開始決定がなされ（第8講Q4参照）、Leが破産管財人に選任された。Leは、破産手続開始によって中断した本件訴訟を受継した。

(1) Leは、破産財団所属財産である本件不動産に対する根抵当権の負担を消除するためにどのような手段を取りうるか。また、その手段によって、すべての不動産上の負担を消除しうるか。

(2) Leの受継した訴訟に、破産債権者AA信用保証協会（I⑥）は参加しうるか。参加しうるとすると、それはどのような訴訟参加の形態か。

──────────

☆最判平成17・11・8判時1399号10頁、百選41事件〔中田康裕〕、永石一郎・金判1239号6-11頁（2006年）、中西正・平成17年度重判146-147頁、大阪高決昭和58・11・2下民33巻9～12号1605頁、百選A6事件〔近藤隆司〕

Q5　否認権はどのように行使されるか。

266

第12講　否認権（その1）

(1)　破産手続開始の申立て後、Q2のHb社に対する債権者が、Q2の土地について、将来の否認権行使による返還請求権の実効性を今のうちに確保したいと考えるに至った。このような場合に、当該債権者は、破産法上、どのような手続を取ることができるか。また、このような手続が取られなかった場合に、破産手続開始決定後に、否認訴訟の提起を考える破産管財人Leとしては、否認権の実効性を確保するために、どのような手続を取ることができるか。

(2)　Q3(2)のLfに対して、破産管財人Leは、いかなる要件の下に否認権を行使して本件土地を破産財団に復帰させることができるか。この場合に、Leは、LdとLfのいずれかのみを被告として訴えを提起することができるか。双方を相手取って訴訟を提起しLe側が全面的に勝訴した場合に、Ldのみがその判決に対して控訴を提起したとしたら、Lfは当該訴訟上どのように扱われるか。

☆一問一答破産238-241頁、永石一郎「否認権のための保全処分」新破産法の理論287-290頁、勅使川原和彦「否認権のための保全処分」新破産法の理論266-269頁、伊藤421-423頁、大コンメ破産696-702頁〔加藤哲夫〕、大判昭和9・12・28法学4巻634頁

Q6　保証はどのような場合に無償否認の対象になるか。

本件破産会社㈲A商店は、いわゆる同族会社であるが、平成19年6月頃、資金繰りが悪化し、商品仕入れ先である㈱CV（Ⅰ5の75番、8の55番の債権者）に対し、代金の支払猶予を求めたとする。CVは、同年6月13日、A商店に対し、むこう6ヶ月間に満期が到来する合計367万3060円の支払手形の書換えのためCVにおいて立替決済をする旨を約するとともに、A商店の代表取締役であるB野B夫との間で、同

問題篇

人がA商店のCVに対する取引上の一切の債務につき連帯保証（以下「本件保証」という）をし、かつ、同人所有の本件不動産（同人が不動産を所有していたものとする）につきCVのために極度額400万円の根抵当権（以下「本件根抵当権」という）を設定する旨の合意をし、その旨登記を経由した。B野は、本件保証および本件根抵当権の設定に際し、保証料の取得その他破産財団の増加をもたらすような経済的利益を受けなかった。CVが上記立替決済の一部の履行をしたところ、A商店だけでなく、代表取締役B野についても、同年6月15日に破産手続開始の申立てがなされ、同年7月3日に甲地裁において破産手続開始決定がなされ、弁護士N田N男が破産管財人に選任された。その後、本件不動産について抵当権が実行され、同裁判所により、CVに対して本件根抵当権に基づき291万5635円を配当する旨の配当表が作成されたため、N田は、上記根抵当権の設定が破産法160条3項にいう無償行為に当たるとして否認権を行使し、配当期日において異議を申し立てるとともに、同条同項に基づき本件保証も否認するとして、保証債務の不存在の確認を求める訴えを提起した。

(1) 無償行為否認に関する規律は、他の否認類型と比べて、どのような特殊性を有しているか。
(2) 無償性は、誰を基準に判断されるべきか。
(3) 求償権の存在によって、無償性は否定されることになるか。
(4) N田弁護士の否認権行使は認められるべきであるか。否認否定説および否認肯定説の根拠を整理した上で、自己の見解を述べなさい。

☆伊藤407-408頁、最判昭和62・7・3民集41巻5号1068頁、百選31事件〔松下淳一〕、池田靖「無償否認」新破産法の理論266-267頁、最判平成8・3・22金法1480号55頁、吉岡伸一「代表者の保証と無償否認」金法1498号14-19頁（1997年）

> Q7　相続財産破産および信託財産破産における否認について、どのような特則が設けられているか。

(1) 信託財産破産の機能について、相続財産破産との異同を明らかにした上で、説明しなさい。
(2) 信託財産破産において、誰を破産者と捉えるべきであるか。また、信託財産破産は、どのような手続であるか。
(3) 相続財産破産において、受遺者に対する弁済が否認の対象となるのは、どのような場合であるか。
(4) 信託財産破産では、誰の行為が否認の対象となるか。

☆伊藤 71-74 頁・443-435 頁、山本和彦「相続財産破産・信託関係破産と否認」新破産法の理論 282-283 頁、安達栄司「相続財産破産」理論と実務 418-421 頁、深山雅也「信託と破産」金判 1261 号 122-123 頁(2007 年)

問題篇

第13講　否認権（その2）

> Q1　本件破産会社㈲A商店に係る事案における偏頗弁済否認には、どのような問題があるであろうか。

(1) Ⅰ事件で、破産手続の開始の申立てを行った㈲A商店は、破産手続開始要件としての「支払不能」の状態にあるといえるか。いえるとするならば、どの時点で、㈲A商店は支払不能となったということができるか。本件事件記録を参照しながら、検討しなさい。

(2) A商店の申立代理人C川C男の作成に係る2通の報告書（Ⅰ㉘第8の4(3)・㉞）によると、破産申立てをしたA商店の代表取締役B野B夫の妻である取締役B野B子が、平成19年3月30日に、肉屋を営む㈲ASの社長に対して行った約450万円の弁済（以下、本件弁済）が、偏頗行為否認の対象となる弁済に該当する可能性がある。本件Ⅰ事件の事件記録における情報を手がかりとして、本件弁済が偏頗行為否認の対象となるか、検討しなさい。

(3) ASに対する弁済が偏頗行為として否認され、ASがA商店から受けた約450万円を返還した場合に、ASの債権は、破産手続において、どのように扱われるか。仮にA商店のASに対する債務についてもB野B夫が連帯保証していたとしたら、否認の結果、これはどうなるか。

(4) 仮に(2)の弁済が債権執行による取立てによるものであるとしたら、この取立てを否認することはできるか。

☆伊藤79-80頁・418-419頁・442-443頁、全銀協通達「新破産法において否認権および相殺権規定に導入された『支払不能』基準の検証事項について」NBL 802号39-44頁（2005年）、山本和彦「支払不能概念について」新堂幸司＝山本和彦

第 13 講　否認権（その 2）

編・民事手続法と商事法務 167-173 頁（2006 年）、最判昭和 48・11・22 民集 27 巻 10 号 1453 頁、百選 39 事件〔髙田昌宏〕、加々美博久「債務の弁済否認と保証債務の復活」金判 1060 号 135-138 頁（1999 年）、最判昭和 48・12・21 判時 733 号 52 頁

> Q2　借入金による弁済や手形の買戻しは、否認の対象となるか。

　㈱H銀行は、平成 19 年 6 月 15 日において、本件破産会社㈲A商店に対して、金 4,182,388 円の貸金債権を有する債権者である（Ⅰ⑥）。A商店とH銀行との間の銀行取引約定においては、破産の申立て等を原因としてA商店は期限の利益を喪失し、割引手形について買戻請求権が発生する旨の特約が付されていたが、A商店は、同日、破産の申立てをし、同年 7 月 3 日に、破産手続開始決定がなされて、弁護士N田N男が破産管財人に選任された（Ⅰ㉙）。ところで、A商店の代表取締役B野B夫は、同年 6 月 20 日に、その妹の Ma からA商店名義で 300 万円を借り受け、これをH銀行に対して負担している債務の一部弁済に充てた。さらに、B野は、A商店の名義で、その知人 Mb から 90 万円、他の知人 Mc から 30 万円を借入れ、同年 6 月 25 日に、これらの借入金を、H銀行に対する債務の一部弁済に充てた。B野が、Ma・Mb・Mc から借受けをするにあたって、Ma・Mb・Mc は、H銀行に対する債務の弁済に充てるものであることを承知し、そうでなければ貸付けをするつもりもなかった。また、貸付けは Ma らからH銀行のA商店の口座に直接振り込むという形式でなされた。なお、新たな借入債務は、弁済された債務よりも、利息などその態様において重いものではなかった。
　他方、A商店は、㈱G銀行に自己が取得した㈱EE（Ⅰ⑯の 5 番の債権者）振出の約束手形 11 通を交付し、手形割引の方法で、G銀行から融資を受けていたとする。G銀行との取引約定書にもH銀行とのそれにお

問題篇

けるのと同様の特約が含まれおり、A商店は、破産申立てと同日に、手形の買戻しをし、約束手形11通は、G銀行からA商店に戻され、さらにEEに返還された。

(1) 現行破産法において、本件弁済の否認は、どのような否認類型に該当するのか。否認が認められるための要件を整理して説明しなさい。

(2) N田は、H銀行に対する弁済行為は、否認の対象となるとし、これを否認して、弁済金の返還を求める訴えを提起することを考えている。借入金による本旨弁済の偏頗行為該当性については議論があるが、否認肯定説および否認否定説（限定的否認否定説も含む）について、それぞれの根拠を明らかにした上で、自己の考え方を述べなさい。

(3) N田は、G銀行からの手形の買戻しについても、それを否認し、買戻代金の支払を求める訴えを提起することを考えている。手形の買戻しの法的性質を明らかにした上で、否認を否定する論拠として考えうるものを検討しなさい。

☆最判平成5・1・25民集47巻1号344頁、百選26事件〔上野㤗男〕、上野㤗男「借入金による弁済の否認」新破産法の理論279-281頁、最判昭和37・11・20民集16巻11号2293頁、百選32事件〔石渡哲〕、伊藤401-402頁・409-412頁

> Q3 一部の債権者に対する抵当権の設定行為は、どのような場合に否認されるであろうか。

(1) 本件破産会社㈲A商店はスーパーA食品の店舗用建物を自己所有していたとする。A商店は、平成19年1月10日に、D信用金庫から弁済期を同年8月末として、1000万円を借り受けて、その際、上記建物について仮登記の原因たる抵当権設定契約を締結し、D信用金庫の求めに

応じて、領収書、印鑑証明書、委任状等の書類を交付したとする。A商店の代表取締役であるB野B夫は、資金繰りに困り、同年3月24日に、債務整理の方法などについての相談を弁護士C川C男との間で行い、同月27日破産申立費用150万円を預けた（I 28第8の4(3)）。D信用金庫の担当者は、同月23日にB野宅を訪ね、登記手続に必要となる新しい日付の印鑑証明書を受け取った上で、同月27日に、本件仮登記手続を了した。一方、B野は、同月31日の夜、自宅に「爾後弁護士C川C男が管理する」という貼紙をして家を出た（I 28第8の4(3)）。C川は、同年6月15日に、A商店の代理人として、破産の申立てをして、同年7月3日に、破産手続開始決定を受け、弁護士N田N夫が破産管財人に選任された（I 29）。破産管財人N田は、主位的に、破産法160条1項2号ないし162条1項によって本件仮登記の原因行為を否認し、予備的に、破産法164条によって本件仮登記を否認し、否認の登記手続を求めて訴えを提起した。弁護士N田の主張は認められるか。仮登記が4月3日に行われていたとしたらどうか。

(2) A商店は、平成19年3月初め頃には、金融債権者のほか、納入業者に対する支払も一般的にできない状態に陥っていたとする。そのような状況の中、E信用金庫から、事業資金として、新たに100万円を借り受け、その担保のために、スーパーMの店舗用不動産である建物（これも自己所有であったと仮定する）に根抵当権を設定し、こちらについては直ちに登記手続を了したとする。ただ、根抵当権の極度額は1500万円であり、既存の貸付債権の一部も被担保債権に含められることとされた（I 6参照）。A商店に破産手続が開始された場合に、破産管財人N田は、当該根抵当権設定行為を否認することができるか。否認できるとした場合、否認訴訟における判決はどのようになるか。

☆伊藤 400-405頁・412-417頁、新破産法 409-412頁・424-427頁、一問一答破産 226-231頁、大コンメ破産 644-651頁〔山本和彦〕・662-670頁〔三木浩一〕、山本和彦「救済融資と否認」理論と実務 270-273頁

問題篇

> Q4 過大な代物弁済の否認はどのようにして行うのが適切であろうか。

　本件破産会社㈲A商店は、ANカード㈱に対して負担する845,959円の借入債務（Ⅰ⑥）の弁済を強く迫られ、やむを得ず、平成19年3月初旬、その所有する車両を代物弁済に供したとする。その際、精算条項は付されていなかったが、同年5月頃、ANは当該車両を108万円ほどで処分できたようである。A商店の破産管財人N田N男としては、この代物弁済を否認しうるであろうか。否認しうるとして、ANに対していかなる請求をなしうるか。また、代物弁済が3月28日に行われたとしたら、N田としては、どのような判断をすべきであろうか。なお、A商店をめぐる平成19年3月頃の状況はQ3(1)のとおりであったとする。

☆一問一答破産221-222頁・231-233頁、増市徹「代物弁済と否認」新破産法の理論275-276頁、大コンメ破産630-632頁〔山本和彦〕

> Q5 動産の転売代金債権の売主への譲渡は否認されうるか。

　本件破産会社㈲A商店は、事務機器販売業者Md社からコピー機1台とレジスター3台を購入したが、その代金（合計95万円）が未払いとなっていたとする。ところが、A商店は、資金繰りが苦しくなってきたために平成19年3月初旬頃、同業者のMeに代金80万円で、それらを譲渡してしまったが、未だその転売代金の支払を受けていない。売買代金の支払を受けていないにもかかわらず、A商店の経営状態が苦し

いとの情報を察知して対応に苦慮していたMd社の担当者はこの事実を探知し、同月23日、A商店の代表取締役B野B夫に迫って転売代金債権を自社に譲渡させ、かつ、その債権譲渡についてMeに対する確定日付ある証書による通知を送付させた。A商店の破産管財人N田N男はこの債権譲渡を否認することができるか。仮に、Md社が迫って当該事務機器の転売契約を合意解除させ、取り戻させた事務機器を自己の債権への代物弁済に供させたのであったらどうか。なお、ここでも、A商店をめぐる平成19年3月頃の状況はQ3(1)のとおりであったとする。

☆最判昭和41・4・14民集20巻4号611頁、東京高判昭和49・7・18金法734号36頁、最判平成9・12・18民集51巻10号4210頁、百選29事件〔田原睦夫〕、野村秀敏・判評475号42-47頁（1998年）、伊藤眞「動産売買先取特権と破産管財人（下）」金法1240号15-17頁（1989年）、新破産法458-462頁

Q6　債権譲渡はどのような場合に否認されるであろうか。

　本件破産会社㈲A商店は、平成19年2月、BZ㈱（Ⅰ⑤の53番、⑧の33番の債権者）との間で、A商店がBZに対して負担する一切の債務の担保として、A商店の第三債務者AT㈱らに対する現在および将来の売掛債権等をBZに包括的に譲渡することとし、その債権の譲渡の効力発生の時期は、A商店において、破産手続開始の申立てがされた時、支払停止の状態に陥った時、手形または小切手の不渡処分を受けたとき等の一定の事由が生じた時とする旨の契約（以下「本件債権譲渡契約」という）を締結していたとする。

　A商店は、平成19年3月30日に、手形の不渡りを出し支払を停止した。A商店は、同年4月3日以降、上記ATらに対し、確定日付のある証書による債権譲渡の通知をした。A商店は、同年7月3日に、甲

地裁において破産手続開始の決定を受け、弁護士Ｎ田Ｎ男が破産管財人に選任された（Ⅰ㉙）。Ｎ田は、ＢＺに対し、本件債権譲渡契約に係る債権譲渡については破産法162条1項1号または同法160条1項に基づき、債権譲渡の通知については同法164条に基づき、それぞれ否認権を行使し、債権譲渡に係る債権につき、①ＢＺがＡＴから弁済を受けたものについては、その受領した金員が不当利得であるとして、その返還を、②ＡＴが支払を留保しているものについては、当該債権が破産財団に帰属することの確認を、③ＡＴが弁済供託をしたものについては、その還付請求権が破産財団に帰属することの確認を求める訴えを提起しようと考えている。

(1) 本件債権譲渡契約と債権譲渡の通知について、否認が認められるか。それぞれについて、根拠を示して自己の見解を述べなさい。
(2) 否認の対象とされるのは、権利変動があった日から15日を経過した後になされた対抗要件具備行為であるが、その起算点となる権利変動があった日とはいつか。
(3) 債権譲渡については、債権の譲渡契約または譲渡担保契約を締結しても、実際に債務者の経済状況が悪化するまでは、債権譲渡通知を行わないことが多いといわれる。対抗要件否認の回避を目的として、債権譲渡の効力の発生を支払停止等の一定の事由が発生するまで遅らせるために債権譲渡契約に停止条件を付したり、予約として予約完結権を付与するという合意がなされている。このような合意（契約）は有効であるか、根拠を示して説明しなさい。また、債権譲渡登記制度が導入されたことは、対抗要件否認に対して、どのような影響を与えうるかを検討しなさい。
(4) 第三債務者ＡＴらが平成19年4月3日以降、確定日付のある証書によって本件債権譲渡を承諾したとする。債権譲渡における第三債務者による承諾は、否認の対象となるか。

第 13 講　否認権（その 2）

☆最判平成 16・7・16 民集 58 巻 5 号 1744 頁、百選 34 事件〔松下淳一〕、最判平成 16・9・14 判時 1891 号 200 頁、最判昭和 48・4・6 民集 27 巻 3 号 483 頁、藤田浩司「集合債権・集合動産譲渡担保と否認」新破産法の理論 277-278 頁、山本和彦「債権譲渡担保と否認」理論と実務 274-277 頁、最判昭和 40・3・9 民集 19 巻 2 号 352 頁、伊藤 392-393 頁・413-415 頁、大コンメ破産 666 頁・669 頁〔三木浩一〕

> Q 7　否認権の行使の方法はどのようなものか。

(1)　Q 1(2)で検討した偏頗弁済行為について、破産管財人Ｎ田Ｎ男が否認権を行使しようと考えている。破産法上、否認権の行為方法として、どのような方法が認められているか。考えられうる方法とその内容を整理しなさい。

(2)　Ｎ田が、㈲ AS に対する弁済が偏頗行為にあたるとして、否認の請求をしたとする。否認の請求について一部認容する決定がなされた。Ｎ田は異議の訴えを提起することができるか。

(3)　否認訴訟において、AS が A 商店の支払不能を知っていたかどうかが争点となった場合、どちらの当事者がその点についての証明責任を負うか。なお、AS は A 商店の親会社ではないが、実は、その代表取締役 Mf は、A 商店の代表取締役の妻であり、かつ自らも取締役である B 野 B 子の実兄であることが判明した。

☆伊藤 405 頁・424-431 頁、新注釈民再法（上）681-683 頁〔中西正〕、条解民再法 641 頁〔高地茂世〕、大コンメ破産 641-643 頁〔山本和彦〕・717 頁〔田頭章一〕

問題篇

> Q8　否認権の行使に際して考慮すべき要素はどのようなものであろうか。

　破産の場合と民事再生の場合とで、否認権の行使に際して考慮すべき要素は異なるか。異なるとすると、どのような点で異なるか、説明しなさい。

☆伊藤 713-714 頁、清水直・臨床倒産法 278 頁（1981 年）

第 14 講　消費者破産

> Q1　消費者破産事件や個人再生事件の件数は、どの位あるか。

　昨年の破産事件の新受件数は何件か。そのうち自然人の自己破産の件数は何件か。また、小規模個人再生や給与所得者等再生の新受件数は何件か。これらの数は最近どのように変動しているか。その変動にはどのようなことが影響しているか。

☆「司法統計／民事・行政事件編」最高裁判所ホームページ

> Q2　説明義務・重要財産開示義務とは、どのようなものか。

　仮にⅣ事件のA川A一は再生手続ではなく、破産手続の開始決定を受け、Naが破産管財人に選任されたとする。Naは、受け取った郵便物によってA川が破産手続開始の1週間前に高額の車両をNbに譲渡していることを知り、その譲渡価額に関心を抱くに至った。

(1)　Naから車両の譲渡に関わる事情について説明を求められたA川がそれを拒絶すると、どうなるか。
(2)　A川が破産手続開始申立てに際して提出した財産目録（Ⅲ④⑤に対応した書類）には車両に関わる記載はない。これは破産者の重要財産開示義務違反とはならないか。一般論として、この義務に違反するとどうなるか。

問題篇

(3) 法律上、破産手続開始後、破産者に対する郵便物の取扱いはどうなるか。この点に関する実務上の取扱いはどうなっているか。

☆一問一答破産 70-72 頁・134-135 頁、伊藤 123-124 頁・126-127 頁、新破産法 85-89 頁

Q3 同時廃止とはどのような制度か。

(1) 東京地裁では、現在、消費者破産事件について即日面接と少額管財の方式を併用する運用がなされている。これらはどのような手続であり、何を目的としているのか。また、このような方式が定着するまで、実務においては、消費者破産事件の運用としてどのようなことが試みられたか。

(2) (1)の運用にもかかわらず、一定の事件は同時廃止となる。本件Ⅲ事件のA野A助に係る事件もそうであるが、同時廃止とするか少額管財事件として処理するかの振り分けの基準はどのようなものか。

(3) 同時廃止となった場合には、その後の免責の手続はどうなるか。破産手続開始申立書と免責許可申立書とを一体とする取扱い（Ⅲ②）の根拠と、免責審理期間中の強制執行の可否をめぐる問題に留意しつつ説明しなさい。

☆伊藤 128-130 頁・549-551 頁、最判平成 2・3・20 民集 44 巻 2 号 416 頁、大コンメ破産 911-916 頁〔瀬戸英雄〕、古屋慎吾「東京地方裁判所における破産事件の運用状況」金法 1860 号 8-9 頁（2009 年）、破産・再生の実務（中）217-223 頁〔杉本正則〕

第14講 消費者破産

> Q4 どのような財産が自由財産として扱われるか。

(1) Ⅲ事件のA野A助に係る事件が同時廃止とならなかったとしたら、次の財産は自由財産となるか。
  ① 生活保護の受給権（Ⅲ⑨）
  ② 敷金返還請求権（実際には差し入れていないようであるが（Ⅲ⑦参照）、6万円の差入れがあるものとする。）
  ③ A野が、金融業者㈱Kの悪質な取立行為によって精神的な損害を被ったことを原因とする慰謝料請求権。なお、破産手続開始時にその支払を求める訴えを提起している。（この訴えの提起がなかった場合の取扱いについても検討しなさい。）
(2) 仮にⅣ事件のA川A一が再生手続ではなく、破産手続の開始決定を受けたとして、そのA川の有する次の財産は自由財産となるか。
  ① 手続開始後の給料債権
  ② 将来の退職金請求権
  ③ 保険の解約返戻金請求権
  ④ テレビ・冷蔵庫・洗濯機
(3) 仮に(1)や(2)の財産で自由財産とはならないものがあるとして、それを自由財産とする方法があるであろうか。あるとすると、法律上どのような手続を踏まなければならないことになるか。また、その法律上の手続を踏むことが煩雑にならないように、実務上どのような運用がなされているか。その運用によると、実際に、(1)や(2)の財産のうちに法律上当然の自由財産ではないが、自由財産とされるものがあるか。自由財産の範囲が拡張されることは、同時廃止とすべきか否かの判断に影響を与えるか。
(4) 破産手続開始後（同時廃止にはならなかったとする）、A野が思いがけず宝くじ（破産手続開始後に購入したものである）に当たって100万円の

問題篇

当選金を得たとする。この当選金は自由財産か。また、この100万円の現金にＡ野に対する破産債権者㈱Ｅが強制執行を行うことは認められるか。Ａ野が、㈱Ｅが夜中にまで家に来るなどして執拗な返済を迫るので、この100万円からやむを得ずそれに対する債務を弁済したとしたら、その弁済は有効か。Ａ野が、父の葬儀費用を借りた㈱Ｆに、そのような金まで支払わないで済ましては父も成仏できまいと考えて、それに対する債務をやはり宝くじの当選金から支払ったとしたら、その弁済は有効か。

☆伊藤 180-184 頁・204 頁、倒産法概説 542-546 頁、最判平成 18・1・23 民集 60 巻 1 号 228 頁、百選 42 事件〔原強〕、最判昭和 58・10・6 民集 37 巻 8 号 1041 頁、百選 21 事件〔酒井一〕、野村剛司「自由財産拡張をめぐる各地の実情と問題点」自正 59 巻 12 号 52-58 頁（2008 年）、小松陽一郎「自由財産の範囲とその拡張」論点解説（下）56-62 頁、鈴木義和「東京地裁における自由財産の範囲拡張の運用」論点解説（下）70-73 頁

Ｑ５　免責とは、どのような制度であろうか。

(1) 免責制度の意義と必要性について、免責制度を違憲ではないとの判断をした、最高裁昭和 36 年 12 月 13 日大法廷決定（民集 15 巻 11 号 2803 頁）〔百選 72〕を手がかりとして、検討しなさい。

(2) Ⅳ事件のＡ川Ａ一が再生手続ではなく、破産手続の開始決定と同時廃止決定を受け、免責の審理手続が係属しているとする。この場合、Ａ川の前妻は、子の監護費用請求権に基づいて免責手続中または免責許可決定の確定後に、Ａ川の給料債権を差し押さえることができるか。できるとして、どのような範囲で差押えができるか。また、手続開始の前年度分のＡ川所有マンションに係る固定資産税が滞納されていたが、免責手

続中または免責許可決定の確定後にこれに基づく滞納処分をなしうるか。
(3) Ⅲ事件のA野A助に係る事件では、免責不許可事由が認められないとして、免責を許可する決定がなされている（Ⅲ⑮）。仮にⅣ事件のA川A一が再生手続ではなく、破産手続の開始決定を受けたとして、以下の事由が認められるとすると、免責許可の判断に対して、どのような影響を与えるか。
  ① A川が、D㈱から融資を受ける際に、自己に資産や収入があることを装うなど積極的な欺罔行為を行ったこと
  ② A川が、甲市職員厚生会からの融資を、長女、長男の私立学校への進学資金に充てたこと
  ③ 退職金債権を財産目録に記載しなかったこと
(4) A野に対する破産債権者は、免責の許否について自己の意見を反映させる機会を有するであろうか。
(5) A野の免責許可決定が確定した後、次の各債権者が提起する債務の履行を求める訴えは認められるか。
  ① ㈱Ⅰ（Ⅲ⑩）が、A野は支払能力がないにもかかわらず、クレジットカードの発行を受け、商品を購入してⅠに代金の立替払いをさせたことは不法行為に該当するとして、弁済を受けられていない残額相当額の支払を求めて提起する訴え
  ② A野がアパートで犬を飼っていたとして、近所の子供（の両親）が（法定代理人として）提起した当該の犬に咬まれたことによる損害賠償の支払を求める訴え
  ③ A野が知人Ncの貸付金債権を知りながら債権者名簿に記載しなかったとする。Ncが提起した当該債権の支払を求める訴え。なお、NcはA野についての破産手続開始の事実を知らなかった。
(6) A野が消費者金融㈱Jから借り入れた債務は高利のものであり、現在では過払金返還請求権が発生していたとする。ところが、この存在が明らかにならないまま同時廃止となり、免責許可決定が確定した。その

問題篇

後、過払金の存在が判明し、A野が過払金の返還を受けた場合、債権者としてはどのような対処をすることができるか。

(7) Iは、A野に関する免責許可決定の確定後、保証人K田K子に対して保証債務の履行を求める訴えを提起した。この訴えは認められるか。また、K田から訴えを提起されたことについて文句を言われたA野は、知人から無理に借入れをして、Iに対する債務の一部を支払ったとする。その後、その知人から金が入用になったから返してくれと言われたA野は、Iに対して支払った金の返還を求めることができるであろうか。

☆伊藤 532-536 頁・540-560 頁、一問一答破産 335-337 頁・341-345 頁・347-348 頁、上北武男「免責手続における債権者の権利」実務と理論 322-323 頁、古閑裕二「破産免責の論理と心理」竹下古稀・権利実現過程の基本構造 571-592 頁 (2002 年)、大阪高決平成 2・6・11 判時 1370 号 70 頁、仙台高決平成 5・2・9 判時 1476 号 126 頁、百選 73 事件〔三木浩一〕、東京高決平成 8・2・7 判時 1563 号 114 頁、百選 74 事件〔加藤哲夫〕、福岡高決昭和 37・10・25 下民 13 巻 10 号 2153 頁、基本法 365 頁〔山垣清正〕、最判平成 12・1・28 金判 1093 号 15 頁、百選 77 事件〔長谷部由起子〕、横浜地判昭和 63・2・29 判時 1280 号 151 頁、百選 78 事件〔藤本利一〕、伊藤眞「免責手続の意義」新破産法の理論 448-451 頁、西野光子「免責許可申立事件の処理」新破産法の理論 454-455 頁、町村泰貴「免責手続中の強制執行」新破産法の理論 456-457 頁、徳田和幸「免責不許可事由」新破産法の理論 458-461 頁、徳田和幸「免責の効力」新破産法の理論 466-467 頁、野村剛司「非免責債権」新破産法の理論 468-469 頁、加藤哲夫「破産免責」理論と実務 422-425 頁

Q6　復権とは、どのような制度であろうか。

　Ⅲ事件のA野A助に係る事件は、まだ申立て前であったとする。A野は、日頃から世話になっている人に、近く行われる地方議会議員選挙のある立候補予定者への投票を依頼されており、その立候補予定者にも世

話になったことがあるので投票したいと思っているが、破産すると依頼に応じられなくなってしまうのではないかと危惧している。また、A野は、近所に居住している高齢の姉の保佐人をしているが、これもどうなるか心配している。

(1) A野の危惧ないし心配は当たっているであろうか。破産手続の開始によって、どのような資格が停止されるであろうか。具体例を示して説明しなさい。このような制度には問題があるであろうか。
(2) 破産手続の開始によって停止された資格は、その後、どうなるか。

☆伊藤 560-562 頁、町村泰貴「復権」新破産法の理論 473-474 頁、宮川知法・消費者更生の法理論 92-96 頁（1997 年）、萩屋昌志「破産者に対する資格制限の比較法的検討」倒産法大系 510-515 頁・529-538 頁

問題篇

第15講　個　人　再　生

> Q1　消費者の倒産処理手続としての特定調停とはどのような手続か。

　　Ⅳ事件の再生債務者Ａ川Ａ一は、特定調停手続という簡単で費用もかからない債務処理手続があると聞き、これによって債務処理をしてはどうかと考え、弁護士Ｂ原Ｂ行に以下のような質問をした。これらの質問に答えた上で、一般的に、特定調停はどのような債務者の債務整理に適しているかを考えなさい。

(1)　Ａ川の債権者は8社あるが、そのうちには自分が居住するのとは異なった都府県に住所を有するものがある（Ⅳ⑩の2番と5番の債権者）。それらの債権者を相手に特定調停の申立てをすると自分の住所地の甲地裁ではなく、遠隔の裁判所に行かなくてはならず大変なことになるのではないか。

(2)　Ｊ㈱（Ⅳ⑩の5番の債権者）は既に支払督促を有しており、これに基づいて給与に対して強制執行をしてきそうだが、何とかならないか。

(3)　債権者の中には消費者金融の会社がある。債権者一覧表には、債権の発生日・現在額が記入してあるが（Ⅳ⑩の1番と2番の債権者）、実は、借入れと返済を繰り返しており、正確なところはよく分からないので、記載は当て推量である。確か、利率もかなり高かったような気もするが正確なところはやはり分からない。借入れや返済に際しては書類をもらったような気もするが、大部分なくしてしまった。何か問題が生じるか。

(4)　調停は相手方の同意がなければ成立しないと聞くが、多数の者を相手に調停を申し立てた場合には、欠席する者があるかもしれない。これに

第15講　個人再生

　　対しては何らかの対処があるか。
(5)　近時、特定調停と並んで、クレジットカウンセリングの実施件数が増加していると言われている。クレジットカウンセリングとはどのような制度か。また、その実施件数の増加はいかなる背景によるのか。

☆山本 29-30 頁・41-46 頁、特定調停法研究会編・一問一答特定調停法 52-57 頁・61-74 頁・89-92 頁・105-114 頁（2000 年）、岡久幸司「東京簡易裁判所における特定調停の運用状況について」民訴 49 号 81-82 頁・84-85 頁（2003 年）

　　　　　　　　　　　特定調停については⇒第1講Q8も参照

Q2　給与所得者等再生とはどのようなものか。

(1)　給与所得者等再生手続は、小規模個人再生手続と比べて、どのような特徴を有しているか。利用要件、再生計画成立のための手続、再生計画の内容等の点について両者の相違点を整理して説明しなさい。
(2)　給与所得者等再生の再生計画特有の不認可要件について説明しなさい。また、その不認可要件が認可決定の確定後に判明したときはどうなるか。

☆伊藤 902-912 頁、松下・入門 198-203 頁

Q3　小規模個人再生はどのような場合に利用しうるか。

　　小規模個人再生手続を利用資格と開始要件について説明しなさい。本

287

問題篇

件再生債務者Ａ川Ａ一がこれらを満たしていることを確認しなさい。

☆伊藤 874-877 頁、松下・入門 180-181 頁、札幌高決平成 15・8・12 判タ 1146 号 300 頁、名古屋高決平成 16・8・16 判時 1871 号 79 頁

Ｑ４　消費者の倒産処理のための各種の手続は、それぞれどのような場合に選択することが適切か。

　本件再生債務者Ａ川Ａ一の代理人である弁護士Ｂ原Ｂ行は、結局、小規模個人再生手続によってＡ川の債務処理を行うことに決定した。消費者の倒産処理手続としては、このほかにＱ２の給与所得者等再生、破産手続もある。これらの相違を踏まえた上で、Ｂ原が小規模個人再生を選択した理由について考えなさい。

☆伊藤 873 頁、松下・入門 209-211 頁、民再法逐条研究 291-293 頁、解説個人再生 11-15〔小林秀之〕

Ｑ５　小規模個人再生手続における手続機関の特徴はどのようなものか。

　小規模個人再生手続では、監督委員や調査委員の制度は設けられておらず、代わりに裁判所の補助機関である個人再生委員制度が設けられている。なぜそのような仕組みになっているのかを踏まえ、この制度の意義と個人再生委員の職務内容について説明しなさい。また、どのような場合に個人再生委員を選任するのであろうか。

第 15 講　個人再生

☆伊藤 877-879 頁、松下・入門 181-183 頁、新注釈民事再生法（下）380-385 頁
〔大迫恵美子〕

Q6　債権者一覧表にはどのようなことを記載すべきか。

(1)　本件再生債務者A川A一の申立代理人B原B行が作成し、裁判所に提出した債権者一覧表（Ⅳ⑩）にある「異議の留保の有無」の記載は、個人再生手続において、どのような意義を有するのか。仮に異議を留保した㈱Jの債権額 382,507 円について、一般異議申述期間にA川が異議を述べたとしたら、その後の手続はどうなるのか。個人再生における再生債権の調査・確定の特徴を明らかにした上で、説明しなさい。
(2)　個人再生では、再生債権を金銭化・現在化した上で、その額を債権者一覧表に記載することが要求されている。このような規律の根拠と意義について説明しなさい。
(3)　A川には手続開始申立て時点で請求を受けていない保証債務があるとする。これも債権者一覧表に記載しなければならないか。

☆伊藤 879-883 頁、松下・入門 183-186 頁、民再法逐条研究 309-311 頁、解説個人再生 77 頁〔中西正〕

Q7　小規模個人再生における再生計画はどのような特徴を有するか。

(1)　小規模個人再生における再生計画案の決議方法について説明しなさい。

問題篇

(2) 小規模個人再生における再生債権の権利変更に関する規律について、通常再生と異なる点を説明しなさい。仮に本件再生債務者Ａ川Ａ一が自動車運転中に人身事故を起こし、被害者の損害賠償請求権が再生債権として届け出られていた場合に、この権利はどのように扱われることになるか。

(3) 小規模個人再生における再生計画は、どのような要件を充たす場合に、認可されるか。本件再生債務者Ａ川Ａ一の再生計画（案）（Ⅳ⑰〜⑲）がその要件を満たしていることを確認しなさい。また、再生債務者Ａ川が否認の対象となりうる偏頗弁済を行っていたことが手続開始後に裁判所に知れた場合には、再生計画は認可されるか。再生計画を決議に付す（Ⅳ㉓）前に知れた場合であれば、どのように処理されることになるか。

(4) 再生計画認可の決定が確定した場合に、いかなる者の再生債権について、どのような効力が生じるか。仮にＡ川が、債権者一覧表において異議を留保した㈱Ｊの債権額 382,507 円について、一般異議申述期間に異議を述べたとして、これに対し㈱Ｊが何もしなかったとしたら、その債権はＡ川に係る再生計画の認可決定の確定によってどうなるか。

☆伊藤 885-895 頁、松下・入門 188-192 頁・196-197 頁、一問一答破産 398-400 頁、新注釈民再法（下）436-441 頁〔付岡透〕

Ｑ８　再生計画の条項に従った履行が行われないときはどうしたらよいか。

再生計画の認可から２年が経ったとき、本件再生債務者Ａ川Ａ一が交通事故に遭い、仕事を辞めざるを得なくなり、再生計画による返済計画表（Ⅳ⑳）に従った振込み（Ⅳ㉗㉘）をすることが困難な状況となった

290

第15講　個人再生

とする。このような場合に、A川としては、どのような手段を取ることができるか。

　また、上記の状況とは異なり、A川が、特に理由もなく、再生計画で定めた毎月の弁済を怠っているとする。このような場合に、再生債権者は、どのような手段を取ることができるか。

☆伊藤 897-902 頁、松下・入門 192-196 頁、条解民再法 1079-1090 頁〔佐藤鉄男〕、新注釈民事再生法（下）445-449 頁〔服部一郎〕・450-457 頁〔佐藤浩史〕・457-460 頁〔佐藤昌巳〕

Q9　住宅資金貸付債権に関する特則とはどのようなものか。

(1)　住宅資金貸付債権について、他の再生債権とは異なる規律が採用されている趣旨について、特則が適用される住宅資金貸付債権の内容を明らかにした上で、説明しなさい。本件再生債務者A川A一が、個人商店を営んでいる兄Oaの信用金庫からの借入金のために、自宅マンションに第2順位の抵当権を設定している場合には、住宅資金貸付債権に関する特則を利用できるか。また、A川がこの特則の適用を申し立てないとすると、住宅ローン債権者であるF銀行（Ⅳ10の6番の債権者）は、再生手続において、どのような地位に立つことになるか。

(2)　①住宅資金貸付条項によって、住宅ローン債権の元本、利息、損害金はどのように変更されうるか。②本件事案の住宅資金特別条項（Ⅳ17第1の2）によって、F銀行の債権はどのように変更されているか。③この措置はA川の自宅マンションが担保割れになっているか否かを確認せずになされているが、もし担保割れになっているとすると、権利の変更を受ける他の債権者との関係で平等を害するのではないか。

(3)　本件再生債務者A川は住宅ローン債務を何とか遅滞なく支払ってい

291

問題篇

る。弁済許可申立書（Ⅳ⑭）の意義を説明しなさい。また、仮にA川が既に手続開始申立て前の平成20年5月と6月分のローンの返済を怠っていたとする。そこで、F銀行は、同年8月1日、甲地裁に抵当権実行の申立てを行った。この場合、申立代理人B原B行としては、何か打つ手はないか。

(4) 住宅資金特別条項を定めた再生計画の不認可要件の特則について説明しなさい。また、住宅資金特別条項を定めた再生計画の認可決定（Ⅳ㉔）が確定した場合に、その権利変更の効力は、保証人に対しても及ぶか。

(5) いわゆる「巻戻し」の制度について説明しなさい。

☆伊藤825-848頁、松下・入門204-209頁、松下淳一「住宅ローン債権に関する特則」ジュリ1194号34-40頁(2001年)、堂薗幹一朗「住宅資金貸付債権に関する特則の改正の概要」NBL755号21-25頁(2003年)、一問一答個人再生17-18頁・69-71頁・80-81頁・96-106頁・112-113頁・120-121頁・132-135頁、解説個人再生19-23頁〔小林秀之〕・161-163頁・170-178頁・190-206頁〔山本和彦〕

事項索引
（解説篇）

〈い〉
異時廃止……………14、32、58、69
移　送………………………23、85
一時停止の通知……………………8
（一般）異議申述期間…………159、163
一般調査期間………57、104、117、129
一般調査期日…………………57、58
一般優先債権…………………100、125

〈う〉
受戻し…………………………114、119
売掛金…………………………27、50、51

〈え〉
営業譲渡（事業譲渡）……11、52、116、117

〈か〉
解　雇………………30、31、43、64
解雇予告手当…30、31、35、43、44、49、64〜
開始原因………………………………84
開始後債権…………………101、126
会社更生手続…………………………11〜
外注工賃債権…………………………65
価額決定請求………………………115
可決要件……………………………130
貸金業法……………………………141
可処分所得…………………………167
過払金（返還請求権）…………148、158
株式取得……………………………126
簡易再生……………………………108〜
簡易配当……………69、75〜、80、81
　開始時異議確認型…………………76
　少額型………………………………76
　配当時異議確認型………………76、77

管轄（権）…………………23、85、146
管財人…………………………88、133
管財人口座……………………………46
管財人報告書…………………………54
管財人補助者…………………………46
監督委員……10、84、87、89、113、117、118、133、138
　――の調査権限……………………90
監督命令…………………84、94、96
管理命令………………88、97、113

〈き〉
期間方式………………………………58
危機否認………………………………38
議決権…………………………………99
　保証会社の――…………………175
議決権（の）額…………102、105、107、130
　――の届出………………………162
期日方式………………………………58
寄　託…………………………………79
救済融資………………………………39
給料債権………………………………64
給与所得者等再生手続……………155
　――における再生計画案………166
共益債権………………100、118、125
共益債権化……………………………87
強制執行の禁止、中止・失効………99
強制執行の中止命令…………………24
供　託……………………………73、75
協　定…………………………………16
居住制限………………………………33
銀行取引停止処分………23、25、87、94
金銭化・現在化………………………33

293

事項索引

〈く〉
組入金……………………………………36
〈け〉
警備・保障契約の処理……………………48
下水道料金…………………………………66
原因債権……………………………………64
源泉徴収義務………………………………75
現有財団……………………………………36
権利変更条項……………………………137
権利(の)変更の一般的基準……124、163、
　168、169
牽連破産……………………132、134、135
〈こ〉
故為否認……………………………………38
更生計画……………………………………12
公租公課………………………65、76、117、118
公平誠実義務………………………………89
公法人………………………………………22
告示書…………………………31、43、47、92
個人再生(手続)…………………………9〜、154
個人再生委員……………………10、160、163
個人再生手続進行表……………………159
固定主義……………………………………32
雇用契約…………………………………35、43
〈さ〉
債権査定異議の訴え………………………60
債権査定申立制度…………………………60
債権者委員会……………………8、91、133
債権者一覧表……43、53、93、145、146、
　156、158、159、162、172
債権者集会…………………………70、75、90
債権者説明会………84、91、94、111、116
債権者代位訴訟…………………………33、97
債権調査…………………………………58〜、70
債権調査期間………………32、96、104

債権調査期日…………………………32、67
債権調査手続………………………………57
債権(の)届出…………………57、67、101
債権届出期間……32、51、56、96、101〜、
　117、159
債権届出書……………49、51、56、67、117
債権(の)認否…………………58、61、76
債権認否(一覧)表……………59、67、80
催告権………………………………………34
最後配当……………………………………69
財産状況報告集会……32、90、111、129、
　136
財産の調査…………………………………51
財産評定…………………………………110
財産目録……54、70、80、93、111、136、
　146、161
再生型(再建型)倒産処理手続………5、6〜
再生計画……………………………………9
　——の効力……………………………131
　——の遂行……………………………133
　——の取消し…………………………134
　——の認可……………………………130
　——の認可決定………………………139
　——の不認可事由……………………130〜
　——の不履行…………………………134
　——の変更…………………………133〜、171
再生計画案……………136、163、168、172
　——の可決要件………………………130
　——の決議……………………………128〜
　——の提出……………………………122〜、138
　——の提出期間の伸長………………123
　——の提出期限………………………123
　——の変更……………………………130
再生債権……………………………………98
　——の評価の裁判……………………163

事項索引

再生債権者表………103、106、107、108、
　　131、132、134
再生債権認否一覧……………………120
再生債務者………………………89、96
再生債務者等………………………89
再生事件連絡メモ…………………83
再生手続開始決定………………96〜
再生手続終結決定…………………133
再生手続(の)廃止…………104、122、135
財団債権…………………………56、70
最低弁済額………………………158、162
債務超過…………………………23
詐害行為(債権者)取消訴訟………33、97
詐害行為否認………………………38
査定の裁判…………………………106
　　──に対する異議の訴え…106、120
査定(の)申立て……………………105
残額責任主義………………………56
産業活力再生特別措置法…………7

〈し〉

資格制限………………………33、153〜
敷金債権……………………………153
敷金返還請求権…………………35、112
事業(の)譲渡………………………14
資金繰り………………11、83、87、91
資金繰り実績表………………93、94
資金繰表……………………117、139
資金繰り予定表………………93、94
自己破産……………………………145
資産の確保…………………………28
私的整理………………………4、12〜
私的整理(再建型)…………………6〜
私的整理ガイドライン……………7
私的倒産処理(手続)………………4
自認債権……………103、104、120、131

支払停止……………………………23
支払の停止…………………………29
支払不能………………………23、145
資本金の額の減少…………………127
事務所・営業所の撤収・明渡し…47
事務所・営業所の閉鎖……………47
社内預金払戻請求権………………65
車両の処分…………………………48
自由財産……………………………152
　　──の拡張……………………152〜
収支計算書…………55、70、80、81、82
住宅資金貸付債権…………………172
　　──に対する弁済許可の申立て……174
住宅資金特別条項………………168、171
　　──を定めた再生計画の不認可事由
　　　…………………………………175
重要財産開示義務………31、33、52、150
受益者………………………………38
受　継………………33、60、105、165
受任通知……………24-26、29、144、145
少額債権……………94、109、118、119
少額配当金…………………………71
小規模個人再生手続………………155、157
　　──における再生計画案………164
消極的同意要件……………………169
商事留置権…………………………28
上水道料金、電気・ガス料金……66
商品等の保全………………………50
除斥期間………………72、77、81
処分方法の策定……………………52
書面等投票…………………………129
所有権留保…………………………29
資料等の確保………………………29
新株発行……………………………128
進行スケジュール…………………83

295

事項索引

信託財産……………………………22
〈す〉
水道・ガスの供給………………………48
スポンサー……122、123、126、127、128
〈せ〉
清算型倒産(処理)手続……………5、12〜
清算型の民事再生手続………………11
清産価値算出シート…………………158
清算価値保障原則……85、131、158、161
税務申告………………………………53
絶対的(必要的)記載事項……………124
説明義務………………31、33、51、150
戦略的異議……………………60、66
〈そ〉
増加する資本金………………………127
早期面接………………………………146
相殺権…………………………37、112
相続財産………………………………22
双方未履行の双務契約…………34、111
即日面接………………………………146
損益計算書……………………93、136
〈た〉
大規模事件……………………………23
貸借対照表………54、93、111、136、161
退職金(債権)…30、43、49、65、147、153
他の手続の中止命令…………………86
担保権実行の中止命令……………114〜
担保権消滅(の)許可……………36、115
〈ち〉
中間配当………………69、71、78〜
中間利息………………………………64
中小企業再生支援協議会……………7
中小企業者への弁済………………110
中　断…………………………32、97
調査委員………………………………88

賃　金…………………30、31、43、49
賃金台帳………………………………44
賃貸借契約……………………26、35
〈つ〉
追加配当………………………69、80
通信の秘密の制限……………………33
〈て〉
抵当権の実行の中止…………………174
DIP……………………………88、97
手形債権………………………………64
手形の不渡り……………23、25、87、94
手続開始要件(再生手続の)…………84
電気の供給……………………………48
転得者…………………………………39
添付書類一覧表………………………159
電話回線の処理………………………48
〈と〉
同意再生………………………………109
同意廃止………………………………69
同意配当………………………69、79
倒　産……………………………………3
倒産法……………………………………4
同時廃止………14、20、32、69、146、147
特定調停………………………5、142
特別清算……………………………15〜
特別調査期間…………………57、104
特別調査期日…………………57、58
届出事項………………………………56
取立委任………………………………28
取引履歴………………………144、145
取戻権…………………………36、112
〈な〉
内部者…………………………………38
〈に〉
任意整理……………………4、12〜、141

296

事項索引

認否······································61、103
認否書·································103、162
任務終了計算報告集会·················75
　　　　　〈ね〉
根抵当権··················62、73、125
　　　　　〈の〉
納税通知書································53
　　　　　〈は〉
配当·····································69〜
　──の実施······························74
配当額の通知····························74
配当公告·····························72、74
配当実施報告書····················75、82
配当終結··································14
配当通知·······················72、74、81
配当表···························71、80、81
　──に対する異議······················73
　──の更正······························73
配当見込額·····························76〜
配当率算出メモ····················70、81
破産
　──の申立て····················19、21
　──の申立権者·························23
　──の申立ての受任···················21
破産管財人···········14、15、20、32、40
破産管財人候補者························40
破産管財人代理··························45
破産原因··································22
破産債権··························33、57
　──の確定······························61
破産債権者表···········57、61、67、81
破産財団··································36
破産裁判所································23
破産者·······························32、33
破産手続································14〜

　──の取消し···························69
　──の廃止······························69
破産手続開始決定··················32、69
破産手続開始時現存額主義············63
破産能力··································22
破産申立代理人····················19、43
ハードシップ免責···············150、171
　　　　　〈ひ〉
引き直し計算···············66、141、145
否認権········17、37〜、42、54、112、148、
　165
否認訴訟··································97
否認の請求···························39、54
否認の登記································39
非免責債権·····················151〜、170
評価人···································115
標準スケジュール························92
　　　　　〈ふ〉
付議決定·································129
不足額主義·······························102
不足額の原則···············56、62、125
復権································152、153
物上保証··································62
物上保証人································63
　　　　　〈へ〉
別除権······36、56、62、73、79、102、114
弁済依頼書································94
偏頗行為否認·····························38
　　　　　〈ほ〉
包括的禁止命令·····················25、86
法定財団··································36
法的倒産処理(手続)······················4
募集株式·································126
保証会社·································173
保証債務··································63

297

事項索引

保証人の事後求償権………………………63
保証人の事前求償権………………………63
保全管理人………………………………25
保全管理命令……………………………25、87
保全処分…………………………24、86、87
　処分禁止の……………………………24
　弁済および担保提供禁止の――………93
　弁済禁止の――………………24、84、87、94

〈ま〉
巻戻し……………………………………173

〈み〉
みなし届出制度…………………………162
(未払)賃金立替払制度………………30、44
(未払)賃金立替払手続……………………50
民事再生手続……………………………9～

〈む〉
無償否認…………………………………38

〈め〉
免責許可の申立て………………………148
免責審尋…………………………………149
免責の効果……………………………150～
免責不許可事由…………………………150

〈も〉
申立権者(再生手続)………………………86
申立書(小規模個人再生)………………157
申立書(消費者破産)……………………146
申立書(通常再生)…………………………92
申立書(法人破産)……………………26、51
申立代理人…………………………89、92

〈や〉
役員の責任査定手続………………………53
約定劣後再生債権………99、116、125、131
約定劣後破産債権…………………………57

〈ゆ〉
優先的破産債権…………………………57、71
郵便物の点検………………………………53
郵便物の回送………………………………33
有名義債権………………………………60、105

〈よ〉
預金…………………………………………27
予定不足額………………………………102
予納金………………………………………11、13

〈り〉
履行可能性……………………………165、168
履行テスト………………………………160
離職票………………………………………30、31
リース(契約)………………………29、116、120
リスケジューリング……………………172
リース物件………………………………31、47
利息制限法……………………………66、141、145

〈れ〉
劣後的破産債権……………………………57、64

〈ろ〉
労働組合等………………………14、86、116
労働債権…………………………………118
労働債権の弁済許可……………………44、50
労働者健康福祉機構……………30、44、50

判例索引
（問題篇）

大判昭和8・7・24民集12巻2264頁………… 191
大判昭和9・12・28法学4巻634頁………… 267
大決昭和12・10・23民集16巻1544頁…… 187
最大決昭和36・12・13民集15巻11号2803頁
　………………………………………… 282
福岡高決昭和37・10・25下民13巻10号
　2153頁………………………………… 284
最判昭和37・11・20民集16巻11号2293頁
　………………………………………… 272
最判昭和39・11・17民集18巻9号1851頁
　………………………………………… 263
最判昭和40・3・9民集19巻2号352頁…… 277
最判昭和40・11・2民集19巻8号1927頁…… 259
最判昭和41・4・14民集20巻4号584頁…… 213
最判昭和41・4・14民集20巻4号611頁…… 275
最判昭和43・3・15民集22巻3号625頁…… 238
最判昭和43・6・13民集22巻6号1149頁…… 218
最判昭和44・7・17民集23巻8号1610頁…… 242
最判昭和46・7・16民集25巻5号779頁…… 263
最判昭和47・7・13民集26巻6号1151頁…… 259
最判昭和48・2・2民集22巻1号80頁…… 242
最判昭和48・4・6民集27巻3号483頁…… 277
最判昭和48・11・22民集27巻10号1453頁
　………………………………………… 271
最判昭和48・12・21判時733号52頁…… 271
東京高判昭和49・7・18金法734号36頁…… 275
東京地判昭和50・10・29判時818号71頁
　………………………………………… 262
福岡高決昭和52・10・12下民28巻9-12号
　1072頁………………………………… 188
最判昭和52・12・6民集31巻7号961頁…… 258
最判昭和53・5・2判時892号58頁…… 259

大阪高判昭和53・5・30判タ372号92頁…… 265
最判昭和53・6・23金法875号29頁………… 235
最判昭和56・12・22判時1032号59頁…… 254
最判昭和58・10・6民集37巻8号1041頁…… 282
大阪高決昭和58・11・2下民33巻9〜12号
　1605頁………………………………… 266
最判昭和58・11・25民集37巻9号1430頁
　………………………………………… 261
最判昭和59・5・17判時1119号72頁…… 218
札幌高決昭和61・3・26判タ601号74頁…… 254
最判昭和61・4・3判時1198号110頁…… 265
大阪地判昭和61・5・16判時1210号97頁
　………………………………………… 252
名古屋地判昭和61・11・17判時1233号110頁
　………………………………………… 252
最判昭和62・6・2民集41巻4号769頁…… 205
最判昭和62・7・3民集41巻5号1068頁…… 268
最判昭和62・11・26民集41巻8号1585頁
　………………………………………… 233
横浜地判昭和63・2・29判時1280号151頁
　………………………………………… 284
最判昭和63・10・18民集42巻8号575頁…… 256
最判平成2・3・20民集44巻2号416頁…… 280
大阪高決平成2・6・11判時1370号70頁…… 284
最判平成2・9・27判時1363号89頁………… 191
最判平成5・1・25民集47巻1号344頁…… 272
仙台高決平成5・2・9判時1476号126頁…… 284
東京高判平成5・5・27判時1476号121頁
　………………………………………… 263
大阪地判平成5・8・4判時1497号105頁…… 242
大阪高決平成6・12・26判時1535号90頁
　………………………………………… 191

299

判例索引

最判平成7・1・20民集49巻1号1頁…205、260
最判平7・4・14民集49巻4号1063頁………245
東京高決平成8・2・7判時1563号114頁……284
最判平成8・3・22金法1480号55頁…………268
最判平成9・12・18民集51巻10号4210頁
　………………………………………………275
最判平成10・3・24民集52巻2号399頁……242
最判平成10・3・26民集52巻2号483頁……242
最判平成10・4・14民集52巻3号813頁
　……………………………………………205、260
最判平成10・7・14民集52巻5号1261頁……250
最判平成11・1・29民集53巻1号151頁……242
最決平成11・4・16民集53巻4号740頁……189
最判平成12・1・28金判1093号15頁………284
最判平成12・2・29民集54巻2号553頁……232
最判平成12・3・9判時1708号123頁………232
最判平成12・4・28判時1710号100頁………220
大阪地判平成13・7・19判時1762号148頁
　………………………………………………245
最判平成13・11・22民集55巻6号1056頁
　………………………………………………189
最判平成14・3・28民集56巻3号689頁……242
最判平成14・9・24民集56巻7号1524頁……206
札幌高決平成15・8・12判タ1146号300頁
　………………………………………………288
最判平成16・7・16民集58巻5号1744頁……277
名古屋高決平成16・8・10判時1884号49頁
　………………………………………………249
名古屋高決平成16・8・16判時1871号79頁
　………………………………………………288
最判平成16・9・14判時1891号200頁………277
最判平成16・10・1判時1877号70頁………220
仙台高判平成16・12・28判時1925号106頁
　………………………………………………213
最判平成17・1・17民集59巻1号1頁………259

東京地判平成17・6・10判タ1212号127頁
　………………………………………………251
最判平成17・11・8判時1399号10頁………264
最判平成18・1・23民集60巻1号228頁……282
福岡高決平成18・2・13判時1940号128頁
　………………………………………………249
福岡高決平成18・3・28判タ1222号310頁
　………………………………………………249
最判平成18・12・21民集60巻10号3964頁
　………………………………………………197
最判平成19・2・15民集61巻1号243頁……189
東京高判平成19・3・14判タ1246号337頁
　………………………………………………245
東京高決平成19・4・11判時1969号59頁
　………………………………………………227
最判平成20・3・13民集62巻3号860頁……227
大阪高判平成20・4・17金法1841号45頁
　………………………………………………206
大阪高判平成20・4・25金判1840号36頁
　………………………………………………200
大阪高判平成20・5・30日判タ1269号103頁
　………………………………………………206
大阪地判平成20・10・31金判1309号40頁
　………………………………………………260
大阪地判平成20・10・31金判1314号57頁
　………………………………………………252
最判平成20・12・16民集62巻10号2561頁
　………………………………………………245
東京地判平成21・1・20金法1861号26頁
　………………………………………………250
最判平成21・4・17判タ1297号124頁……238
最判平成22・3・16金判1344号19頁……206
最判平成22・3・16金判1344号25頁………206
最判平成22・6・4「最近の判例一覧」
　最高裁判所ホームページ……………254

■ 執筆者紹介 ■　　　　　　　　　　　　　　　＊（編者）

＊野村秀敏　　1978年3月　一橋大学大学院法学研究科博士課程単位取得退学
　　　　　　　専修大学法科大学院教授・法学博士
　　　　　　　（前横浜国立大学法科大学院教授）

＊若田　順　　1990年3月　明治大学法学部卒業
　　　　　　　弁護士（横浜弁護士会倒産法研究会会員）
　　　　　　　横浜国立大学法科大学院兼任講師

――――――――●――――――――

　石渡　哲　　1975年3月　慶應義塾大学大学院法学研究科博士課程単位取得
　　　　　　　　退学
　　　　　　　横浜国立大学法科大学院教授・法学博士

　伊東俊明　　1999年3月　神戸大学大学院法学研究科博士後期課程単位取得
　　　　　　　　退学
　　　　　　　岡山大学法科大学院准教授
　　　　　　　（前横浜国立大学法科大学院准教授）

　上升栄治　　1992年3月　上智大学経済学部卒業
　　　　　　　弁護士（横浜弁護士会倒産法研究会会員）

　川島俊郎　　1983年3月　慶應義塾大学法学部卒業
　　　　　　　弁護士（横浜弁護士会倒産法研究会会員）

　野村秀敏　　（編　者）

　三品　篤　　1997年3月　東京大学法学部卒業
　　　　　　　弁護士（横浜弁護士会倒産法研究会会員）

　村松　剛　　1992年3月　立命館大学法学部卒業
　　　　　　　弁護士（横浜弁護士会倒産法研究会会員）

　若田　順　　（編　者）

（50音順）

教材倒産法Ⅰ ──実務と理論の架橋──
解説篇・問題篇

2010(平成22)年8月30日 第1版第1刷発行

編 者 野村秀敏・若田 順
発行者 今井 貴・稲葉文子
発行所 株式会社 信山社

〒113-0033 東京都文京区本郷6-2-9-102
Tel 03-3818-1019 Fax 03-3818-0344
info@shinzansha.co.jp
出版契約 No.2010-8576-01010 Printed in Japan

Ⓒ 編者, 2010. 印刷・製本／亜細亜印刷・渋谷文泉閣
ISBN978-4-7972-8576-5 C3332 分類 327.355-d001 倒産法
8576-01010：p328：b012-012-003：P3000《禁無断複写》

JCOPY 〈(社)出版者著作権管理機構 委託出版物〉

本書の無断複写は著作権法上での例外を除き禁じられています。複写される場合は、
そのつど事前に、(社)出版者著作権管理機構(電話 03-3513-6969, FAX 03-3513-6979,
e-mail:info@copy.or.jp)の許諾を得てください。